知识产权密集型产业报告

欧盟与英国卷

ZHISHI CHANQUAN MIJIXING CHANYE BAOGAO
OUMENG YU YINGGUO JUAN

国家知识产权局战略规划司 组织编写

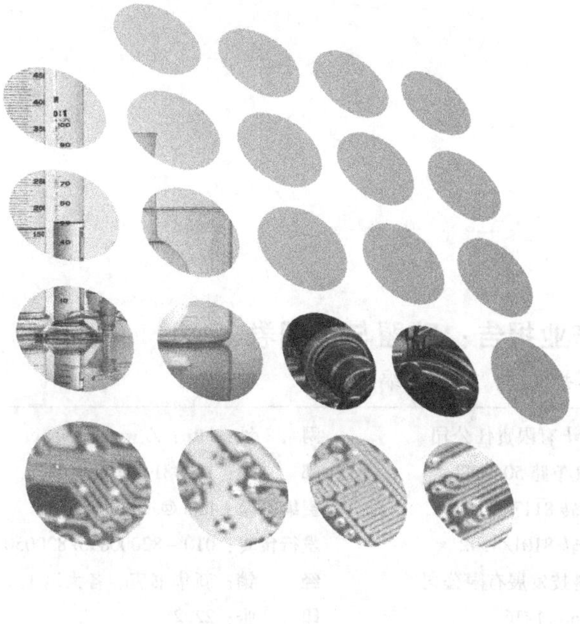

知识产权出版社
全国百佳图书出版单位
—北京—

图书在版编目（CIP）数据

知识产权密集型产业报告. 欧盟与英国卷/国家知识产权局战略规划司组织编写. —北京：知识产权出版社，2023.8

ISBN 978-7-5130-8821-3

Ⅰ.①知… Ⅱ.①国… Ⅲ.①知识产权—研究报告—欧洲 Ⅳ.①D913.404

中国国家版本馆 CIP 数据核字（2023）第 127780 号

责任编辑：黄清明　　**责任校对**：谷　洋
执行编辑：刘林波　　**责任印制**：刘译文
封面设计：智兴设计室・索晓青

知识产权密集型产业报告：欧盟与英国卷

国家知识产权局战略规划司　组织编写

出版发行：知识产权出版社有限责任公司	**网　　址**：http://www.ipph.cn
社　　址：北京市海淀区气象路 50 号院	**邮　　编**：100081
责编电话：010-82000860 转 8117	**责编邮箱**：hqm@cnipr.com
发行电话：010-82000860 转 8101/8102	**发行传真**：010-82000893/82005070/82000270
印　　刷：北京中献拓方科技发展有限公司	**经　　销**：新华书店、各大网上书店及相关专业书店
开　　本：787mm×1092mm　1/16	**印　　张**：22.25
版　　次：2023 年 8 月第 1 版	**印　　次**：2023 年 8 月第 1 次印刷
字　　数：400 千字	**定　　价**：136.00 元

ISBN 978-7-5130-8821-3

编委会

目　录

欧盟知识产权密集型产业与经济贡献

行业层面分析报告（第三版）

2019 年 9 月

欧洲专利局与欧盟知识产权局合作项目

国家知识产权局战略规划司　组织编译

本报告中文版基于欧洲专利局和欧盟知识产权局的联合研究项目。

目录

前　言*

创新是欧盟（EU）及其成员国以及许多其他国家采取的经济增长战略的关键组成部分。其目的是创造一个更具竞争力和更高就业率的经济体。这一目标的实现取决于多种因素，但鉴于知识产权在整个经济中激励创造力和创新的能力，有效的知识产权制度无疑是最重要的因素之一。

为响应向决策者和公众提供准确信息的明确需求，欧盟知识产权局（EUIPO）和欧洲专利局（EPO）于2013年联合开展了一项研究，分析了知识产权密集型产业对欧盟经济的贡献。

这项研究现已第二次更新，这表明，知识产权密集型产业在欧洲的地区生产总值（GDP）、就业和贸易中变得更加重要。

欧洲在鼓励创造力和创新方面已经有着悠久的传统：欧盟成员国和欧洲专利组织在塑造一个现代化、平衡的知识产权体系方面发挥了重要作用，该体系不仅保证创新者获得应有的回报，而且还促进形成了一个竞争激烈的市场。在当今市场和知识经济日益全球化的世界，确保这一体系在继续有效地实施新的创新政策方面至关重要。为了帮助我们完成这项任务，关于知识产权在支持创新和创造力方面的作用的辩论必须以充分的证据为基础。

2013年进行的第一项联合研究显示，2008—2010年，知识产权密集型产业占欧盟经济产出的39%，占就业的26%，证明了知识产权对欧洲经济的重要性。该研究在2016年进行了更新，涵盖了2011—2013年。研究表明，即使在欧洲大部分地区发生严重的金融危机和衰退期间，知识产权密集型产业也比其他产业更好地应对了艰难的环境。

为了保证研究的持久价值，第三版包括了一些新的内容，对欧洲知识产权产业状况进行了全面的概述。首先，报告更新了用于确定知识产权密集型产业的数据库，从而更新了有关行业的名单。其次，本报告与欧洲及其他地区决策者当前关注的重点相吻合，其中有一章专门论述了气候变化减缓技术（CCMT）和推动第四次工业革命（4IR）的信息技术产业的经济重要性。最后，除了欧盟成员国外，该报告还包括冰岛、挪威和瑞士的数据。

这份新版本的报告显示，知识产权密集型产业在欧盟就业和GDP中的占比高于2016年的报告，并证实了知识资产在现代经济体中的中心地

---

* 中文版严格遵从原文，出现的数据均与原文保持一致，未做任何修改。——译者注

位日益增强。

这些重大发现进一步强调了知识产权密集型产业对欧洲繁荣和竞争力的贡献。有了这项最新的研究，我们希望读者能够利用这些信息来提高我们的知识产权制度以及欧洲经济的持续实力。

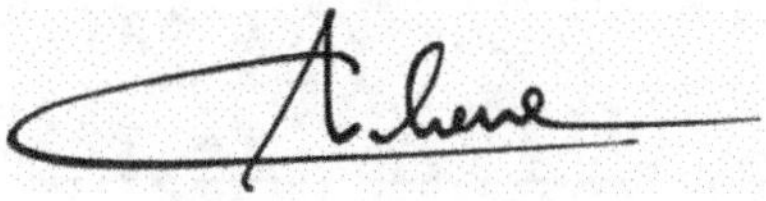

克里斯蒂安·阿尔尚博
欧盟知识产权局局长

安东尼奥·坎普诺斯
欧洲专利局局长

联合项目组

欧盟知识产权局

Nathan Wajsman，首席经济学家
Michał Kazimierczak，经济学家
Carolina Arias Burgos，经济学家
Francisco García Valero，经济学家

欧洲专利局

Yann Ménière，首席经济学家
George Lazaridis，经济学家
Ilja Rudyk，经济学家
Karin Terzić，助理研究员

致谢

在编写本报告的过程中，欧盟植物新品种保护办公室（CPVO）提供了有用的数据。

欧盟统计局（Eurostat）以及西班牙、瑞士和英国的统计局为填补公布的统计数据中的空白提供了宝贵的帮助。

作者同时感谢欧盟委员会的一些机构、瑞士联邦知识产权研究所的汉苏埃利·斯塔姆和艾曼·马格苏迪以及西班牙国家研究委员会（CSIC）的卡塔琳娜·马丁内斯对报告草稿的意见。

缩略语表

缩略语	中文名称
4IR	第四次工业革命
BvD	毕威迪
CCMT	气候变化减缓技术
CPA	产品的经济活动分类
CPVO	欧盟植物新品种保护办公室
CPVR	欧盟植物新品种权
COMEXT	欧盟统计局对外贸易参考数据库
DG AGRI	欧盟委员会农业和农村发展总司
DG GROW	欧盟委员会内部市场、产业、创业与中小企业总司
DUO	国内最终所有人
EAA	农业经济账户
EBOPS	扩展国际收支服务分类
EC	欧盟委员会
EFTA	欧洲自由贸易联盟
EPC	欧洲专利公约
EPO	欧洲专利局
EU	欧盟
EUIPO	欧盟知识产权局
EUTM	欧盟商标
FATS	外国附属机构
GDP	国内生产总值
GI	地理标志
GVA	总增加值
IP	知识产权
IPR	知识产权
LFS	劳动力调查
NACE	欧盟经济活动统计分类
NAICS	北美产业分类系统
OECD	经济合作与发展组织

续表

简称	中文名称
OHIM	内部市场协调局（2016 年 3 月 23 日起改为欧盟知识产权局）
PATSTAT	全球专利统计数据库
PDO	受保护的原产地名称
PGI	受保护的地理标志
PVR	植物新品种权
R&D	研究与试验发展
RCD	注册共同体外观设计专利
SBS	结构性商业统计
SMEs	中小型企业
TRIPS	与贸易有关的知识产权协定
UKIPO	英国知识产权局
USPTO	美国专利商标局
VA	增加值
WIPO	世界知识产权组织

表格和图片列表

国家/组织代码列表

代码	国家/组织	代码	国家/组织
AT	奥地利	IS	冰岛
BE	比利时	LT	立陶宛
BG	保加利亚	LU	卢森堡
CH	瑞士	LV	拉脱维亚
CY	塞浦路斯	MT	马耳他
CZ	捷克	NL	荷兰
DE	德国	NO	挪威
DK	丹麦	PL	波兰
EE	爱沙尼亚	PT	葡萄牙
EL	希腊	RO	罗马尼亚
ES	西班牙	SE	瑞典
FI	芬兰	SI	斯洛文尼亚
FR	法国	SK	斯洛伐克
HR	克罗地亚	UK	英国
HU	匈牙利	EU－28	欧盟 28 国
IE	爱尔兰	EU－27	欧盟 27 国（除英国外）
IT	意大利		

关于本研究

欧盟知识产权局（EUIPO）的欧洲知识产权侵权观察组织[1]的一项法定任务，是提供关于知识产权在欧盟（EU）经济中的影响、作用和公众认知的实证数据。为了实现这一目标，该组织正在实施一项社会经济研究计划。

类似地，欧洲专利局（EPO）也通过其2023年战略计划优先进行经济研究，以满足利益相关者对欧洲专利制度及其发展影响日益增长的认识需求。

本报告作为欧盟知识产权局和欧洲专利局之间的一个合作项目，受益于其他知识产权办公室、欧盟委员会服务机构和国际组织提供的相关信息，是该合作项目的第三次重要研究，欧盟知识产权局和欧洲专利局于2013[2]年发布了第一份研究报告，并于2016[3]年进行了更新。它的目的是评估知识产权（IPR）密集型产业对整个欧盟以及个别欧洲国家经济的综合贡献。尽管本报告量化了知识产权密集型产业的经济贡献，但并不表明知识产权与经济变量之间存在因果关系。

这项研究涵盖了多项知识产权[4]——商标、专利*、外观设计专利、版权、地理标志（GI）和植物新品种权（PVR）——并考虑了各种经济指标，特别是国内生产总值（GDP）、就业、对外贸易和工资。本报告没有给出任何政策建议，因为这不在研究范围内。相反，研究的目的是提供证据，供政策制定者在工作中使用，并作为提高整个欧洲知识产权意识的基础。

2013年的研究选择了2008—2010年的经济数据，2016年选择了2011—2013年的经济数据，本报告选择了2014—2016年的经济数据。为了确保这3项研究之间的可比性，采用了以前相同的方法。不过，在基础

---

[1] 根据2012年4月19日欧洲议会和理事会第386/2012号条例（欧盟），观察组织被移交给内部市场协调局（OHIM），该条例于2012年6月5日生效。第2015/2424号条例（欧盟）于2016年3月23日生效后，OHIM更名为欧盟知识产权局（EUIPO）。除参考书目外，本报告通篇使用新名称。

[2] OHIM/EPO："知识产权密集型产业：对欧盟经济绩效和就业的贡献"，2013年9月。

[3] EPO/EUIPO："欧盟知识产权密集型产业和经济表现"，2016年10月。

[4] "知识财产"通常是创新的结果，但并不总是创新的结果。然而，它比"知识产权"更宽泛，因为它包括其他类型的知识，如商业秘密和商业方法。在本研究中，"知识产权"用于指代分析中包括的6项权利：专利、商标、注册外观设计专利、版权、地理标志和植物新品种权。

* 本报告中的"专利"仅指"发明专利"。——译者注

数据和研究方法上做了若干改进。特别是更新了用来确定知识产权密集型产业的配对方法，以确保反映最新的经济发展状况。此外，本报告纳入了冰岛、挪威和瑞士的数据，作为对欧盟成员国数据的补充。

鉴于欧洲及其他地区的政策制定者和商业领袖越来越关注应对气候变化相关技术的开发，2016 年的报告中增加了一章关于气候变化减缓技术（CCMTs）的经济意义的重要内容，并在本版报告中进行了更新。在该章中，根据欧洲专利局的专利申请数据，对参与这些技术开发的行业的经济贡献进行了更详细的分析。此外，本报告还增加了一个关于第四次工业革命（4IR）的新章节，该章节也基于专利数据，以说明数字化转型对大量行业的深刻影响。

1 执行摘要*

1.1 主要结论

本报告确定欧盟经济中目前有 353 个知识产权密集型产业，而之前（2016 年）的报告中确定了 342 个。这些产业大约三分之二在多项知识产权上是密集型的。

2014—2016 年，知识产权密集型产业提供了欧盟 29.2% 的就业岗位。在此期间，知识产权密集型产业在欧盟层面的总就业人员数近 6300 万人。此外，为知识产权密集型产业提供商品和服务的行业还提供了 2100 万个就业岗位。将间接提供的就业岗位考虑在内，知识产权密集型产业提供的就业岗位总数增至 8380 万（38.9%）。

在同一时期，知识产权密集型产业创造了近 45% 的欧盟地区生产总值（GDP），价值 6.6 万亿欧元。这些产业还占了欧盟与世界其他地区贸易的大部分，并产生了贸易顺差，从而有助于保持欧盟对外贸易的大体平衡。

知识产权密集型产业的工资水平明显高于非知识产权密集型产业，与非知识产权密集型产业相比，工资溢价为 47%。这与知识产权密集型产业的人均增加值高于其他经济领域的事实相一致。

将本报告的结果与 2016 年版的结果进行比较后发现，在 2011—2013 年（2016 年报告）和 2014—2016 年（本报告）这两个时期，即使考虑到知识产权密集型产业数量的变化，知识产权密集型产业对欧盟经济的相对贡献也有所增加。

近年来，在知识产权密集型产业中，参与气候变化减缓技术（CCMT）开发和与第四次工业革命（4IR）相关的产业的经济比重有所增加。2014—2016 年，CCMT 产业占欧盟就业人员数的 2.5% 和 GDP 的 4.7%，而同期，4IR 产业占就业人员数的 1.9% 和 GDP 的 3.9%。

本报告也首次展示了冰岛、挪威和瑞士知识产权密集型产业对 GDP 和就业贡献的可比结果。挪威知识产权密集型产业对 GDP 的贡献高于欧

* 后文对“1”称为第 1 章，以此类推。
第三版、第四版原文有的内容相同，但译法可能略有不同。——译者注

盟平均水平，冰岛和瑞士则低于欧盟平均水平。对就业的贡献，冰岛和瑞士达到或高于欧盟平均水平，但挪威低于欧盟平均水平。

1.2 欧盟经济中的知识产权密集型产业

知识产权密集型产业的定义[1]是，与其他使用知识产权的行业相比，每名就业人员[2]知识产权授权量高于平均水平的行业。原则上，这意味着一个行业在欧盟被确定为知识产权密集型产业，前提是至少有一个正在使用的知识产权，每名就业人员的知识产权授权量超过了使用该知识产权的所有欧盟行业的平均水平。如第 4 章和第 5 章所示，这些行业集中在制造业、技术和商业服务业。

然而，应该强调的是，大多数行业在使用知识产权时，通常在某种程度上是结合使用的。本报告只聚焦知识产权密集型产业，涵盖了欧洲经济中知识产权最为突出的部分[3]。

表 1 和表 2 总结了知识产权密集型产业对就业和产出这两个主要经济指标的贡献[4][5]。

2014—2016 年，知识产权密集型产业为欧盟提供了 29.2% 的就业岗位，其中商标密集型产业占 22%*，外观设计专利密集型产业占 14%，专利密集型产业占 11%，版权密集型产业占 5.5%，而地理标志密集型和植物新品种权密集型产业所占比例较小[6]。在这段时期，总就业人员数约为 2.16 亿，平均有近 6300 万欧洲人受雇于知识产权密集型产业。除直接就业贡献外，知识产权密集型产业还为其他非知识产权密集型产业提供就业岗位，非知识产权密集型产业作为其生产过程的投入向知识产权密集型产业提供商品和服务。使用欧盟统计局发布的欧盟投入产出表[7]，可以计算

---

[1] 见第 3 章“研究方法”。由于版权、地理标志和植物新品种权的特殊性质，必须对其采用不同的方法。

[2] 在本报告中，“知识产权的使用”和“知识产权的所有权”可以互换使用，在任何情况下都应理解为指知识产权的所有权。

[3] 本报告中被确定为知识产权密集型的产业占了 73% 的欧盟商标（EUTM）、83% 的注册共同体外观设计专利（RCD）、86% 的欧洲专利和 96% 的共同体植物新品种权。

[4] 为了最大限度地减少经济统计数据差距的影响，避免过度重视某一特定年份，将经济指标计算为 2014—2016 年的平均值。

[5] 应该指出的是，所显示的 GDP 和就业份额并不一定反映一个国家的创新程度，而是反映这些产业在其经济中的重要性。

* 表内为 21.7%，此处应是约数。全书文中数字可能与图表中有差异，以下不再说明。——译者注

[6] 知识产权密集型产业的总贡献小于商标密集型、专利密集型、外观设计专利密集型、版权密集型、植物新品种权密集型和地理标志密集型产业贡献的总和，因为许多产业在多个知识产权方面都是密集型的。然而，研究方法确保了产业贡献不会被重复计算。

[7] 知识产权密集型产业的总贡献小于商标密集型、专利密集型、外观设计专利密集型、版权密集型、植物新品种权（PVR）密集型和地理标志（GI）密集型产业的单个贡献之和，因为许多产业涉及多个知识产权。然而，研究方法确保不会重复计算行业贡献。投入产出表显示了经济中所有行业之间的商品和服务流动。

这种对非知识产权密集型产业就业的间接影响。考虑到这一间接影响，知识产权密集型产业提供的就业岗位总数增至近8400万个（38.9%）。

知识产权密集型产业对就业的贡献结果汇总在表1中，按直接和间接就业分列。

表1 2014—2016年知识产权密集型产业对就业的贡献

知识产权密集型产业	就业人员数（直接）	占总就业人员数的比重（直接）	就业人员数（直接+间接）	占总就业人员数的比重（直接+间接）
商标密集型产业	46700950	21.7%	65047936	30.2%
外观设计专利密集型产业	30711322	14.2%	45073288	20.9%
专利密集型产业	23571234	10.9%	34740674	16.1%
版权密集型产业	11821456	5.5%	15358044	7.1%
地理标志密集型产业	—	—	399324	0.2%
植物新品种权密集型产业	1736407	0.8%	2618502	1.2%
知识产权密集型产业	62962766	29.2%	83807505	38.9%
总就业人员数			215520333	

注：由于知识产权的重复使用，单个知识产权的总和超过了知识产权密集型产业的总和。

除了就业，以GDP衡量，知识产权密集型产业对经济产出也有贡献。表2显示，总体而言，欧盟近45%的GDP来自知识产权密集型产业，其中商标密集型产业占37%，外观设计专利密集型产业占16%，专利密集型产业占16%，版权密集型产业占7%，地理标志密集型和植物新品种权密集型产业占比较小。第5章更详细地分析了这些产业对欧盟成员国以及本研究包括的3个非欧盟成员国国民经济的贡献。

表2 2014—2016年知识产权密集型产业对GDP的贡献

知识产权密集型产业	增加值/GDP（百万欧元）	占GDP比重
商标密集型产业	5447857	37.3%
外观设计专利密集型产业	2371282	16.2%
专利密集型产业	2353560	16.1%
版权密集型产业	1008383	6.9%
地理标志密集型产业	20155	0.1%
植物新品种权密集型产业	181570	1.2%
知识产权密集型产业	6551768	44.8%
GDP	14621518	

注：1. 由于知识产权的重复使用，单个知识产权的总和超过了知识产权密集型产业的总和。
2. 表中数据为2014—2016年的平均值。

将本报告的结果与2016年版报告的结果进行比较，可以看出，

2014—2016 年，知识产权密集型产业对欧盟经济的贡献高于 2011—2013 年。然而，由于欧盟统计局使用的欧洲国民账户和区域账户系统的某些关键组成部分在这两个时期之间进行了更新，这一比较变得复杂起来。

此外，为了确保这项研究反映欧盟目前的经济结构，更新了用于确定知识产权密集型产业的配对方法，导致这些产业的数量从 2016 年报告中的 342 个增加到本报告中的 353 个。这些更新导致了知识产权密集型产业对国内生产总值和就业的贡献增加的结果。在表 3 中，使用新定义重新计算了 2011—2013 年的数据，以说明这些变化的影响。

表 3　2016 年报告与 2019 年报告主要结果比较

知识产权密集型产业的贡献	2016 年报告（原始）	2016 年报告（新国民账户，新知识产权密集型产业）	2019 年报告（新国民账户，新知识产权密集型产业）
就业（直接）	27.8%	28.6%	29.2%
GDP	42.3%	44.0%	44.8%
货物贸易总额	89.3%	88.8%	92.5%
货物及服务贸易总额	未计算	78.1%	81.0%

第一栏包含 2016 年报告中 2011—2013 年的统计结果。第二栏重新计算了 2016 年同期的结果，其中考虑了新的国民账户体系和新的知识产权密集型产业清单。第三栏显示了本报告（2014—2016 年）的结果，因此与第二栏直接可比。

因此，即使考虑到统计修正的影响，知识产权密集型产业的贡献在 2011—2013 年（2016 年报告）和 2014—2016 年（2019 年报告）两个时期都有所增加。

也有迹象表明，在 2014—2016 年经济形势艰难的情况下，知识产权密集型产业的就业状况明显好于整体就业。欧盟的总就业人员数从 2011—2013 年的 2.158 亿小幅下降至 2014—2016 年的 2.155 亿，下降 0.1%，而353 个知识产权密集型产业的就业人员数从6170 万上升至6300 万（+1%*）。

知识产权密集型产业创造了 44.8% 的国内生产总值（增加值）和 29.2% 的就业岗位，因此，知识产权密集型产业的人均增加值高于其他产业。经济理论认为，在其他条件相同的情况下，那些普通工人创造更多附加值的行业，预期会比其他行业付给工人更高的工资。因此，研究这种更高的附加值是否反映在知识产权密集型产业的工资中，是一件有趣的事情。

---

* 应为 2.1%。——译者注

如表4所示，知识产权密集型产业的工资水平确实高于非知识产权密集型产业。知识产权密集型产业的每周平均工资为801欧元，而非知识产权密集型产业的每周平均工资为544欧元，相差47%。这种“工资溢价”在地理标志密集型产业中为29%，在外观设计专利密集型产业中为40%，在商标密集型产业中为48%，在版权密集型产业中为59%，在专利密集型产业中为72%。

表4 2016年知识产权密集型产业就业人员平均工资

知识产权密集型产业	就业人员平均工资（欧元/周）	工资溢价（与非知识产权密集型产业对比）
商标密集型产业	805	48%
外观设计专利密集型产业	761	40%
专利密集型产业	934	72%
版权密集型产业	867	59%
地理标志密集型产业	705	29%
植物新品种权密集型产业*	—	—
知识产权密集型产业	801	47%
非知识产权密集型产业	544	
所有行业（包含在结构性商业统计**中的企业）	654	

* 由于缺乏农业工资统计数据而未计算。

** 欧盟统计局发布的结构性商业统计数据。

与2013年研究的情况（使用新的知识产权密集型产业重新计算）相比，工资溢价从45%微升至47%，反映出专利密集型和外观设计专利密集型产业的工资溢价增长尤为强劲。

本报告还探讨了知识产权密集型产业在欧盟对外贸易中的作用。在2016年的报告中，只探讨了商品贸易。自那时起，欧盟统计局也开始提供服务贸易数据，因此在本报告中，这两种类型的贸易是分开处理的。欧盟贸易的大部分是知识产权密集型产业。乍一看，知识产权密集型的贸易份额高得令人意外。这是因为，即使是一些生产能源等大宗商品的行业也是知识产权密集型❶的，而另一方面，许多非知识产权密集型活动也是不可贸易的❷。因此，89%的进口欧盟商品都是知识产权密集型产业的产品。

❶ NACE 0610类别（原油开采）是专利密集型。

❷ 例如，NACE 86大类行业（人类健康活动）和96大类行业（其他个人服务活动）中包含的服务业。这些服务通常在生产时消费。

然而，知识产权密集型产业在欧盟商品出口中所占的份额甚至更高，达96%。就服务贸易而言，知识产权密集型产业的份额较低，进口额占服务进口总额的57.4%，出口额占服务出口总额的53.7%。考虑到商品和服务贸易，2016年80%的欧盟进口和82%的欧盟出口来自知识产权密集型产业。

2016年，欧盟整体贸易顺差约为1660亿欧元，占GDP的1.1%。知识产权密集型产业的贸易顺差更大，达到1820亿欧元，从而抵消了非知识产权密集型贸易的小逆差。

表5总结了2016年知识产权密集型产业的对外贸易额❶。

表5　2016年知识产权密集型产业对外贸易

知识产权密集型产业	出口（百万欧元）	进口（百万欧元）	净出口（百万欧元）
商标密集型产业	1613366	1600703	12663
外观设计专利密集型产业	1261774	1194885	66889
专利密集型产业	1438117	1307850	130267
版权密集型产业	294856	202738	92119
地理标志密集型产业	12490	1360	11130
植物新品种权密集型产业*	7552	3885	3667
知识产权密集型产业	2122465	1940510	181955
欧盟对外贸易总额	2590889	2425202	165687

注：由于知识产权的重复使用，单个知识产权的总和超过了知识产权密集型产业的总和。

* 仅包含货物。

专利密集型产业的贸易顺差最大，其次是版权密集型和外观设计专利密集型产业。

仔细观察欧盟单一市场内知识产权密集型产业的活动，可以发现欧盟成员国之间存在分工。奥地利、丹麦、芬兰、德国、卢森堡、马耳他和瑞典等国的人均知识产权授权量高于欧盟平均水平。在罗马尼亚、斯洛伐克、匈牙利和捷克等其他欧盟成员国，知识产权密集型产业中，来自其他国家企业的就业岗位比例最高。如表6所示，总体而言，知识产权密集型产业中22.7%的欧盟就业岗位来自外国企业的子公司，其中大部分来自另一个欧盟成员国。只有在爱沙尼亚、荷兰、英国和爱尔兰，非欧盟企业

❶ 与就业和GDP计算一样，单个知识产权的数字与知识产权密集型产业的总体数字并不一致，因为许多行业在不止一项知识产权上都是密集型的。然而，研究方法确保不会重复计算行业贡献。

提供的就业岗位才比其他欧盟成员国的企业多。

表6 2014—2016年知识产权密集型产业外国企业就业人员数占比

知识产权密集型产业	欧盟占比	非欧盟占比	外国企业占比
商标密集型产业	11.5%	9.2%	20.6%
外观设计专利密集型产业	13.0%	9.8%	22.8%
专利密集型产业	14.5%	12.0%	26.5%
知识产权密集型产业	12.9%	9.8%	22.7%

注："外国企业"指总部位于另一个国家的企业。

最后，专利数据被用于确定知识产权密集型产业，这些行业在减少或防止温室气体排放的气候变化减缓技术（CCMT）❶ 和第四次工业革命（4IR）技术上非常活跃，这两种技术在许多行业都很普遍，对欧盟经济尤其重要。总的来说，2010—2014年9.4%的欧洲专利授权量与CCMT有关，而1.9%与4IR技术有关。

25个CCMT密集型产业特别值得关注，因为CCMT将在实现《巴黎气候变化协定》（简称《巴黎协定》）中规定的目标方面发挥重要作用，而欧洲企业在许多此类技术方面都处于世界领先地位。这些产业占欧盟就业人员数的2.5%和经济产出的4.7%，自2011—2013年以来，它们的贡献一直在增加。这些行业的员工获得的工资也远高于其他行业。与非知识产权密集型产业相比，CCMT行业的"工资溢价"为93.3%，几乎高出知识产权密集型产业工资溢价（47%）的两倍。

在物联网的推动下，4IR涵盖了许多其他技术，如云计算和人工智能（AI）。16个4IR密集型产业（集中在先进制造业）占欧盟就业人员数的1.9%，占欧盟GDP的3.9%，自2011—2013年以来，它们的贡献也有所增加。4IR行业的工资溢价甚至高于CCMT行业，为104.3%（与非知识产权密集型产业相比）。

这些数字是专利密集型产业的一部分，因此已包含在表1～表5的总体数字中。

1.3 冰岛、挪威和瑞士经济中的知识产权密集型产业

除了28个欧盟成员国之外，本报告还包括欧洲自由贸易联盟成员国

❶ CCMT标识基于EPO的Y02/Y04S标记方案，该方案是联合专利分类（CPC）的一部分。它涵盖了在《京都议定书》和《巴黎协定》框架内控制、减少或防止温室气体人为排放的选定技术。例如，它包括有助于减少与能源生产、传输或分配有关的温室气体排放的技术，以及允许捕获、储存、封存或处置温室气体的技术，以及旨在减少自身能源使用的信息和通信技术。

冰岛、挪威和瑞士的基本结果[1]。表 7 显示了这些国家知识产权密集型产业对就业和 GDP 的贡献，并列出了欧盟平均值以供参考。

表 7 2014—2016 年欧洲自由贸易联盟国家知识产权密集型产业对就业和 GDP 的贡献

知识产权密集型产业	就业人员数（直接）	占总就业人员数的比重（直接）	增加值（百万欧元）	占 GDP 比重
商标密集型产业				
冰岛	40029	23.0%	5267	33.1%
挪威	477143	18.8%	150312	42.5%
瑞士	1023493	23.4%	200892	34.4%
外观设计专利密集型产业				
冰岛	14542	8.3%	1060	6.7%
挪威	256256	10.1%	83443	23.6%
瑞士	657143	15.0%	114456	19.6%
专利密集型产业				
冰岛	11561	6.6%	1499	9.4%
挪威	284366	11.2%	100543	28.4%
瑞士	583563	13.5%	123513	21.1%
版权密集型产业				
冰岛	13547	7.8%	1017	6.4%
挪威	146977	5.8%	18210	5.1%
瑞士	252252	5.8%	37902	6.5%
知识产权密集型产业				
冰岛	50939	29.2%	6294	39.6%
挪威	669540	26.3%	173460	49.1%
瑞士	1341482	30.7%	241518	41.3%
知识产权密集型产业（欧盟）	62962766	29.2%	6551768	44.8%

注：由于知识产权的重复使用，单个知识产权的总和超过了知识产权密集型产业的总和。

挪威知识产权密集型产业对其 GDP 的贡献高于欧盟平均水平，而瑞士知识产权密集型产业的就业贡献方面高于欧盟平均水平。

1.4 方法和数据

本报告使用的研究方法与之前的报告相同。尽管如此，为了使本报告

[1] 在计算这些国家知识产权密集型产业的贡献时，假设欧盟 28 国的知识产权密集型产业在这 3 个国家也是知识产权密集型产业。此外，由于缺乏数据覆盖，无法计算这 3 个国家地理标志密集型和植物新品种权密集型产业的贡献。

的内容更加完整，特别是第 3 章的大部分内容和第 9 章“附件：方法”，专门用于记录这种方法。这主要有两个原因：

1. 鉴于处理来自 28 个成员国的大量数据（包含在几个大型数据库中）的复杂性，需要一种新颖而复杂的数据匹配方法。

2. 为了提高透明度，必须尽可能全面地描述方法。

本报告的另一个显著特点是，数据库和其他数据源种类繁多，用于确定哪些行业是知识产权密集型产业，并评估这些行业对就业、GDP 和其他经济指标的贡献。第 3 章给出了详细的统计结果。

此外，必要时还使用了特定行业的第三国数据，尤其是与地理标志产品贸易相关的数据。

为了确定哪些行业是知识产权密集型产业，EUIPO、EPO 和 CPVO 的注册数据库与商业数据库 ORBIS 进行了匹配❶。由此产生的匹配数据库包含约 345000 家企业的数据，包括每家企业申请并随后授予的欧盟商标、注册欧盟外观设计、专利和欧盟植物新品种权的数量，以及行业分类和每家企业的各种财务和经济变量，提供了一组可用于未来更详细研究的数据。

利用该数据库，计算了每个行业每名就业人员拥有的商标、外观设计专利、专利和植物新品种权授权量，根据该指标，高于平均水平的行业被视为知识产权密集型产业。该计算是在欧盟层面进行的，不考虑数据库中各企业在各国的知识产权申请。然而，这种方法之所以必要，部分是因为数据限制，其理由是假设一个在欧盟层面被确定为知识产权密集型行业，则其在国家层面也将被确定为知识产权密集型产业。

本研究对匹配方法进行了改进和自动化，并使用了 ORBIS 的最新数据。此外，对确定植物新品种权密集型产业的方法进行了改进，从而确定了另外 3 个此类行业。因此，确定了 353 个知识产权密集型产业，而之前的报告中为 342 个。就版权和地理标志而言，与之前的报告一样，这些行业被认为是密集型产业。

该方法背后的一个基本假设是，一个行业的知识产权密集程度是该行业的固有特征，无论该行业位于何处❷。在评估每个行业对经济的贡献时，衡量的是该行业在每个成员国和欧盟提供的就业岗位和创造的增加值，而不是知识产权来源地创造的贡献。

---

❶ ORBIS 是一个关于欧洲企业财务信息的数据库，由 Bureau van Dijk 提供，基于从各个国家的企业登记簿或类似记录中的企业文件中获得的数据。它包括所有企业的数据，无论是否在证券交易所上市（中小企业通常是后者）。

❷ 例外情况是 GI，它是按国家分析的。

例如，如果一家总部位于A国的汽车企业在B国建造了一家装配厂，那么由此提供的就业岗位和创造的增加值将统计到B国的经济中。因此，仅凭知识产权密集型产业对一个国家的贡献，无法得出某个国家的创新程度的结论。在上述例子中，B国专利密集型产业的较高贡献值来自对装配厂选址的地点的决定，但基础研究实际上也可以在A国或其他国家进行。

为了阐明这一问题，第6章给出了本报告所用数据库中的专利、商标、外观设计专利和植物新品种权来自哪些国家，并提供了各欧盟成员国知识产权密集型产业中由其他成员国或非欧盟成员国企业提供的就业统计数据。

2 介绍

知识产权现在被广泛认为是现代经济的关键驱动力。知识经济的出现、全球化的市场以及产品和服务的日益复杂都使知识产权变得更加重要。对许多发达经济体的企业来说，他们的无形资产现在远比实物资产更有价值。经验证据表明，在试图从创新中获取附加价值时，企业考虑采用替代的，通常是互补的知识产权保护方式。展望未来，大多数政策制定者坚信，知识密集型产业不仅将推动欧洲甚至将推动全球的增长和繁荣。

如图1[1]所示，自2004年以来，欧洲申请人提交的欧洲专利、商标和外观设计专利申请显著增加。总体而言，欧盟商标和欧洲专利的申请在整个期间都有所增长，其中商标的申请增长更快。在2007年之前，欧盟外观设计专利申请的增长率与欧盟商标的增长率相当，但自那以后一直相当缓慢，2012—2015年，即全球经济危机爆发的年份，申请量在2016年恢复增长之前停滞不前。总的来说，知识产权申请活动的弹性是知识产权日益重要的又一个迹象。

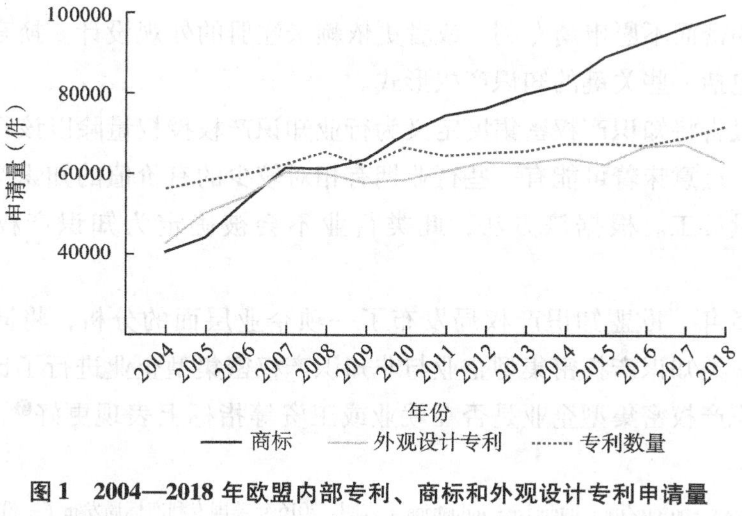

图1 2004—2018年欧盟内部专利、商标和外观设计专利申请量

对知识产权及其经济贡献进行量化很困难，因为有关知识产权的数据

---

[1] 图1中，专利为欧洲专利（EP），商标为欧盟商标（EUTM），外观设计专利为注册共同体外观设计专利。

往往是零碎和分散的，并且侧重于每一项知识产权或特定行业。过去，关于知识产权对经济影响的研究主要集中在专利上。然而，近年来，一些研究也评估了商标对创新、增长、就业和工资的影响，但这些研究仅限于国家层面。

与我们2016年的报告一样，这项研究全面评估了知识产权密集型产业对欧洲经济的贡献，重点是国内生产总值、就业和对外贸易[1]。当然，知识产权还以我们研究中未量化的其他方式影响经济，包括技术转让、对创新和增长的长期影响，以及未通过市场交易货币化的知识产权创造和使用的相关外部效应[2]。

这项研究着眼于商标、专利、外观设计专利、版权、地理标志和植物新品种权。报告确定了哪些产业使用这些知识产权的水平高于欧盟平均水平。并量化了这些行业在欧盟整体经济和每个成员国经济中的权重。报告中还包括冰岛、挪威和瑞士的数据。

虽然本报告量化了知识产权对经济的整体贡献，但其结果并未确定知识产权与经济变量之间的因果关系，也没有对不同类型的知识产权保护的效果进行任何比较分析。不同的知识产权服务于不同的目的，用于不同的行业，适用于不同的范围。该研究也没有分析知识产权对单个企业的价值，而是关注它们在行业和成员国层面的贡献。在任何行业中，都存在一些企业比其他企业更密集地使用知识产权，而报告并不研究此类变化。同样，不同企业也采取了不同的知识产权保护策略。例如，一些企业宁愿保守商业秘密而不愿申请专利，或者更依赖未注册的外观设计。换言之，本研究不包括一些关键的知识产权形式。

本报告将知识产权密集度定义为行业知识产权授权量除以该行业就业人员数。这意味着可能有一些行业拥有相对较少的有价值的知识产权，但拥有大量员工。根据该方法，此类行业不会被确定为知识产权密集型产业。

2015年，欧盟知识产权局发布了一项企业层面的分析，将同一行业中的某一类知识产权密集型企业与非知识产权密集型企业进行了比较，以评估知识产权密集型企业是否在就业或工资等指标上表现更好[3]。欧盟知

---

[1] 2016年的研究可在 www. epo. org/ipr - intensive - industries 上查阅。2016年美国专利商标局发布了一份关于美国经济的类似研究，见 https：//www. uspto. gov/learning - and - resources/ip - motion/intellectual - property - and - us - economy。

[2] 版权/文化产业也可以通过例外和限制机制影响经济。然而，这些类型的贡献不包括在本研究中。

[3] “欧洲的知识产权和企业绩效：经济分析”，可在 https：//euipo. europa. eu/tunnel - web/secure/webdav/guest/document_library/observatory/documents/IPContributionStudy/phase2/OHIM_study_report_en. pdf 上查阅。

识产权局和欧洲专利局在2019年发布的另一项研究侧重于使用注册知识产权的欧洲中小企业的增长表现[1]。这两项企业层面的研究都表明了知识产权活动与企业财务绩效之间的关系。

本报告简要概述了所涵盖的知识产权及其经济贡献。报告第3章介绍了研究方法，解释了数据的选择及其处理。第4章和第5章介绍了所涵盖的6项知识产权中每一项的行业层面分析结果。还在欧盟和国家层面上更详细地分析了知识产权密集型产业。本报告的最后几章介绍了知识产权的来源，并对申请气候变化减缓技术和4IR发明专利相关的产业进行了补充分析。

2.1 知识产权及其在经济中的作用

随着知识资产在当今竞争激烈的市场中日益重要，近年来出版了大量有关知识产权的经济和管理文献。科学出版物数量的增加（以及媒体和报纸对知识产权的报道也相应增加）反映了过去20年来世界范围内专利、商标和注册外观设计专利数量的急剧增加，以及它们被用作观察经济现象的产出指标。

知识产权的法律保护通过授予个人和组织对其工作成果的专有法律权利，鼓励他们发挥创造性和创新精神。本节简要介绍了本报告研究的6项知识产权形式：专利、商标、外观设计专利、版权、地理标志和植物新品种权。它详细说明了相关保护主题、保护要求以及赋予权利人的基本权利。它还简要概述了每项知识产权背后的经济原理。

2.1.1 专利概述

专利保护适用于旨在为技术问题提供新解决方案的发明。要获得专利，发明必须具有新颖性、创造性和实用性。新颖性，是指该发明不属于现有技术，也没有任何单位或个人就同样的发明在申请日前向专利机构提出过申请，并记载在申请日过后公布的专利申请文件或公告的文件中，创造性是指与现在技术相比，该发明具有突出的实质性特点和显著进步。实用性，是指该发明能够制造或使用，并且能够产生积极效果。只有专利机构授予的专利才是完全有效和可执行的。专利当局审查专利申请，确保发明满足专利申请的所有法律要求。一旦授予，专利授予其所有者阻止任何其他实体商业利用该发明的权利。此专有权仅在有限的时间内授予。通

[1] “高成长企业和知识产权：欧洲高潜力中小企业的知识产权概况”，请访问 www. epo. org/high - growth。

常，专利保护自申请之日起持续20年，但需支付续期费。它的空间范围也有限，因为专利的排他性只能在授予国的管辖范围内执行。

在欧洲，发明者可以通过国家专利系统在任何欧洲国家申请专利保护，并且（或者）通过EPO的集中程序寻求区域保护。EPO授予的欧洲专利在多达44个国家提供专利保护。一旦《统一专利法院协议》获得完全批准，申请人将能够申请覆盖欧盟大部分地区的“统一专利”。

专利权促进技术进步、创新和社会福利的主要方式有两种：一种是激励创造创新，另一种是促进新知识的传播和价值化[1]。

专利通过发明者或申请人使用或销售专利发明的专有权（奖励功能）的形式对创新创造进行奖励，从而推动创新。为什么要引入这样的激励机制？是因为创新最终会产生新知识。如果这种知识得不到保护，竞争对手可能会以成本很低或没有成本的方式利用它，从而减少发明家的回报，使他们不再愿意去创新。专利的专有法律权利为从事创新活动提供了充分的激励有助于限制这种风险。

“合同功能”描述了专利促进创新的第二种方式：它们授予发明者对某项发明的专有权，以换取基本技术解决方案的信息披露。在国家和国际专利局公开提供专利文件有助于传播技术信息，然后其他人可以利用这些信息开发其他新的解决方案，为社会创造更多收益。信息披露和法律排他性的结合还使得专利发明的使用能够达到合同的要求（如许可证或研发合作协议）。

2.1.2 商标概述

商标是任何能够将自然人、法人或其他组织的商品与他人的商品区分开的标志。商标旨在通过允许客户在购买商品和服务之前识别商品和服务的性质和质量来降低市场上的信息和交易成本。符合商标保护条件的最常见标志包括文字、图片、样式化文字、徽标、颜色或颜色组合、形状、声音或这些标志的某些组合。一般来说，一个标志必须满足作为商标的显著性要求。独特性意味着消费者可以将该标志识别为商标，并将其与同一领域的其他商标区分开来。如果商标可能会在其所指商品和服务的性质、质量或任何其他特征方面欺骗公众，则不符合注册资格。商标可以通过商标局注册（即注册商标）或在某些国家通过其在市场上的实际使用（即未注册商标）得到保护。注册商标在所有国家都不是强制性的，但它使主张

---

[1] 有大量关于专利的经济文献（参见Hall和Harhoff 2012年的完整概述）。本文献讨论了专利的经济功能，旨在评估其对经济的实际影响。它还探讨了跨大类行业和国家使用专利的各种方式，以及专利制度的法律设计对经济的影响。

相关权利更容易执行❶。注册商标所有人拥有在其注册的产品类别的商品和服务上使用该商标的专有权；并防止其他人在同一领域利用任何与之相同或相似的标志。注册商标的保护期通常为10年，但若支付费用可以无限期续展（通常为每10年一次）。

保护商标的经济学原理来源于信息和声誉理论。

市场上可供竞争的产品可能在几个特征和属性方面彼此不同。如果消费者能够免费获得有关这些产品的所有相关信息，并对其进行适当评估，以指导他们的购买决策，这种差异本身就不是问题。然而，情况通常并非如此。消费者在实际购买产品之前，往往很难或不可能观察到产品的特性。在这种情况下，受商标保护的品牌充当了一个信号，表明该产品与消费者关注到的品牌质量一致。

商标的法律保护提供了一种激励，鼓励开发和维护独特的产品特征，并为市场提供有益的信息，以提高市场透明度。创建商标并建立其声誉可能需要在产品质量、服务和广告方面进行大量投资。在缺乏法律保护的情况下，鉴于模仿竞争对手商标的成本很低，商标持有者很难会有动力在这方面进行投资。

2.1.3 外观设计专利概述

外观设计专利❷是指对产品的整体或局部的形状、图案或者其结合以及色彩与形状、图案的结合所做出的富有美感并适于工业应用的新设计。产品可以是任何工业或手工艺品，包括包装、图形符号和字体。换句话说，外观设计覆盖了产品的外观，但不包括其功能，这属于专利保护的范围。注册外观设计专利必须满足两个要求，它必须是全新的，并且具有独特性。如果在提交申请之日及以前不存在已公开的相同的设计，这是全新的。如果它给用户的总体印象不同于任何以前的设计，它就具有独特性。工业品外观设计专利的保护通常是根据其注册程序给予的。然而，根据某些法律，还可以通过在文件或产品中披露外观设计（=未注册外观设计）来自动获得外观设计权利。与商标一样，已注册外观设计专利比未注册外观设计专利提供了更全面的覆盖。注册外观设计专利所有者拥有使用该外观设计的专有权，并可以防止任何第三方使用它。在欧盟，注册外观设计专利授予的权利最长可适用25年。注册共同体外观设计专利的初始寿命

---

❶ 为了执行与未注册商标相关的权利，所有人通常必须出示事实证据，证明他们拥有在公众心目中获得声誉的已注册商标。

❷ 在本报告中，“外观设计专利”一词应理解为“注册外观设计专利”。

为自提交之日起5年，并每5年可进行连续续期，最长可达25年。

外观设计专利注册的经济层面的理由主要在于促进创新。新的外观设计的诞生是一项创造性的活动，需要投入大量的时间、技能和劳动力。如果没有专有权，任何一方都可以模仿外观设计，并直接与原始创作者竞争。为保护新的外观设计专利提供法律机制，最终会增加人们对设计制作和创意工作的投入。

2.1.4 版权概述

版权是对计算机程序、文学著作、音乐作品、照片、游戏、电影等的复制权利的合法所有权。除非转让给另一方，版权通常被认为是属于作者的。版权只保护思想的表达形式，而不保护思想本身。欧盟层面无须版权注册[1]，版权自作品创作之日起自动被授予和保护。在这方面，版权与本报告中涉及的其他知识产权有很大不同。

为了与各欧盟成员国自身的实质性版权法规协调一致，欧盟已通过了13项指令和两项条例。尽管有了相当大的协调，但在欧盟层面上不协调的领域，各国在版权保护方面仍存在一些差异。此外，在欧盟和3个欧洲自由贸易联盟国家冰岛、挪威和瑞士实施的版权制度之间存在细微差异。然而，根据国际立法，例如《保护文学和艺术作品伯尔尼公约》，版权和相关权利保护的某些标准适用于所有这些国家。

授予欧盟创作者、表演者、制片人和广播企业的最重要经济权利包括：

→ 作者、表演者、唱片和电影制作人以及广播机构的复制权

→ 作者、表演者、唱片和电影制作人以及广播机构向公众传播的权利

→ 作者、表演者、唱片和电影制作人以及广播机构的发行权

→ 表演者和广播机构的录制权

→ 作者、表演者、录音制品和电影制作人的租赁和/或出借权，以及作者和表演者的出借和/或租赁的相关公平报酬权

→ 以雕塑、绘画或摄影等视觉艺术形式工作的艺术家的转售权（追续权）

→ 表演者、唱片制作人和广播机构的广播权

→ 计算机程序作者的复制、分发和出租权

然而，应注意的是，并非所有权利都适用于所有权利持有人，一般情况下仅在满足某些条件时才适用。

---

[1] 然而，在许多成员国，自愿登记是可能的。

受所有国家版权法保护的作品类型包括：

→ 文学作品（包括小说、短篇小说、诗歌、戏剧作品和任何其他作品，无论内容如何，包括小说和非小说）

→ 戏剧作品

→ 音乐作品

→ 艺术作品（无论是二维的，如素描、绘画等，还是三维的，如雕塑或建筑作品）

→ 地图和技术图纸（包括制图作品、平面图、蓝图、图表等）

→ 摄影作品

→ 电影作品

→ 计算机程序和数据库

这份清单并不完全，因为一些版权法可能也会保护其他类型的作品。

除了经济权利，作者还被授予精神权利（署名权、作品完整权和发表权），但不是通过欧盟立法。即使版权已转让给第三方，作者也可以主张这些权利。

相关权利为表演者、唱片制作者和广播组织提供经济保护。在欧盟，电影制片人和出版社也受到相关权利的保护。

在欧盟，版权保护目前在作者的有生之年以及其身后 70 年内有效。对于表演者、唱片和电影制作人或广播机构版权的保护期限为表演、发行或传播给公众后持续 50 年。2011 年，在某些条件下，欧盟表演者和录音制作人的相关权利期限从 50 年延长至 70 年。

版权的经济层面保护较为复杂，反映了创作者、发行商、表演者和消费者的利益以及短期和长期影响之间的各种权衡。该制度的总体目标是确保创作者和其他权利持有人获得适当的报酬（从而实现社会最佳水平的创作活动），同时为公众提供广泛的创作作品渠道，并使其他创作者能够在之前作品的基础上继续创作。

2.1.5 地理标志概述

地理标志（GI）是指某商品来源于某地区，该商品的特定质量、信誉或者其他特征，主要由该地区的自然因素和人文因素所决定的标志。地理标志的使用可以作为产品具有特定质量、按照传统方法制造或因其地理来源而享有特定声誉的证明。

它们与“地理”的联系以及严格的产品制造控制措施，往往导致生产 GI 产品的不同大类行业之间存在纵向一体化，从农场主到制造商，甚至批发商和零售商。

由于地理标志主要用于欧洲的农业、食品和饮料行业，本报告仅考虑农业、食品和饮料产业的地理标志密集度。

以下总结了农产品和食品的两种主要地理标志类型。

	受保护的原产地名称（PDO）：在规定地理区域采用公认的技术进行生产、加工和制备的产品。产品的特性完全或主要归因于产地与当地生产者的技能。
	受保护的地理标志（PGI）：产品的声誉或特性与产地的地理区域紧密相连。对于 PGI 农产品和食品，生产、加工或制备的各个环节中至少有一个环节发生在该区域。对于 PGI 葡萄酒，至少 85% 的葡萄要来自该区域。

地理标志和其他知识产权之间的另一个区别是，商标、外观设计专利、专利和版权通常是由私人实体，最常见的是由个人或企业申请和拥有，而地理标志通常是由相关地理区域的生产者协会申请和进行管理。地理标志可以被该地区遵循规定生产方法的所有个体生产商使用。

就其经济功能而言，地理标志与商标具有相同的基本功能，即解决买家和卖家信息不对称的问题，并通过对产品的原产地和制造方法进行认证，帮助消费者降低信息搜寻成本。消费者往往愿意为地理标志产品支付更高的价格，正好反映了这一点[1]。

2.1.6 植物新品种权概述

植物新品种权或植物育种者权利（PVR）是一种独立的特殊形式的知识产权，对完成育种的单位或个人授予植物新品种权，享有排他的独占权（TRIPS 协定第 27（3）（b）条）。

植物新品种是指已知等级最低的单一植物分类单元内的植物群，可通过给定基因型或基因型组合产生的特征表达来定义；通过至少一种上述特征与其他植物群相区别，就其是否适合原样繁殖而言，而被视为一个单元。《保护植物新品种国际公约》（UPOV 公约）提供了保护植物新品种权利的国际法律框架。

就欧盟而言，欧盟植物新品种权（CPVR）系统是欧盟层面植物新品种知识产权的唯一形式。欧盟植物新品种权系统由欧盟植物新品种保护办

---

[1] 见欧盟知识产权局：“侵犯欧盟葡萄酒、烈酒、农产品和食品的受保护地理标志”，2016 年。可参阅 https：//euipo. europa. eu/tunnel - web/secure/webdav/guest/document_library/observatory/documents/Geographical_indications_report/geographical_indications_report_en. pdf。

公室（CPVO）管理，负责欧盟植物新品种权的授权。授予的所有权可通过一定程序获得，并在整个欧盟境内具有统一效力。欧盟植物新品种权与成员国各国植物新品种权系统共存。然而，如果欧盟植物新品种权已被授予，同一品种的国家权利将无法执行。

要获得植物新品种权，必须首先向国家或地区指定机构提交审查申请。候选品种必须满足明确性、一致性和稳定性的技术标准（DUS 标准）。它还必须是新颖的，并具有合适的名称。这些标准由欧盟植物新品种保护办公室在正式、实质性和技术性审查后进行测试，后者与国家当局（委托审查办公室）合作。

如果满足所有适当要求，将授予固定期限的植物新品种权保护证书。1991 年的 UPOV 公约规定了至少 20 年的保护期。在欧盟，大多数植物品种的保护期为 25 年，葡萄、树木和马铃薯物种的保护期为 30 年。

权利持有人可以对任何侵犯欧盟植物新品种权的人提起民事诉讼。

植物新品种权的经济原理与专利相似：鼓励创新，同时促进知识在整个经济中的传播。

2.2 六项知识产权总结

表 8 总结了专利、商标、外观设计专利、版权、地理标志和植物新品种权的主要特征。

表 8 知识产权的主要特征

知识产权	专利	外观设计专利	商标	版权	地理标志	植物新品种权
主题内容	发明（技术问题的解决方案）	一件物品或产品或其零件的原创的装饰性和非功能性特征	特定商品或服务的显著标志，能与其他企业的商品和服务区分开来	艺术、文学、戏剧，音乐、摄影和电影作品，地图和技术制图，计算机程序和数据库	原产于特定地理位置的产品，其品质或声誉取决于其原产地	植物新品种
获得保护的条件	新颖性，创造性（非显而易见性），工业实用性	新颖性，有个体特征	独特性	作品的原创性，不论其文学或艺术价值	技术规格能够证明产品特性及产品与地理位置的关联	独特性、一致性、稳定性和新颖性
权利的获得	授予和生效前由专利局进行审查	对于注册外观设计专利，由知识产权局审查；对于非注册外观设计专利，通过设计披露行为自行获取	对于注册商标，由知识产权局审查；对于未注册商标，在商业上使用	一经有具体表达形式的创作完成，即自动获得	国家权威机构审查（因国家而异），然后由欧盟委员会审查	由 CPVO 选择的审查机构进行审查，然后授予

续表

知识产权	专利	外观设计专利	商标	版权	地理标志	植物新品种权
被授予的权利	制造、使用、销售专利所保护发明的专有权	外观设计的独占使用权，阻止第三方未经权利人同意而使用	在贸易中的商标专用权	复制，传播，包括向公众提供、发行、出租、转售、翻译、改编、公开表演	集体权利，对可比产品授予商业化的专有权，并防止仿冒	将受保护植物新品种商业化的专有权
有效期	一般为自申请日起20年，每年须支付续期费用	对于注册外观设计专利，通常最长期限为25年。对于欧洲共同体注册外观设计，最长达25年（每5年续约一次）	对于注册商标，一般为自申请日起10年，但可在缴付费用后连续多期无限续期	对于作者，生前加去世后70年。对于表演者，一般为从首次公开表演、录制、出版或传播之日起70年。对于录音制作人，为录制完成、录音作品出版或向公众传播后70年。对于电影制作人，为录制完成、电影发行或向公众传播后70年。对于广播机构，为首次播出后50年	无限期，无须续期	大多数植物新品种的保护期限为25年；藤本植物、树木和土豆根据年费缴纳情况最长可达30年

3 研究方法

本报告的目的是考察知识产权密集型产业的经济特征。本报告采用的研究方法尽可能遵循2016年和2013年报告中采用的方法，以实现最大的可比性。

因此，研究方法背后的原则是相同的：首先，确定哪些行业比其他行业使用知识产权更多❶；其次，使用行业层面的经济统计数据来确定这些行业的就业和增加值（GDP）；最后，将行业层面的经济总量与整体经济总量进行比较，以确定知识产权密集型产业对经济的贡献。

然而，虽然2013年和2016年的报告都是基于ORBIS数据库与为2013年报告开发的EPO和EUIPO数据库的匹配，但这一次进行新的匹配，以确保知识产权密集型或非知识产权密集型产业的分类尽可能紧密地反映当今经济形势。如第3.2节和第9章所述，数据匹配方法也得到了改进，与之前的方法相比，减少了人工操作。总而言之，新方法确认了353个行业为知识产权密集型产业，比2016年的研究多11个。为了分析趋势，使用新的知识产权密集型产业重新计算了2016年的结果，以确保数据具有可比性。

这次的研究包括3个非欧盟成员国——冰岛、挪威和瑞士。对于这些国家知识产权密集型产业贡献的计算是基于这样一个假设，即欧盟28国的知识产权密集型产业在这3个国家也是知识产权密集型产业。换句话说，没有对它们进行单独的匹配。这主要是为了确保其结果与欧盟的结果具有可比性。此外，鉴于这3个国家与许多欧盟成员国经济发展水平相似，因此有理由假设它们的经济结构与欧盟成员国的经济结构相同。

本研究中的基本分析单位是欧盟统计局使用的欧盟经济活动统计分类（NACE）中定义的行业❷。

在这种分类中，整体经济活动分为22个门类，进一步细分为88个大

❶ 这种方法没有考虑知识产权使用在该行业内的分布情况。换句话说，如果一个行业中的少数企业非常密集地使用知识产权，而其他企业很少使用知识产权，那么该行业可能被归类为知识产权密集型产业。

❷ 有关NACE分类的详细信息，请参阅 https：//ec. europa. eu/eurostat/documents/3859598/5902521/KS - RA - 07 - 015 - EN. PDF。应该记住，这里和欧盟统计局文献中使用的“行业”只是指“经济活动”。

类（通常称为2位码）、272个中类（3位码）和615个小类（4位码）。分层NACE结构的示例如图2所示。

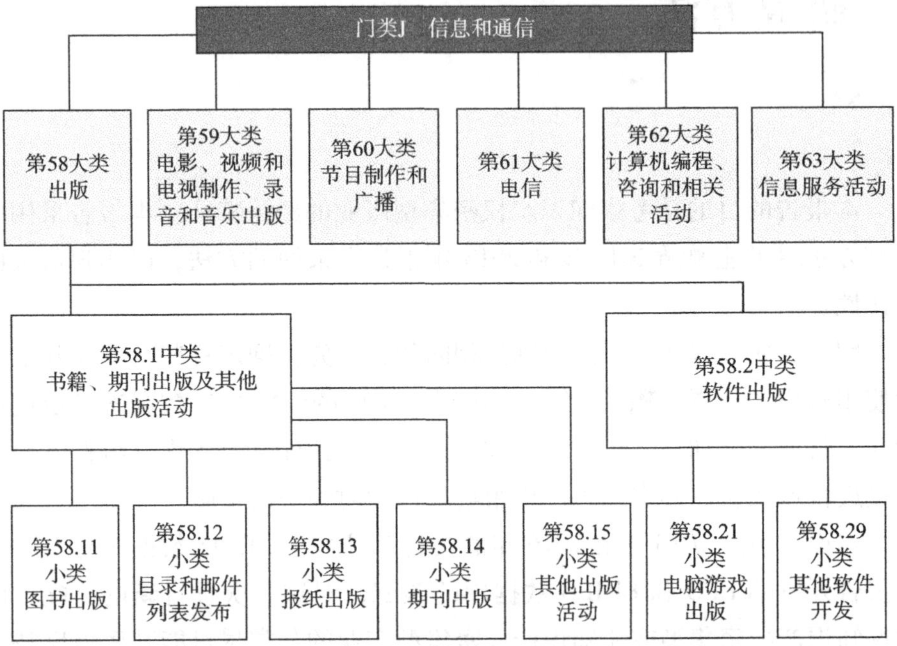

图2 欧盟经济活动统计分类：门类J 信息和通信

如第3.6节和第3.7节所述，版权和地理标志使用密集的行业名单是预先确定的。对于专利、商标、外观设计专利和植物新品种权，通过检查EUIPO、EPO和CPVO中所有行业拥有的知识产权授权量以及这些行业的就业水平来确定知识产权密集度。这是研究中工作量最大的部分，第3.2节对此进行了解释。第3.3节（专利）、第3.4节（商标）和第3.5节（外观设计专利）对数据的使用方式进行了更深入的说明。第3.8节说明了用于植物新品种权的方法。

在计算行业的知识产权密集度时，应尽可能使知识产权与4位码的行业相关联。然而，欧盟统计局并没有对所有行业提供足够的就业数据。对于某些行业，可用的最精确的就业数据是大类行业的，因此其就业数据来源于劳动力调查（LFS）❶。因此，这些行业的知识产权密集度计算只能在大类行业层面上进行。

在计算知识产权密集度时包括这些行业，将降低行业平均值，从而将更多的行业归类为知识产权密集型产业。因此，每1000人的知识产权申

❶ 有关劳动力调查的更多信息，见 https：//ec. europa. eu/eurostat/web/microdata/labour－force－survey。

请加权平均数的计算仅基于SBS就业数据可用的行业。另外，一旦计算出平均值，为了确定知识产权密集型产业，就要考虑所有NACE代码，包括那些只有劳动力调查就业数据的代码。

3.1 数据来源和选择标准

本研究的一个显著特点是，利用多种数据库和数据来源，确定哪些行业是知识产权密集型产业，并评估这些行业对就业、GDP和其他经济指标的贡献。它们包括：

→ EUIPO的欧盟商标和注册外观设计专利

→ EPO的全球专利统计数据库（PATSTAT），包含EPO已发布和/或批准的专利申请信息

→ CPVO的植物新品种权利登记册

→ ORBIS，一个商业数据库，包含2000多万家欧洲企业的行业分类和其他信息。它是与EUIPO、EPO和CPVO数据库一起用于分析注册产权（专利、外观设计专利、商标和植物新品种权）的基本数据库。ORBIS由总部位于布鲁塞尔的Bureau van Dijk企业提供，该企业根据企业在各自国家的企业登记情况和相关政府记录中提交的文件整理数据

→ COMEXT，欧盟统计局对外贸易参考数据库。这些数据被用来量化知识产权密集型产业对对外贸易的贡献

→ 欧盟统计局的结构性商业统计（SBS）数据，使用NACE数据，显示欧盟和成员国以及本研究所包括的3个非欧盟国家的每个行业的就业、劳动力成本和增加值。这些数据是知识产权密集型产业对就业和GDP贡献的主要来源（地理标志除外）

→ 欧盟统计局的劳动力调查数据，用于估计SBS中未报告的某些行业的就业情况

→ 欧盟统计局的国民账户统计数据是欧盟整体GDP和就业总量官方数据的主要来源，适用于个别成员国和属于欧洲统计体系的非欧盟国家

→ 欧盟统计局的投入产出表（IOT），显示不同行业之间的产品和服务流动。这些数据主要用于量化知识产权密集型产业的间接就业贡献

→ 农业经济账户（EAA），欧盟统计局农业部门的主要数据来源。该数据库用于地理标志密集型产业的分析

→ 农业结构调查（FSS），欧盟统计局农业部门就业数据来源。用于量化地理标志和植物新品种权密集型产业的就业情况

→ 欧盟统计局作物统计数据，用于确定植物新品种权保护植物的种植面积

→ 来自几个欧盟成员国国家统计局的经济数据。该数据用于补充欧盟统计局的数据，尤其是一些版权密集型产业的数据

→ 欧盟统计局的外国附属机构（FATS）统计数据，用于计算总部位于各成员国之外的企业在知识产权密集型产业提供的就业岗位数量

→ E－Bacchus/E－Spirits－Drinks/DOOR：DG AGRI 的 3 个数据库，显示所有在欧盟注册的地理标志

→ DG AGRI 提供的地理标志产品销售数据，用于量化地理标志密集型产业对 GDP 的贡献

此外，如第 3.7.1 节所述，必要时还使用了非欧盟国家的行业特定数据，尤其是用于估算地理标志产品的贸易。

本报告选择的知识产权是 2010—2014 年在欧洲专利局、欧盟知识产权局和欧盟植物新品种保护办公室申请并授予的专利、商标、外观设计专利和植物新品种权❶。使用五年期而不是一年期有利于避免因可能在任何特定年份影响经济的因素而产生的偏差。

在选择知识产权样本进行分析时，采用了 3～4 年的时间差，因为创新只有在经过一定时间后才能产生经济效益。获得营销渠道、成本效益高的制造和售后支持等补充资产需要时间，是在动态环境中成功商业化的先决条件。此外，就新产品和服务而言，谈判许可协议和吸引融资可能是一个漫长的过程。这或许可以解释为什么许多研究表明，成功的专利申请与企业业绩的后续变化之间可能存在时间差❷。商标和外观设计专利也有类似的情况，因为新注册的商标或外观设计专利可能不会带来与已上市多年的商标或外观设计专利相同的收益，需要一定时间来让消费者建立起对该特定企业或产品的信心。

根据本章所述方法使用 2014—2016 年的经济数据确定知识产权密集型产业对经济的贡献，对之前使用 2011—2013 年经济数据的报告进行了更新。

报告所使用的知识产权仅指在欧盟层面注册的知识产权，不包括企业在各国注册的知识产权。然而，之所以采用这种方法，部分原因是因为数据限制，其理由是假设一个在欧盟层面被定义为知识产权密集型的行业，

❶ 换言之，该申请是在 2010—2014 年提交的，但相应的知识产权可能在 2019 年 5 月之前的任何时候被授予（当时用于匹配工作的数据是从基础数据库中提取的）。

❷ 霍尔格·恩斯特（Holger Ernst，1999）研究了 1984 年至 1992 年 50 家德国机床制造商的专利申请与随后的企业绩效变化之间的关系，发现在欧洲专利的情况下，滞后效应可能在优先权之后长达 3 年。

在国家层面也将被视为知识产权密集型。

EUIPO、EPO和CPVO数据必须与ORBIS相匹配，但本报告只包括至少一个欧盟所有者的专利、商标、外观设计专利和植物新品种权，因为用于本报告的ORBIS数据库版本包含欧盟企业的数据，包括非欧盟企业的附属企业。然而，排除非欧盟知识产权所有者并不影响数据匹配工作的最终目标，即选择知识产权密集型产业。本研究的一个基本假设是，无论一个行业的地理位置如何，这个行业是否是知识产权密集型产业都是其固有特征。在随后对知识产权密集型产业对欧盟经济的就业和GDP贡献进行的经济分析中，包括了所有相关行业。例如，欧盟统计局的统计数据和第5章的量化数据中包括了位于欧盟成员国的一家韩国汽车厂的就业岗位。

3.1.1 经济数据

就业和增加值数据的主要来源是欧盟统计局的结构性商业统计数据库，该数据库涵盖了欧盟和每个成员国以及本报告中包括的3个非欧盟国家（冰岛、挪威和瑞士）在每个NACE分类（4位码）的就业情况。实际上，由于以下一个或多个因素，欧盟统计局发布的统计数据在某些年份存在数据缺失：

→ 数据质量：在某些情况下，欧盟统计局和/或相关国家统计局可能会认定个别行业的数据质量有问题。在这些情况下，欧盟统计局不会公布该行业数据。然而，值得注意的是，即便如此，这些数据仍包含在欧盟统计局对欧盟28国的总体估计中。

→ 保密性：可能只有一家企业在一个成员国的特定行业中活跃（对于较小的成员国尤其如此）。在这种情况下，为了保密，欧盟统计局不会公布成员国该行业的数据。但是，这些数据包括在欧盟层面的总体估计中，以及更高层级（2位码）的NACE行业。

→ 排除某些行业：对于16个知识产权密集型产业，SBS中根本没有报告任何数据[1]。

在某些情况下，如果SBS数据不可用，则使用另一个欧盟统计局数据库的数据，即国民账户就业数据。本系列使用的定义与SBS稍有不同，但

[1] 这些行业都包括在如下大类行业中：01作物和动物的生产、狩猎和相关服务活动；66金融服务和保险活动辅助活动；85教育；90创意、艺术和娱乐活动；91图书馆、档案馆、博物馆和其他文化活动；92赌博和博彩活动；93体育活动和娱乐休闲活动；94会员组织活动。

对结果的影响很小❶。

对于欧盟统计局未收集数据的其余 14 个知识产权密集型产业，就业数据来自法国、西班牙和英国的国家统计局。

计算了这 3 个国家每个行业的就业人员数与相应大类行业总就业人员数和总增加值的比率（85 和 90 比 94），然后将这些比率应用于其他欧盟国家，以获得缺失的就业人员数。实际上，这一步骤假设欧盟这 6 个大类行业的 14 个小类行业在总就业和总增加值中的份额与法国、西班牙和英国的总和相同。

总而言之，就整个欧盟而言，353 个知识产权密集型产业中有 337 个行业的 SBS 数据可用，而其余 16 个行业的数据则是通过基于成员国数据的插补完成的❷。

欧盟对外贸易数据的基本来源是 COMEXT。有关贸易数据的一个问题是，它是根据产品而不是行业或经济活动来统计的。然而，COMEXT 通过其《按活动划分的产品分类》（CPA 2008）术语提供了"翻译"渠道，这与本报告中使用的 NACE 分类一致。CPA 分类包括商品和服务。本报告根据欧盟统计局公布的国际收支数据，将国际服务贸易纳入商品贸易。欧盟统计局的元数据数据库 RAMON 中提供了《扩展国际收支服务分类》（EBOPS 2010）和 CPA 2008 术语之间的对应关系。

就一些版权密集型产业而言，贸易数据是从欧盟统计局的投入产出表❸中获得的，因为 COMEXT 中没有贸易数据。以下 NACE 大类行业就是这种情况，其中包含 25 个相关的 NACE 小类行业：

→ 58 出版活动

→ 59 电影、视频和电视节目制作、录音和音乐出版活动

→ 60 节目和广播活动

→ 62 计算机编程、咨询和相关活动

→ 63 信息服务活动

→ 73 广告和市场研究

由于第 58、59、60、62 和 63 大类行业的所有类别都是版权密集型的，因此贸易数据仅在 2 位码（大类行业）级别可用这一事实不会产生任何方法问

---

❶ 具体而言，有两个 2 位码行业的 SBS 数据缺失：01 作物和动物生产、狩猎和相关服务活动，以及 66 金融服务和保险活动辅助活动。对于这两个行业，就业数据是从国民账户中获得的。

❷ 理论上，成员国层面需要 9884 个数据点（28 个成员国 353 个行业的就业或增加值）。然而，欧盟统计局公布的 4 位码统计数据中缺少国家一级所需总数据的约十分之一，并且是根据 SBS 中的 2 位码数据估算的。估算数据仅在马耳他、卢森堡、荷兰和瑞士具有重要意义。

❸ http：//ec. europa. eu/eurostat/web/esa – supply – use – input – tables/data/database.

题。然而，73大类行业包括一个非版权密集型产业：73.20市场调查和民意调查。虽然将该行业包括在内略微高估了版权密集型产业的贸易份额，但它对知识产权密集型产业的总体份额没有影响，因为该行业是商标密集型产业。

3.2 专利、商标、外观设计专利和植物新品种权的数据匹配

为了确定哪些行业是知识产权密集型产业，将EUIPO和CPVO登记表以及PATSTAT与商业数据库ORBIS进行了匹配，该数据库包含2000多万家欧洲企业的行业分类和其他信息[1]。在数据准备过程（名称协调）的第一步是使用在鲁汶（KUL）天主教大学开发的算法，并由项目团队进一步细化[2]。第二步是数据库的实际匹配，基于项目团队开发的原始方法。所有数据库中的企业都使用名称、法律形式、邮政编码和其他标准进行匹配，以克服不同数据库之间拼写、缩写等不一致造成的固有困难。

最终的结果是一个匹配的数据库，其中包含超过345000家企业（ORBIS ID）的数据，以及每家企业申请的商标、外观设计专利、专利和植物新品种权的数量。

匹配后，不符合的数据被过滤，仅包括2010—2014年提交并随后注册/批准的申请。根据知识产权的类型，72%~90%的知识产权与其所有者的数据相匹配[3]。没能找到所有专利、商标、外观设计专利或植物新品种权所有者的原因有多种：ORBIS不包含关于个人（可能是知识产权所有者）的数据、申请人姓名的变更可能不会通知知识产权办公室、ORBIS数据中可能存在错误或缺失、匹配算法可能无法捕捉拼写差异。

当与欧盟统计局使用的经济活动统计分类（NACE）相结合时，这些数据可以进行汇总，以显示与这些知识产权相关的行业。这一步骤对于确定哪些行业密集使用商标、外观设计专利、专利和植物新品种权至关重要[4]。

---

[1] https://www.bvdinfo.com/en-gb/our-products/data/international/amadeus?gclid=CjwKCAjwscDpBRBnEiwAnQ0HQJ35Wt_C6EpmaDJiWdpcl7JBIyMECkD0tLkCDQZHHty7KmhUVjeh6RoCaTMQAvD_BwE, retrieved on 18 July 2019.

[2] 有关该步骤的详细说明，请参见第9.1.1-9.1.3节。

[3] 最后一位已知的注册知识产权所有者用于匹配。例如，对于专利，使用了《授权公告》中提到的申请人。由于数据可用，未考虑后续权利转让。然而，可以假设，大多数权利转让发生在活跃于同一行业的实体之间，因此不会对本研究的结果产生任何重大影响。

[4] 尽管ORBIS是提取企业工业活动信息的最佳可用数据源，但知识产权管理实践和企业商业活动的性质有时会扭曲知识产权工业应用的信息。例如，如果一家企业活跃于多个行业，并保护与其活跃于其中的每个行业相关的知识产权，情况就是如此。在ORBIS中，每个企业/分支机构只能与一个主要行业关联，因此其所有知识产权都将与该主要行业的NACE代码关联。同样，如果一家企业在制造业和批发贸易方面都很活跃，但批发贸易在ORBIS中被列为其主要行业，则其知识产权将被视为与批发贸易相关，尽管它们实际上可能只与制造业相关。

数据匹配过程简化示意图如图 3 所示。

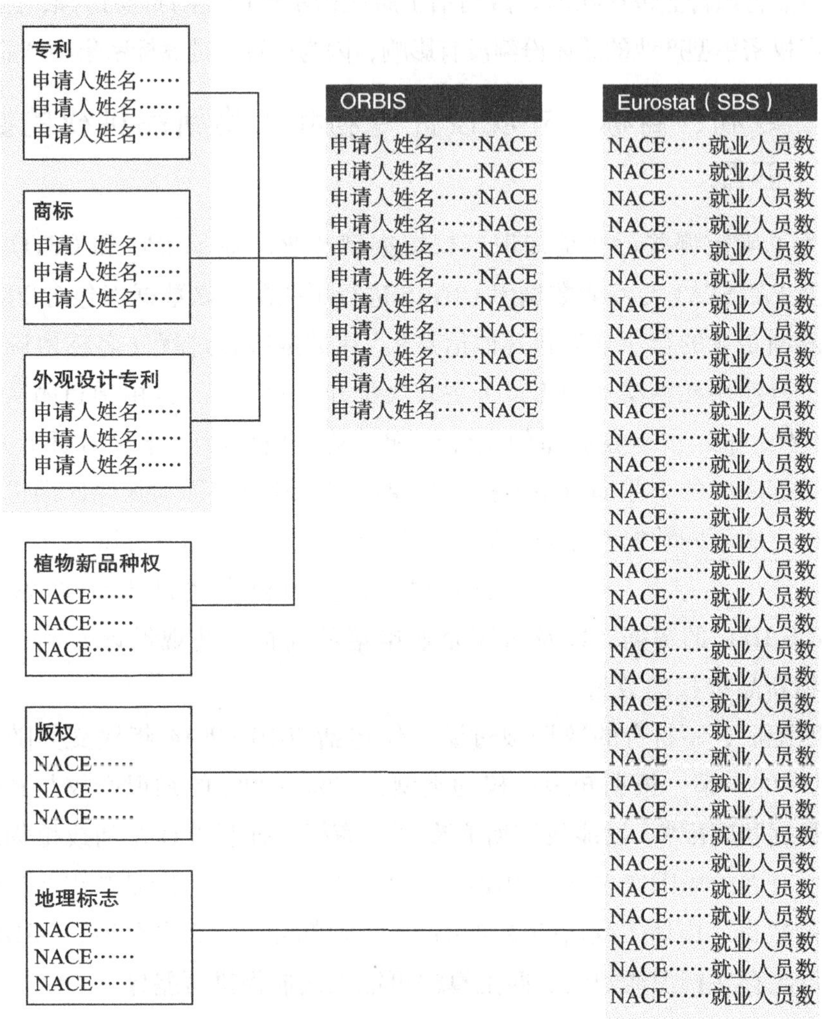

图 3　数据匹配过程示意图

3.3　专利密集型产业的确定

本节解释了如何确定专利密集型产业。密集度在欧盟水平上分两步计算。首先，计算了每个行业受《欧洲专利公约》（EPC）保护的专利总数。这就是所谓的绝对专利密集度。其次，根据欧盟统计局在其《结构性商业统计》（SBS）系列中的报告，每个行业的专利授权总数除以该行业在欧盟层面上的就业人员数，其结果是该行业的相对专利密集度。最后，计算了所有拥有专利的行业的相对专利密集度的加权平均数。那些相对专利密集度高于该平均值的行业被认为是专利密集型产业。

在计算专利、商标和外观设计专利的绝对密集度时，必须处理两个重要问题。第一个是总部，即 ORBIS 数据中存在一般性、非特定的行业代码：64.20 控股企业活动、70.10 总部活动和 82.99 其他业务支持服务。这一现象反映了大企业将知识产权集中在其总部的常见商业做法。为了避免绝对密集度计算出现偏差，我们研究并应用了一套程序，以便将这些知识产权分配给真正的行业代码。第 9 章介绍了该程序。

专利、商标和设计的另一个常见数据限制是，在 ORBIS 中分配 NACE 代码的层级高于本报告中使用的 4 位码级别。与“总部”问题一样，通过在大类（2 位码）或中类（3 位码）内重新分配知识产权，解决了这个问题。

3.3.1 绝对密集度

→ 计算绝对专利密集度的首先从 PATSTAT（2019 年 4 月版）开始。该数据集仅限于 2010 年 1 月 1 日至 2014 年 12 月 31 日期间，至少一名注册地在欧盟成员国的申请人向欧洲专利局提交的公开申请，总共 291512 项专利申请。

→ 然后对数据集进行过滤，只包括最终成功在 2010—2019 年获得授权的申请。这将统计的申请量减少到 144981 个。

→ 下一步，专利申请与协调表合并，将专利申请人的数据与 ORBIS 中的企业信息相匹配。成功匹配了 85% 共 123849 项专利申请。

→ 如果一项专利有多个权利人，其中一些权利人位于欧盟之外，则与第三国权利人相关的专利数会被减掉。与 ORBIS 数据匹配的专利子集对应的专利总数为 122605.8。

→ 对于一些企业来说，ORBIS 缺少 NACE 行业的信息。在这种情况下，这些信息是根据 NACE 和 IPC 分类之间的一致性表推断出来的，该表基于匹配的数据集。考虑到该企业专利组合中特定的 IPC 分类构成，专利申请人被分配到概率最高的 NACE 类别。

→ 在匹配的数据集中，很大一部分企业与总部代码有关。为了给这些企业分配适当的行业代码，利用 ORBIS 数据检索与同一经济集团内总部相关的企业集团的 NACE 代码。对于给定的总部，NACE 代码与总部经济集团内代表不同 NACE 行业的企业数量成比例分配。

→ 对于与总部代码相关的企业，如果 ORBIS 中没有足够的关于其经济集团的信息，则使用其专利所属的国际专利分类从专利数据推断出

NACE 代码。

→ 最后，对于一些企业，ORBIS 分配 NACE 代码的层级高于分析中使用的 4 位码，即大类或集团代码。通过将与这些企业相关的专利重新分配到 NACE 的较低级别，解决了这个问题。在正确的 4 位码 NACE 行业相关的专利子集中，每个类别的专利数量与重新分配的专利数量成比例分配。

3.3.2 相对密集度

为了计算相对专利密集度，将欧盟统计局的就业数据与绝对密集度数据相匹配。相对专利密集度是指分配给某个行业的专利授权量除以该行业的总就业人员数（以千人为单位），从而得出每 1000 名员工的专利数量指标。专利密集型产业是指该指标的值高于每 1000 名就业人员专利授权量的行业加权平均值，即每 1000 名员工拥有 0.937 项专利。虽然在计算加权平均数时，没有考虑到只有 LFS 就业数据可用的大类行业，但将这些行业与截止点进行比较，以确定它们是否符合专利密集度的定义。事实证明，这些行业都不是专利密集型产业。

3.4 商标密集型产业的确定

3.4.1 绝对密集度

计算绝对商标密集度从 EUIPO 商标登记册开始。EUIPO 数据库包括 2010 年 1 月 1 日至 2014 年 12 月 31 日期间提交的 EUIPO 商标申请，其中至少有一名申请人位于欧盟成员国，总共产生 386324 份商标申请（1178075 个商标类别）。

然后对数据集进行过滤，只包括最终成功在 2010—2019 年获得授权的申请。这将数据减少到 337198 个（1037454 个商标类别）。

下一步，商标申请与协调表合并，将商标申请者的数据与 ORBIS 中的企业信息进行匹配。发现 243636 个商标申请（743409 个商标类别）符合要求，即占所有相关申请的 72.25%。

如果一个商标有多个权利人，其中一些权利人不在欧盟范围内，则与第三国权利人相关的商标比例被减掉。与 ORBIS 数据匹配的商标数总计为 243553 个（743165.6 个商标类别）。

对于与 ORBIS 数据匹配但在 ORBIS 中没有 NACE 代码的商标权利人，相关信息是从他们申请专利保护的案例中的专利数据推断出来的。总的来说，9228 个商标申请的 NACE 代码与 ORBIS 不匹配。对于 815 份申请，

NACE 可以根据与权利人相关的专利申请进行推断。在 ORBIS 中没有 NACE 代码的商标申请被丢弃，无法进行进一步分析。分析共考虑了 235223 个商标申请（716033 个商标类别分配给欧盟所有者对应的分数）。

为了将适当的行业代码分配给 ORBIS 中具有总部地位的企业，使用了同一经济集团内与总部有联系的企业的 NACE 行业代码。对于给定的总部，NACE 代码与总部经济集团内代表不同 NACE 行业的企业数量成比例分配。

对于那些与总部代码相关的企业，如果它们申请了专利，但在 ORBIS 中没有关于其集团结构的信息，则 NACE 代码是根据其专利组合中的 IPC 分类结构从专利数据推断出来的。

根据上述两个步骤，最初与总部 NACE 代码相关的剩余商标按照与总部相关的有效 NACE 代码在可进行分配的数据中按分配比例重新分配给其他 NACE 代码。

最后，对于一些企业，ORBIS 分配 NACE 代码的层级高于分析中使用的 4 位码。通过将与这些企业相关的商标重新分配到 NACE 的较低级别，解决了这个问题。根据对与 NACE 最低行业层级正确关联的企业子集的分布情况，在大类行业或集团内进行分配。

3.4.2 相对密集度

为了计算相对商标密集度，将欧盟统计局的就业数据与绝对密集度数据相匹配。相对商标密集度是指分配给某一行业的商标授权量除以该行业的总就业人员数（单位：千人）。商标密集型产业的定义是，该指标的值高于每 1000 名就业人员商标授权量加权平均值，即每 1000 名员工拥有 4.726 个商标。

虽然在计算加权平均数时，没有考虑到只有劳动力调查就业数据的大类行业，但将这些行业与分界点进行比较，以确定它们是否符合商标密集度的定义。以下行业在大类行业层面定义，且就业数据仅来自劳动力调查，结果证明是商标密集型产业：66 金融服务和保险活动辅助活动；92 赌博和博彩活动；93 体育活动和娱乐休闲活动。

3.5 外观设计专利密集型产业的确定

确定外观设计专利密集型产业的方法与第 3.4 节中确定商标密集型产业的方法非常相似。

3.5.1 绝对密集度

绝对外观设计专利密集度的计算从 EUIPO 的数据库开始。数据库包含了 2010 年 1 月 1 日至 2014 年 12 月 31 日期间提交的、至少有一名申请人位于欧盟成员国的注册外观设计专利申请，共产生 311945 件外观设计专利申请。

对该数据集进行过滤，只保留 2010—2019 年获得授权的申请。这将数据集中的申请量减少到 297786 个。

下一步，外观设计申请人与协调表匹配，将设计申请人的数据与 ORBIS 中的企业信息联系起来。找到了 233945 个匹配项，占初始数据集的 78.56%。

如果一项设计有多个权利人，其中一些权利人不在欧盟，则与第三国权利人相关的设计比例会被减掉。与 ORBIS 数据匹配的外观设计专利总数为 232609 个。

对于与 ORBIS 数据匹配，但在 ORBIS 中没有 NACE 代码的外观设计权利人，相关信息是从专利数据中推断出来的，前提是也申请了专利保护。总的来说，对于 4485 个与 ORBIS 匹配的申请，NACE 代码不可用。对于 919 份申请，NACE 是根据与权利人相关的专利数据推断出来的。其余 ORBIS 中未提供 NACE 代码的 3566 个申请在进一步分析中被丢弃，留下 230379 个外观设计申请的最终样本。

为了将适当的行业代码分配给在 ORBIS 中具有总部地位的企业，使用了 ORBIS 关于与总部相关的企业经济集团结构的信息。对于给定的总部，NACE 代码与总部经济集团内代表不同 NACE 行业的企业数量成比例分配。对于在 ORBIS 中没有集团结构信息但与总部代码相关的企业，如果它们已经申请了专利保护，NACE 代码是根据其专利组合中的 IPC 分类结构从专利数据进行推断。最初与总部 NACE 代码相关的外观设计专利按照与总部相关的有效 NACE 代码在数据子集中的分布比例重新分配给其他 NACE 代码，基于上述两个步骤，可以对这些数据进行分配。

最后，对于一些企业，ORBIS 分配 NACE 代码的层级高于分析中使用的 4 位码。通过将与这些企业相关的外观设计申请重新分配到 NACE 的较低级别，解决了这一问题。根据对与最低 NACE 行业层级正确关联的企业子集的分布情况，在大类行业或集团内进行分配。

3.5.2 相对密集度

用于计算相对密集度的方法与用于专利和商标的方法相同。

为了计算相对密集度，将欧盟统计局的就业数据与绝对密集度数据相匹配。相对密集度是指分配给某个行业的外观设计专利授权量除以该行业的总就业人员数（单位：千人）。外观设计专利密集型产业的定义是，该指标的值高于每1000名就业人员外观设计专利授权量加权平均值，即1.655件。虽然在计算加权平均数时，没有考虑到只有劳动力调查就业数据的大类行业，但将这些行业与截止点进行比较，以确定它们是否符合外观设计专利密集度的定义。事实证明，这些行业都不是外观设计专利密集型产业。

3.6 版权密集型产业的确定

版权的知识产权密集度（每1000名员工拥有的权利数）计算方法与商标、专利和外观设计专利的计算方法不同，因为版权未注册。一些欧盟成员国确实存在版权注册制度，但它们的使用不是强制性的，也没有欧盟层面的注册制度。为克服这一困难而采取的方法是采用世界知识产权组织（WIPO）制定的方法，并在其2003年出版的《版权产业经济贡献调查指南》中予以记录[1]。

世界知识产权组织的指南根据其活动对版权的依赖程度将行业分为4类。这4类分别是核心版权产业、相互依存的版权产业、部分版权产业和非专用支持产业。

WIPO定义的核心版权产业包括：

→ 新闻与文学

→ 音乐、戏剧作品、歌剧

→ 电影和音像制品

→ 广播电视

→ 摄影

→ 软件和数据库

→ 视觉和图形艺术

→ 广告服务

→ 版权管理协会

---

[1] 该方法在下文中称为“WIPO方法”。

相互依存的版权产业的一些例子是电视机或乐器制造。部分版权产业包括家具或博物馆，非专用支持产业包括一般批发和运输等。

具体而言，在核心行业类别中，WIPO 指南明确区分了可受版权保护的作品类型、创作这些作品的行业，以及向公众交付受版权保护作品的发行行业。它将核心版权产业定义为“完全从事创作、生产和制造、表演、广播、通信和展览，或作品和其他受保护主题的发行和销售”。其基本思想是，如果没有作品的版权，核心版权产业作为一个类别就不存在，或者会有显著的不同。

WIPO 确定的以下行业包括在本研究中：

→ 核心版权产业

→ 相互依存的版权产业

→ 系数超过 20% 的部分版权产业

相互依存的版权产业是指从事设备生产、制造和销售的行业，其功能完全或主要是促进作品和其他受保护主题的创作、生产或使用。

部分版权产业是指某些活动与作品和其他受保护的主题相关的行业，可能涉及创作、生产和制造、表演、广播、通信和展览或分销和销售。

非专用支持产业是指某些活动与促进作品和其他受保护主题的广播、通信、分发或销售有关，但其活动未被纳入核心版权产业的行业。

非专用支持产业被排除在本报告之外，因为它们的系数均为 6%。第 10 章显示了版权密集型产业和相关系数的完整列表。

版权密集型产业的欧盟层面就业和增加值数据来自欧盟统计局的结构性商业统计数据库。然而，对于 12 个行业，它没有关于就业或附加值的数据。这些行业包括：85.52 文化教育；90.01 表演艺术；90.02 表演艺术辅助活动；90.03 艺术创作；90.04 艺术设施运营；91.01 图书馆和档案馆活动；91.02 博物馆活动；91.03 历史遗迹、建筑和类似游客景点运营；93.21 游乐园和主题公园活动；93.29 其他娱乐和文娱活动；94.12 专业会员组织活动；以及 94.99 其他成员组织活动。为了将这些活动纳入研究，这些大类行业的数据来自法国、德国、西班牙和英国的统计局❶。通过将这 4 个国家相关大类行业的就业和增加值与欧盟相关大类行业的总就业和增加值进行比较，得出了可以合理假设代表整个欧盟的比率。这些比率随后被用于估算这些行业的欧盟层面就业和增加值数据。

---

❶ 曾试图从其他成员国获得这些数据，但许多国家统计局没有这些数据。

3.7 地理标志密集型产业的确定

由于缺乏有关地理标志（GI）产品销售的最新信息，地理标志密集型产业的方法与2016年研究中使用的方法相同。

地理标志有两个重要特征，在设计方法时必须加以考虑：

地理信息标志不归私人所有；它们通常由地区生产者协会申请。这意味着没有可用于将权利持有人信息与经济信息匹配的可比数据库。在这方面，地理信息标志和版权之间有一定的相似性，对于这一点，这种方法同样需要应用一组预先定义的行业（在这种情况下由WIPO定义）。在地理信息标志背景下考虑的一组行业由相关欧盟法规和监管机构（本报告中为DG AGRI）提供的信息来源决定。

与地理信息标志相对应的特定NACE等级的比例因成员国而存在显著差异[1]。这意味着同一行业在一个成员国可能是地理信息标志密集型产业，但在另一个成员国则不是。这与本研究中包含的其他4项知识产权形成了对比，对于这4项知识产权，任何特定行业的密集度都是该行业固有特征，因此可以合理地假设，如果某个特定行业在一个国家是专利密集型的，那么在其他国家也是专利密集型的。然而，这一假设不能用于地理信息标志，与地理信息标志相关的就业和增加值必须按国家进行量化。

此外，地理标志行业通常是垂直整合的。例如，葡萄酒的地理标志名称（迄今为止最重要的地理标志大类行业）基于在特定地区种植和加工的葡萄。这意味着，正如第4章将进一步讨论的那样，投入产出表不适合计算地理标志行业产生的间接就业。事实上，这些行业的就业数据已经包括直接和间接就业。

欧盟共有3258个注册的地理信息标志：

→ 49.6%与葡萄酒有关[2]

→ 42.9%与农产品和食品有关[3]

→ 7.4%与烈酒有关[4]

→ 0.1%与芳香葡萄酒有关[5]

近80%的地理标志产品在6个成员国生产：意大利、法国、西班牙、

---

[1] 例如，大约25%的德国啤酒销售受到GI的保护，而几乎没有比利时啤酒制造商使用这种知识产权。

[2] Reg.（EC） No 1308/2013.

[3] Reg.（EC） No 1151/2012.

[4] Reg.（EC） No 110/2008.

[5] Reg.（EC） No 251/2014.

希腊、葡萄牙和德国。地理标志的主要使用地点仍在欧洲，尽管它们在欧盟以外国家的使用正在增长。

根据DG AGRI于2012年发表的题为“受地理标志（GI）保护的农产品和食品、葡萄酒、芳香葡萄酒和烈酒的生产价值”的研究[1]，以及欧盟统计局和其他来源的数据，确定了地理标志密集型产业，并随后计算了它们的附加值和就业率，如下所述。

DG AGRI研究按产品和成员国计算地理标志产品的数量和销售额。就整个欧盟而言，地理标志产品占所有食品和饮料销售额的5.7%，各成员国之间存在显著差异，如表9所示。需要注意的是，虽然所有成员国都有地理标志，但表中没有全部显示，因为它们没有出现在DG AGR数据中。据推测，这些地理标志的销售额微不足道，数据中没有这些地理标志不会影响总体结论。

为了估计每个成员国的就业和地理标志增加值，计算了每个行业和成员国的系数，显示了地理标志占行业销售额的百分比。由于DG AGRI研究不包括按行业划分的总销售额数据，因此使用欧盟统计局的营业收入数据来计算该销售比率。换句话说，按国家和产品划分的系数是通过将DG AGRI报告中地理标志的销售额除以欧盟统计局SBS中总产品（地理标志+非地理标志）的营业收入来计算的。然后将该比率应用于SBS的就业和增加值数据，以计算地理标志支持的就业数量和增加值[2]。

表9　2010年各成员国地理标志产品销售额

国　家	食品和饮料销售总额（百万欧元）	地理标志产品销售额（百万欧元）	占比
法国	143600	20854	14.5%
意大利	124000	11806	9.5%
希腊	11100	1058	9.5%
葡萄牙	14000	1158	8.3%
奥地利	11600	932	8.0%
匈牙利	7400	496	6.7%
英国	88900	5506	6.2%
西班牙	80700	4578	5.7%
斯洛伐克	3600	165	4.6%
德国	151800	5728	3.8%
罗马尼亚	9800	268	2.7%
爱尔兰	22200	607	2.7%

[1] http://ec.europa.eu/agriculture/external-studies/value-gi_en.htm.

[2] 基本假设是，地理标志和非地理标志产品之间的增加值和就业率与地理标志和非地理标志产品在销售中的比率相同。这可能并不准确，因为地理标志产品通常比非地理标志产品的价格高。另外，地理标志产品的生产成本也可能更高，这至少可以部分抵消这一错误。

续表

国　家	食品和饮料销售总额（百万欧元）	地理标志产品销售额（百万欧元）	占比
保加利亚	4100	99	2.4%
捷克	10600	242	2.3%
立陶宛	2900	23	0.8%
荷兰	59800	105	0.2%
比利时	39000	45	0.1%
总计	956200	54346	5.7%

来源：DG AGRI（2012）。

最重要的地理标志行业——葡萄酒——需要特殊处理，因为欧盟统计局没有公布农业等主要行业的结构性商业统计数据。因此，NACE 01.21 葡萄种植的增加值和就业数据必须从其他来源获得。具体而言，该行业的就业人员数是根据欧盟统计局的农场结构调查（FSS）数据估算的。产量数据取自欧盟统计局的另一个数据系列：农业经济账户。随后，将 NACE 11.02 从 SBS 生产葡萄酒的增加值/周转率应用于 01.21 和 11.02 产量之和，以得出与葡萄酒生产相关的增加值的估计值❶。

3.7.1　地理标志对外贸的贡献

3.7.1.1　出口

上述欧盟委员会农业和农村发展总司研究包含 2010 年按国家和地理标志行业划分的出口数据，是在欧盟委员会农业和农村发展总司自身的数据和 COMEXT 数据库基础上获取的。第 4 章的结果使用了此数据。

3.7.1.2　进口

虽然从欧盟向非欧盟国家出口地理标志产品很容易被界定，但决定什么构成“地理标志进口”更难。这是因为，严格地说，欧盟只承认少数欧盟以外的地理信息标志，其中最重要的是加利福尼亚州的纳帕谷葡萄、巴西的多斯文赫多斯谷葡萄酒、印度的大吉岭茶和哥伦比亚咖啡。然而，除了通过直接应用受到保护的第三国地理信息标志，欧盟还与一些国家签订了国际协议，这些国家提供的保护基本上等同于地理信息标志。

因此，“地理标志进口”是指从第三国进口的通过直接申请地理标志或签订双边或多边国际协议在欧盟受到保护的葡萄酒、烈酒、芳香葡萄酒、农产品和食品。

❶ 这里再次假设葡萄酒行业的营业收入/产量的比值在 EEA 中与 SBS 中相同。

COMEXT 数据库按原产国提供葡萄酒进口信息，但不区分受地理标志保护的葡萄酒和不受地理标志保护的葡萄酒。然而，智利的葡萄酒出口统计数据表明，该国72%的葡萄酒出口是地理标志，这可以被认为是在欧盟葡萄酒进口相应数值的估计中占有优势。

根据定义，一个司法管辖区的出口是另一个司法管辖区的进口，因此可以合理地假设，在欧洲从非欧盟国家进口的葡萄酒中，地理标志葡萄酒所占的份额与智利葡萄酒出口中地理标志葡萄酒所占的份额相对应。因此，与欧盟有相关协议的13个国家的葡萄酒进口总额乘以0.72，将从相关国家进口的其他产品（如墨西哥龙舌兰酒、秘鲁和智利的Pisco以及瑞士的地理标志奶酪）添加到结果中，以得出欧盟地理标志进口的总体估计。

3.8 植物新品种权密集型产业的确定

为了确定植物新品种权密集型产业，本研究依赖于欧盟植物新品种保护办公室（CPVO）的登记数据。2010年1月1日至2014年12月31日期间，共提交了12357份植物新品种权申请，其中至少有一名申请人居住在欧盟成员国。

下一步，对数据进行筛选，仅包括获得授权的申请，得到10735个申请。

此外，植物新品种权的申请数据与一致性表相匹配，将植物新品种权申请者的数据与ORBIS中可用的信息联系起来。在9625份申请中发现了匹配项，占89.6%。

由于权利人同时来自欧盟和第三国的欧盟植物新品种权申请数量相对较低，因此未计算此类申请，但已对所有相关申请进行了整体分析。

总的来说，由于125个与ORBIS匹配的申请无法得到其所属的NACE代码，这些申请在随后的分析中被丢弃。最终，9500个欧盟植物新品种权的数据被用于分析欧盟植物新品种权在行业之间的分布。

为了将适当的行业代码分配给ORBIS中与总部地位相关的企业，使用了与同一经济集团内总部相关的企业的NACE行业代码。对于给定的总部，NACE代码与总部经济集团内代表不同NACE行业的企业数量等比例分配。最初与总部NACE代码相关的其他植物新品种权被重新分配给其他NACE代码，与总部相关的有效NACE代码在数据子集中按比例分布，根据上述步骤，可以对这些数据进行分配。

最后，对于一些企业，ORBIS分配NACE代码的层级高于分析中使用的4位码。通过将与这些企业相关的欧盟植物新品种权申请程序重新分配到 NACE 的较低级别，解决了这个问题。根据对与最低 NACE 行业级别正确关联的企业子集的分布情况，在大类行业或集团内分配植物新品种权。

表 10 显示了 2010—2014 年申请量前 15 位的行业，以及每个 NACE 代码中申请的来源国数量。

表 10　2010—2014 年 CPVO 植物新品种权申请量前 15 位行业

NACE 行业代码	NACE 行业名称	申请量（件）	来源国数
1. 19	其他非多年生作物种植	1693	8
1. 3	植物繁殖	1360	9
1. 11	谷物（水稻除外）、豆科作物和油籽种植	1025	8
46. 21	谷物、未加工烟草、种子和动物饲料批发	872	7
1. 13	蔬菜、瓜类、根和块茎种植	641	7
72. 19	自然科学和工程其他研究与试验发展	603	10
1. 64	繁殖种子加工	562	7
46. 22	花卉批发	546	8
77. 4	知识产权和类似产品租赁（版权作品除外）	445	3
72. 11	生物技术研究与试验发展	443	5
1. 61	作物生产辅助活动	409	5
1. 24	柚子和核果种植	85	2
74. 9	其他专业、科学和技术活动	74	4
1. 5	混合农业	69	2
1. 27	饮料作物的种植	64	1

如表 10 所示，农业和园艺大类行业是欧盟植物新品种保护办公室登记系统的主要用户。然而，欧盟统计局提供的这些行业的就业数据不够详细。劳动力调查就业数据仅在大类行业层面（2 位码 NACE）可用。为了确定哪个农业行业是植物新品种权密集型产业，进行了两种类型的分析。第一种分析基于不同类型作物的植物新品种权分布。

根据第 1242/2008 号条例（EC）的定义，作物数据与农业有关，该条例建立了农业持有类型。表 11 列出了 2010—2014 年登记的植物新品种权数量较多的 20 种作物。

表 11　2010—2014 年植物新品种权申请量前 20 位作物

Eurostat 作物代码	Eurostat 作物名称	植物新品种权申请量	占所有申请量比重
N0000	花卉和观赏植物	4523	46. 99%
C1500	谷物玉米和玉米芯混合物	615	6. 39%
C1100	小麦和斯佩尔特小麦	472	4. 90%
V2300	莴苣	454	4. 72%
V3100	西红柿	287	2. 98%
I1110	油菜和芜菁油菜种子	281	2. 92%

续表

Eurostat 作物代码	Eurostat 作物名称	植物新品种权申请量	占所有申请量比重
C1300	大麦	272	2. 83%
R1000	土豆（包括种土豆）	223	2. 32%
F1210_1220	桃子和油桃	218	2. 26%
C1210	黑麦	175	1. 82%
I1120	葵花籽	174	1. 81%
V3600	辣椒	142	1. 48%
P1100	紫花豌豆	104	1. 08%
V3200	黄瓜	104	1. 08%
V3000	水果蔬菜（包括瓜类）	99	1. 03%
P1200	蚕豆	86	0. 89%
S0000	草莓	83	0. 86%
C1120	硬粒小麦	75	0. 78%
J0000	永久性草地	65	0. 68%
C2000	大米	60	0. 62%

然后计算每1000公顷种植作物数量的统计数据，得出每种作物的欧盟植物新品种权相对密集度。计算结果如表12所示。

表12　每1000公顷植物新品种权申请量前20位作物

Eurostat 作物代码	Eurostat 作物名称	每1000公顷植物新品种权申请量（件）
N0000	花卉和观赏植物（不包括苗圃）	58. 9572
G2910	三叶草及其混合物	5. 952381
V2300	莴苣	4. 844045
V3200	黄瓜	3. 021792
V2400	菊苣	2. 567394
V3600	辣椒	2. 460721
V4500	小萝卜	1. 663074
V2500	菠菜	1. 156015
V3100	西红柿	1. 148735
F1210_1220	桃子和油桃	0. 961199
V3410	茄子	0. 907578
S0000	草莓	0. 764202
V2100	韭菜	0. 746176
V2200	芹菜	0. 714569
F3200	覆盆子	0. 626096
F1230	杏子	0. 506971
V2700	菊苣	0. 470588
V3420	西葫芦	0. 444335
V2600	芦笋	0. 401606
I1140	亚麻籽（油麻）	0. 372928

这两项分析都证实，园艺（包括花卉和观赏植物、蔬菜和苗圃）是欧盟植物新品种权系统的主要用户。

对于其他 NACE 行业，可获得小类行业（4 位码）的数据，通过计算每 1000 名员工的欧盟植物新品种权就业加权平均值，以确定欧盟植物新品种权密集度。

欧盟植物新品种权密集型产业是指每 1000 名员工的欧盟植物新品种权授权量高于每 1000 名员工的欧盟植物新品种权就业加权平均值（即每 1000 名员工拥有 0.19 件欧盟植物新品种权）的行业。

3.9 数据和方法的局限性

由于数据集的规模、数据限制和分析范围，确定知识产权密集型产业的方法必须基于一些简化假设。

本报告在欧盟层面确定了知识产权密集型产业。这种方法可能掩盖了国家之间在创新水平、在欧洲层面注册知识产权的倾向和国家产业结构方面的重要差异性。

确定为知识产权密集型产业的前提是，一个行业必须密集使用至少一项本报告中涵盖的知识产权。然而，不同知识产权的受保护内容、法律效力和其他方面有所不同，因此，知识产权密集度对于不同的知识产权具有不同的含义。

确定行业知识产权密集度的方法没有考虑到单个知识产权的经济价值分布高度倾斜这一事实。所有申请的知识产权仅按行业汇总，不评估其单个价值。因此，一些知识产权较少的行业可能不会被视为知识产权密集型产业，尽管这些行业可能非常有价值。此外，由于受保护内容的特殊性，一些行业可能更倾向于本报告中未包括的其他形式的知识产权保护，例如商业秘密。

考虑到国家知识产权、知识产权密集型产业的国家模式或其他更丰富的数据集（包括未注册的知识产权），关于知识产权密集型产业及其在欧盟、挪威、瑞士和冰岛等经济体中的重要性，未来的研究可能会得出不同结论。

尽管有这些局限性，本报告对知识产权密集型产业与非知识产权密集型产业之间的差异进行全面和系统的分析。

4　欧盟层面的知识产权密集型产业

本章介绍了第3章所述分析的主要结果：确定了欧盟层面的知识产权密集型产业。具体而言，既针对本研究中涉及的6项知识产权分别进行确定，又从总体的视角确定知识产权密集型产业，即将多类知识产权的同时使用也考虑进去❶。

4.1　专利密集型产业

2010—2014年，在615个NACE行业中，有467个行业成功申请了专利。在这些行业中，有148个是专利密集型产业。

表13显示了专利密集度前20位行业。专利密集型产业的完整列表见附件9.2。

表13　专利密集度前20位行业*

NACE行业代码	NACE行业名称	每1000名就业人员专利授权量（件/1000人）
77.40	知识产权和类似产品租赁（版权作品除外）	74.01
26.30	通信设备制造	27.29
72.11	生物技术研究与试验发展	21.84
28.91	冶金机械制造	20.03
20.59	其他化学产品制造	19.46
21.10	基本医药产品制造	17.71
28.11	发动机和涡轮制造（飞机、车辆和摩托车发动机除外）	16.06
23.11	平板玻璃制造	15.99
20.11	工业气体制造	14.18
26.11	电子元件制造	14.03
27.51	家用电器制造	12.79
26.70	光学仪器和摄影设备制造	12.00
26.60	放射性、电子医疗和电疗设备制造	11.75

❶ 本报告中确定的知识产权密集型产业占本研究所述期间注册/授予的欧盟商标的73%、注册共同体外观设计专利的83%、欧洲专利的86%和欧盟植物新品种权的96%。

续表

NACE 行业代码	NACE 行业名称	每1000名就业人员专利授权量（件/1000人）
24.45	其他有色金属的制造	11.51
72.19	自然科学和工程其他研究与试验发展	11.24
28.95	纸和纸板生产机械制造	10.71
28.99	其他特殊用途机械制造	10.54
30.30	航空、航天器及相关机械制造	10.28
28.94	纺织、服装和皮革生产机械制造	10.23
28.93	食品、饮料和烟草加工机械制造	9.01

* 基于2010—2014年提交并随后批准的专利申请。

专利密集型产业以制造业（通常被称为第二产业）为主，前20个行业中占了17个。其余为3个服务业（第三产业），包括两个与研究有关的行业和77.40行业[1]，其中包括许可和管理知识产权组合等活动。

4.2 商标密集型产业

2013—2017年，有508个NACE行业成功申请了商标。在这些行业中，有280个是商标密集型产业。

表14显示了商标密集度前20位行业。商标密集型产业的完整列表见附件9.3。

表14 商标密集度前20位行业*

NACE 行业代码	NACE 行业名称	每1000名就业人员商标授权量（件/1000人）
77.40	知识产权和类似产品租赁（版权作品除外）	346.64
26.80	磁性和光学介质制造	72.25
10.86	均质食品制剂和营养食品制造	63.51

[1] 欧盟统计局对77.40类产品的官方定义：该类产品包括允许他人使用知识产权产品和类似产品的活动，并向产品所有者（即资产持有人）支付使用费或许可费。这些产品的租赁可以采取多种形式，如准许复制、在后续工艺或产品中使用、按照特许授权方式经营企业等。目前的所有者可能创造或可能没有创造这些产品。该课程包括：

－知识产权产品租赁（版权作品除外，如书籍或软件）。

－获得专利权使用费或许可费：专利实体、商标或服务商标、品牌名称、矿产勘探和评估以及特许经营协议。

对NACE行业77.40相关企业的定性分析表明，该行业非常异质。除其他外，它包括大型经济集团内负责管理其知识产权投资组合的特殊实体、教育机构的技术转移办公室、创新开发和商业化的促进者、为一项创新商业化而设立的小型实体，或者在较小程度上是活跃于知识产权资产评估和管理领域的独立企业。

与该类别相关的企业包括与其他企业没有任何经济联系的独立企业，以及主要活动包括管理其母企业知识产权组合的分支机构。

续表

NACE 行业代码	NACE 行业名称	每 1000 名就业人员商标授权量（件/1000 人）
17.24	墙纸制造	56.39
21.10	基本医药产品制造	54.25
11.01	蒸馏、精馏和混合烈酒	51.59
11.02	葡萄酒酿造	48.14
20.42	香水和盥洗用品制造	38.90
58.19	其他出版活动	38.80
72.11	生物技术研究和试验发展	38.08
32.40	游戏和玩具制造	37.33
32.30	体育用品制造	37.00
58.21	电脑游戏出版	35.91
59.20	录音和音乐出版活动	34.75
18.11	报纸印刷	33.98
11.03	苹果酒和其他果酒制造	31.56
59.13	电影、视频和电视节目发行活动	31.28
32.99	其他制造业	31.07
10.89	其他食品制造	30.78
63.12	门户网站	30.24

* 基于 2010—2014 年提交并随后批准的商标申请。

与专利一样，制造业（第二产业）在商标密集度排名前 20 位中占有突出地位，有 12 个行业属于制造业，其余 8 个行业属于服务业（第三产业）。

4.3 外观设计专利密集型产业

2010—2014 年，有 483 个行业成功申请了外观设计专利。在这些行业中，有 184 个是外观设计专利密集型产业。

表 15 显示了外观设计专利密集度较高的 20 个行业。外观设计专利密集型产业的完整列表见附件 9.4。

表 15　外观设计专利密集度较高的 20 个行业*

NACE 行业代码	NACE 行业名称	每 1000 名就业人员外观设计授权量（件/1000 人）
77.40	知识产权和类似产品租赁（版权作品除外）	104.22
27.40	电气照明设备制造	42.08
46.47	家具、地毯和照明设备批发	41.57
25.71	餐具制造	41.00

续表

NACE 行业代码	NACE 行业名称	每 1000 名就业人员外观设计授权量（件/1000 人）
23.42	陶瓷卫生洁具制造	30.51
32.40	游戏和玩具制造	30.03
23.41	陶瓷家居和装饰用品制造	29.12
26.52	钟表制造	28.11
28.14	其他水龙头和阀门制造	26.95
27.51	家用电器制造	26.78
32.91	扫帚和刷子制造	24.63
25.72	锁和铰链制造	22.96
46.48	手表和珠宝批发	22.56
46.15	家具、家居用品、五金制品代理销售	19.76
32.30	体育用品制造	19.61
32.12	珠宝及相关物品制造	18.82
46.42	服装和鞋类批发	17.77
14.19	其他服装和配件制造	16.85
32.99	其他制造业	16.82
23.19	其他玻璃制造和加工（包括技术玻璃器皿）	16.23

* 基于 2010—2014 年提交并随后批准的外观设计专利申请。

外观设计专利密集型产业也大多集中在制造业（第二产业），占前 20 位中的 15 位。其余 5 个为服务业，包括 4 个批发/分销行业。与专利和商标一样，77.40 行业也是外观设计专利密集度较高的行业之一。

4.4 版权密集型产业

表 16 和表 17 列出了本研究中包括的版权密集型产业，如第 3.6 节所述确定。"类型"是指根据 WIPO 分类，该行业是属于核心版权产业、相互依存的版权产业还是部分版权产业。对于相互依存的版权产业和部分版权产业，"系数"列显示了该行业活动与版权关联度百分比。

表 16 核心版权产业

NACE 行业代码	NACE 行业名称
58.11	图书出版
58.13	报纸出版
58.14	期刊出版

续表

NACE 行业代码	NACE 行业名称
58.19	其他出版活动
58.21	电脑游戏出版
58.29	其他软件开发
59.11	电影、视频和电视节目制作活动
59.12	电影、视频和电视节目后期制作活动
59.13	电影、视频和电视节目发行活动
59.14	电影放映活动
59.20	录音和音乐出版活动
60.10	无线电广播
60.20	电视节目和广播活动
61.20	无线电信活动
62.01	计算机编程活动
62.02	计算机咨询活动
62.03	计算机设施管理活动
62.09	其他信息技术和计算机服务活动
63.12	门户网站
63.91	通讯社活动
63.99	其他信息服务活动
73.11	广告业
73.12	媒体代表
74.10	专业设计活动
74.20	摄影活动
74.30	笔译和口译活动
90.01	表演艺术
90.02	表演艺术辅助活动
90.03	艺术创作
91.01	图书馆和档案馆活动
93.29	其他娱乐和文娱活动
18.11	报纸印刷
18.12	其他印刷
18.13	新闻媒体发布服务
18.14	装订及相关服务
18.20	记录媒介复制
47.61	专营店书籍零售
47.62	专营店报纸和文具零售
47.63	专营店音乐和录影带零售
61.10	有线电信活动
61.30	卫星电信活动

续表

NACE 行业代码	NACE 行业名称
61.90	其他电信活动
63.11	数据处理、托管和相关活动
79.90	其他预订服务及相关活动
82.19	复印、文件编制和其他专业办公辅助活动
85.52	文化教育
90.04	艺术设施运营
93.21	游乐园和主题公园活动
94.12	专业会员组织活动

表 17 相互依存的版权产业和部分版权产业

NACE 行业代码	NACE 行业名称	类型	系数
17.11	纸浆制造	相互依存	25.0%
17.12	纸和纸板制造	相互依存	25.0%
20.59	其他化学产品制造	相互依存	25.0%
28.23	办公室机械和设备制造（计算机及周边设备除外）	相互依存	30.0%
26.20	计算机及周边设备制造	相互依存	30.0%
26.30	通信设备制造	相互依存	30.0%
26.40	消费电子产品制造	相互依存	30.0%
26.70	光学仪器和摄影设备制造	相互依存	30.0%
27.31	光纤电缆制造	相互依存	30.0%
32.20	乐器制造	相互依存	35.0%
46.43	家用电器批发	相互依存	19.0%
46.76	其他中间产品批发	相互依存	25.0%
46.51	计算机、计算机周边设备和软件批发	相互依存	30.0%
46.52	电子和电信设备及部件批发	相互依存	25.0%
46.66	其他办公机械和设备批发	相互依存	30.0%
47.43	专营店音像设备零售	相互依存	33.3%
47.41	专营店电脑、外围设备和软件零售	相互依存	33.3%
47.78	专营店其他新商品零售	相互依存	33.3%
77.33	办公室机器和设备（包括计算机）租赁	相互依存	35.0%
77.39	其他机械、设备和有形动产租赁	相互依存	20.0%
77.22	录像带和光盘租赁	相互依存	20.0%
77.29	其他私人和家庭用品租赁和出租	相互依存	20.0%
32.11	硬币铸造	部分版权	33.5%

续表

NACE 行业代码	NACE 行业名称	类型	系数
32.12	珠宝及相关物品制造	部分版权	33.5%
32.40	游戏和玩具制造	部分版权	41.0%
91.02	博物馆活动	部分版权	46.0%
91.03	历史遗迹、建筑和类似旅游景点运营	部分版权	50.0%
94.99	其他成员组织活动	部分版权	50.0%

4.5 地理标志密集型产业

用于确定地理标志（GI）密集型产业的方法在某种程度上类似于WIPO用于确定版权密集型产业的方法。DG AGRI的数据显示，核心的地理标志密集型产业如表18所示。

表18 地理标志密集型产业

NACE 行业代码	NACE 行业名称	总就业人员数（个）
10.51	乳制厂和奶酪生产运营	331762
11.01	蒸馏、精馏和混合烈酒	55461
11.02	葡萄酒酿造（包括01.21葡萄种植的一部分）	104777
11.05	啤酒制造	139856

与版权密集型产业类似，上述行业负责地理标志产品的生产，但不负责批发或零售。所有4个地理标志密集型产业都属于制造业（第二产业），部分包括第一产业01.21的一部分。

表18还显示了欧盟层面的总就业人员数，以显示每个行业的总体规模。然而，如第3.7节所述，由于地理标志的特殊性质，只有部分行业被定义为地理标志密集型产业。

4.6 植物新品种权密集型产业

2010—2014年，45个行业成功提交了欧盟植物新品种权申请。在这些行业中，有10个（园艺行业除外）是欧盟植物新品种权密集型产业。第3.8节所述植物新品种权密集型产业的最终清单如表19所示。

表 19 植物新品种权密集型产业

NACE 行业代码	NACE 行业名称	每 1000 名就业人员植物新品种权授权量（件/1000 人）
	园艺	—
77.40	知识产权和类似产品租赁（版权作品除外）	19.6
46.22	花卉批发	7
72.11	生物技术研究与试验发展	6.6
46.21	谷物、未加工烟草、种子和动物饲料批发	4.2
46.11	农业原料、活体动物、纺织原料和半成品代理销售	1.3
72.19	自然科学和工程其他研究与试验发展	1.2
10.61	谷物磨坊产品制造	0.44
11.06	麦芽制造	0.42
10.89	其他食品制造	0.28

4.7 知识产权密集型产业

从结果中可以看出，许多行业在不止一项知识产权中是密集型的。例如，10.32 果蔬汁生产行业是商标和外观设计专利的密集型产业。一些行业，例如 10.83 茶叶和咖啡加工，大量使用商标、外观设计专利和专利。大多数版权密集型产业也是商标密集型产业，所有 4 个地理标志密集型产业也是商标密集型产业。第 8 章中的表 47 列出了 353 个知识产权密集型产业，并指出了每个行业密集使用的知识产权。知识产权密集型产业重复行业数如表 20 所示。

表 20 知识产权密集型产业重复行业数

知识产权	知识产权密集型产业个数
商标	59
专利	17
外观设计专利	14
版权	28
植物新品种权	1
商标和植物新品种权	3
商标，专利，版权	3
商标和专利	29
商标和地理标志	2
商标，外观设计专利，专利，植物新品种权	4
商标，外观设计专利，专利，版权	11

续表

知识产权	知识产权密集型产业个数
商标，外观设计专利，专利	71
商标，外观设计专利，植物新品种权	1
商标，外观设计专利，地理标志	2
商标，外观设计专利，版权	10
商标和外观设计专利	58
商标和版权	27
外观设计专利和专利	13

大多数行业都大量使用商标（353 个行业中有 280 个）。专利往往在制造业得到更广泛的使用。共有 71 个行业是专利、商标和外观设计专利密集型产业。商标和外观设计专利（58 个行业）、商标和专利（29 个行业）以及商标和版权（27 个行业）之间存在较大重复。

相反，一些行业只密集使用其中一种知识产权。因此，59 个行业仅为商标密集型、17 个仅为专利密集型、14 个仅为外观设计专利密集型和 28 个仅为版权密集型，1 个行业仅为植物新品种权密集型产业。

仅在一项知识产权上被确定为知识产权密集型产业的行业值得更仔细地研究，因为这些行业可以反映特定知识产权的贡献。59 个完全属于商标密集型的行业与 221 个也大量使用其他知识产权的商标密集型产业相比没有显著差异。

17 个专利密集型产业集中在制造业、能源和技术服务业。例如，24.52 铸钢、33.20 工业机械和设备安装，以及 71.12 工程活动和相关技术咨询。这些行业的共同点是，它们将产品和服务销售给其他行业，而不是最终消费者。

14 个外观设计专利密集型产业集中在制造业和服务业，例如，包括 31.02 厨房家具制造和 47.59 专营店家具、照明设备和其他家居用品零售。作为一个整体，这些行业向企业和消费者销售其产品和服务。

28 个版权密集型产业除与印刷和光缆制造相关的两个制造业外，其余行业属于服务业。其中 20 个行业是核心版权产业。

为了防止重复计算，在第 5 章中量化其就业和增加值贡献时，考虑了一些知识产权密集型产业密集使用多项知识产权的情况。

5 知识产权密集型产业对欧盟经济的贡献

5.1 知识产权密集型产业对就业、GDP和贸易的贡献

前一章解释了如何确定知识产权密集型产业。为了计算这些行业在就业、GDP、工资和对外贸易方面对欧盟整体经济和各成员国经济的贡献，本章将知识产权密集型产业清单与欧盟统计局（Eurostat）数据，以及必要时与其他来自欧盟或成员国的数据相结合❶。

5.1.1 就业

2014—2016年，欧盟总就业人员数约2.155亿人❷。这些就业岗位中有很大一部分（超过5000万个）属于欧盟经济活动统计分类O－Q门类（公共行政、国防、教育、人类健康和社会工作活动），这些服务主要由公共部门提供❸。

表21显示了6项知识产权密集型产业就业人员数占欧盟总就业人员数的比重。

表21 2014—2016年知识产权密集型产业对就业的贡献

知识产权密集型产业	就业人员数（直接）	就业人员数占比（直接）	就业人员数（直接＋间接）	就业人员数占比（直接＋间接）
商标密集型	46700950	21.7%	65047936	30.2%
外观设计专利密集型	30711322	14.2%	45073288	20.9%
专利密集型	23571234	10.9%	34740674	16.1%
版权密集型	11821456	5.5%	15358044	7.1%

---

❶ 特别是，如第3.7节和第3.8节所述，在地理标志的情况下，广泛使用了DG AGRI发布的农业统计信息。此外，就版权而言，欧盟统计局的数据得到了几个国家统计局数据的补充。

❷ 欧盟统计局和其他统计机构使用的"就业"定义如下：就业人员是15岁及以上的人（某些国家的特殊例外情况除外）在统计周内，为了工资、利润或家庭利益而工作，甚至每周只工作一个小时，或者由于疾病、假期、劳资纠纷或教育和培训而暂时缺席工作或业务的人。

❸ 如果将此类非市场活动排除在计算范围之外，就业和GDP的份额将大大高于本报告所示。然而，人们认为，更为恰当的做法是谨慎行事，将计算结果建立在总就业和GDP的基础上。

续表

知识产权密集型产业	就业人员数（直接）	就业人员数占比（直接）	就业人员数（直接+间接）	就业人员数占比（直接+间接）
地理标志密集型	—	—	399324	0.2%
植物新品种权密集型	1736407	0.8%	2618502	1.2%
知识产权密集型	62962766	29.2%	83807505	38.9%
总就业人员数			215520333	

注：由于知识产权的重复使用，单个知识产权的总和超过了知识产权密集型产业的总和。

因此，知识产权密集型产业在欧盟提供了近6300万个就业岗位，占欧盟总就业岗位的29%。近22%的就业岗位属于商标密集型产业，14%属于外观设计专利密集型产业，11%属于专利密集型产业，版权密集型、植物新品种权密集型和地理标志密集型产业的占比较低。

如上所述，许多行业在不止一项知识产权上属于知识产权密集型产业。因此，为了避免重复计算，所有知识产权密集型产业的总就业人员数小于每个知识产权密集型产业就业人员数之和。换言之，为了计算知识产权密集型产业的就业人员数，每个行业只统计一次，即使它属于多项知识产权密集型产业。

5.1.2 间接就业

除上述直接就业外，知识产权密集型产业还为非知识产权密集型产业提供就业岗位，这些行业为知识产权密集型产业提供商品和服务。为了计算对非知识产权密集型产业就业的间接影响，使用了欧盟统计局发布的EU-28投入产出表。该表提供了65个大类行业（NACE两位数级别）的信息[1]。

为了计算间接就业，知识产权密集型产业被汇总到投入产出表提供的65个大类行业。如果构成该大类行业的所有4位码行业（小类）都是知识产权密集型的，那么这65个大类行业中的一些是完全密集型的。例如，化学品和化学产品大类行业的所有16个行业都被确定为商标密集型产业，橡胶和塑料制品大类行业的所有6个行业都被确定为专利密集型产业。

然而，其他大类行业只是部分知识产权密集型，因为它们同时包含知识产权密集型和非知识产权密集型产业。对于这部分知识产权密集型产

[1] 提供的信息包括供应和使用表以及对称投入产出表（国内和总量）。在这种情况下，"国内"指的是欧盟内部的供应关系。

业，可以获得该行业总就业人员数以及该行业内知识产权密集型产业就业人员数占总就业人员数的比重。因此，在投入产出表中计算了每个行业的“密集度系数”，对应于每个行业内知识产权密集型产业就业人员数占总就业人员数的比重。然后，利用这些系数调整投入产出表中上游产业的就业水平，以确保间接就业真正符合知识产权密集型产业的需求。例如，如果 A 行业的知识产权密集度为 40%，那么其从 B 行业购买的 40% 的产品也被视为知识产权密集型产品，因此，B 行业向 A 行业销售产品的 40% 的就业岗位由被视为知识产权密集型产业的 A 行业间接提供。

就业数据来自欧盟统计局发布的国民账户[1]。对于每项知识产权（地理标志除外，如第 3.7 节所述，地理标志的数据已经包括间接就业），仅计算非知识产权密集型产业的间接就业效应，以避免重复计算知识产权密集型产业的就业人员数。

分析表明，除了知识产权密集型产业本身提供的 6300 万个就业岗位，欧盟经济中还有 2100 万个就业岗位是在向其提供商品和服务的非知识产权密集型产业中产生的。如果考虑这些额外的就业岗位，那么知识产权密集型产业直接或间接提供了 8380 万个就业岗位，占欧盟所有就业岗位的近 39%。

5.1.3 GDP

国内生产总值（GDP）是指某一特定地区在特定时间段内生产的商品和服务的总价值。这是衡量经济活动最常用的指标。在一个国家（或欧盟）的国民账户中，它是通过加总每个行业产生的增加值计算的，包括特定产品的税收，不包括特定产品的补贴。增加值等于该行业的销售额减去从其他行业购买的商品和服务。当这些数量在整个经济体中相加时，行业间的购买相互抵消，剩下的是经济体的总增加值或 GDP。2014—2016 年，欧盟 GDP 约为 14.6 万亿欧元。

估算知识产权密集型产业增加值占欧盟 GDP 的比重从以下两方面开始，一方面是欧盟统计局 SBS 中每个 4 位码行业的增加值数据，另一方面是国民经济核算中的 GDP 数据。然而，在将行业数据与欧盟整体数据进行比较之前，必须对其进行调整，以确保在计算知识产权密集型产业在经济中的权重时分子与分母（即总体 GDP）数据性质保持一致。

---

[1] 为了计算知识产权密集型产业的间接就业需求，Leontief 矩阵是根据国内对称投入产出表计算的，以确保只包括欧盟内部创造的就业。

SBS中的行业增加值按要素成本来定义，不包括与生产相关的税费。另一方面，GDP是所有经济行业按基本价格计算的总增加值加上税收减去产品补贴的总和。要素成本和基本价格之间的区别在于，后者（针对每个行业）包括其他税收，减去生产补贴。

因此，为了获得基于GDP的同性质比率，SBS的数据必须进行转换，以便与GDP定义一致。否则，如果不以相同的方式定义分子和分母，会导致行业增加值占欧盟GDP的比重被低估。为了达到一致性，SBS数据调整如下：

首先，将一个系数应用于从结构性商业统计（SBS）中获得的每个知识产权密集型产业的增加值。国民经济核算中的65个行业（大类），每个行业都计算出这样一个系数，作为各行业国民经济核算中按要素成本计算的增加值与按基本价格计算的增加值之间的比率。每个大类行业中的所有行业都除以这一相同的系数。

其次，将整个经济体的GDP和增加值之间的比率应用于第一步调整后的每个增加值数据。

调整后的行业增加值数据与GDP相符。表22显示了知识产权密集型产业对欧盟经济的贡献。[1] 几乎45%的欧盟总经济产出来自知识产权密集型产业。商标密集型产业贡献了37.3%的增加值，而外观设计专利密集型和专利密集型产业分别贡献了16.2%和16.1%，版权密集型、植物新品种权密集型和地理标志密集型产业贡献较小。与上一节所述的就业计算类似，为了计算知识产权密集型产业对GDP的总贡献，每个行业只计算一次，即使它密集使用了多项知识产权。

表22　2014—2016年知识产权密集型产业对GDP的贡献

知识产权密集型产业	增加值/GDP（百万欧元）	占GDP比重
商标密集型	5447857	37.3%
外观设计专利密集型	2371282	16.2%
专利密集型	2353560	16.1%
版权密集型	1008383	6.9%
地理标志密集型	20155	0.1%
植物新品种权密集型	181570	1.2%
知识产权密集型	6551768	44.8%
GDP	14621518	

注：由于知识产权的重复使用，单个知识产权的总和超过了知识产权密集型产业的总和。

[1] 与就业情况一样，增加值/GDP数据是2014—2016年期间的平均值。

值得注意的是，知识产权密集型产业增加值占欧盟GDP的比重明显高于就业人员数占欧盟就业人员数的比重，这很可能反映了知识产权密集型产业创造的增加值更高。这一差异在商标密集型产业尤其明显，该行业占就业人员数的22%，但占GDP的37%，在外观设计专利、专利和版权密集型产业上也有类似的差异情况，如第5.1.5节所示，这也反映在知识产权密集型产业就业人员的工资中。

5.1.4 贸易

知识产权密集型产业贡献的第三个主要经济变量是欧盟的对外贸易。事实上，欧盟的绝大多数进口和出口都是知识产权密集型产业贡献的。

表23根据2016年的数据总结了知识产权密集型产业的贸易。与就业和GDP数据一样，6项知识产权密集型产业的贸易数据加起来超过了知识产权密集型产业的总体数据，因为许多行业涉及多项知识产权。

表23 2016年知识产权密集型产业对外贸易

知识产权密集型产业	出口（百万欧元）	进口（百万欧元）	净出口（百万欧元）
商标密集型	1613366	1600703	12663
外观设计专利密集型	1261774	1194885	66889
专利密集型	1438117	1307850	130267
版权密集型	294856	202738	92119
地理标志密集型*	12490	1360	11130
植物新品种权密集型*	7552	3885	3667
知识产权密集型	2122465	1940510	181955
欧盟对外贸易总额	2590889	2425202	165687

注：由于知识产权的重复使用，单个知识产权的总和超过了知识产权密集型产业的总和。

*仅包括货物。

知识产权密集型产业占欧盟进口比重如此之高，乍一看可能有些令人惊讶。这是因为即使是生产能源等大宗商品的行业也是知识产权密集型产业[❶]，而许多非知识产权密集型产业也是不可贸易的。因此，89%的欧盟商品进口都来自知识产权密集型产业。然而，知识产权密集型产业在欧盟商品出口中所占的比重甚至更高，达96%。

近年来，欧盟统计局也开始提供服务贸易数据。就服务贸易而言，知识产权密集型产业的比重较低，进口占服务进口总额的57.4%，出口占

❶ 06.10原油开采是商标、外观设计专利和专利密集型产业。

服务出口总额的53.7%。考虑到商品和服务贸易，2016年80%的欧盟进口和82%的欧盟出口来自知识产权密集型产业。

2016年，欧盟整体贸易顺差约为1660亿欧元，占GDP的1.1%。知识产权密集型产业的顺差为1820亿欧元，因此有助于抵消非知识产权密集型贸易的小逆差。

从单个知识产权来看，欧盟所有知识产权密集型产业都有贸易顺差，其中专利密集型、版权密集型和外观设计专利密集型产业的顺差最大。

表24显示了知识产权密集型产业净出口前10位行业，按其对世界其他地区的净出口排名。这10个行业占知识产权密集型出口的33.4%，占知识产权密集型进口的16.7%。它们主要集中在制造业，尤其是汽车、制药和各种先进技术行业。

表24　2016年知识产权密集型产业净出口前10位行业*

排名	NACE/EBOPS行业代码	NACE/EBOPS行业名称	净出口（百万欧元）	出口（百万欧元）	进口（百万欧元）	密集型产业种类
1	29.10	汽车制造	106606	154928	48322	TM，DES，PAT
2	21.20	药物制剂制造	65195	127137	61942	TM，PAT
3	9.2	计算机服务	61150	89575	28424	TM，CO
4	7.1	明确收费金融服务和其他金融服务	33986	72136	38151	TM
5	30.30	航空、航天器及相关机械制造	24739	101800	77060	PAT
6	29.32	汽车其他零部件和附件制造	20085	40773	20688	DES，PAT
7	28.99	其他特殊用途机械制造	18850	27855	9005	TM，DES，PAT
8	10.3.1.2	工程服务	18593	26337	7744	PAT
9	28.29	其他通用机械制造	17509	25686	8176	TM，DES，PAT
10	26.51	测量、测试、导航用仪器和器具制造	16959	41885	24926	TM，DES，PAT
前10合计			384469	324438	708112	
知识产权密集型			181955	2122465	1940510	

* NACE是商品贸易中使用的分类，EBOPS是国际收支平衡中使用的服务贸易的对应分类[1]。

[1] EBOPS 2010和NACE Rev.2（CPA 2008）之间的对应关系可在RAMON中找到，欧盟统计局的术语参考和管理见https：//ec.europa.eu/eurostat/ramon/relations/index.cfm？TargetUrl = LST_REL&amp；StrLanguageCode = EN&amp；IntCurrentPage = 6。

几个较大的出口国也属于较大的进口国，反之亦然。考虑到欧盟的主要贸易伙伴是其他发达经济体（或中国等新兴经济体，其中大部分贸易是制造业产品），这与国际贸易研究中的普遍发现是一致的，即贸易的很大一部分是双向流动的类似商品。

本研究结果与2016年研究结果的比较表明，2014—2016年，知识产权密集型产业对欧盟经济的贡献高于2011—2013年。然而，由于欧盟统计局使用的欧洲国民和区域账户体系（ESA）的某些关键组成部分在这两个时期之间进行了更新，这一比较变得复杂。此外，为了确保本报告反映欧盟当前的经济结构，对用于确定知识产权密集型产业的匹配工作进行了更新，使这些行业的数量从2016年的342个增加到了当前的353个。这些更新提高了知识产权密集型产业对GDP和就业的贡献。在表25中，使用新定义重新计算了2011—2013年的数字，以说明这些变化的影响。

表25　2016年和2019年报告主要结果比较

知识产权密集型产业的贡献	2016年报告	2016年报告（新国民账户，新知识产权密集型产业）	2019年报告
就业（直接）	27.8%	28.6%	29.2%
国内生产总值	42.3%	44.0%	44.8%
货物贸易总额	89.3%	88.8%	92.5%
商品和服务贸易总额	未计算	78.1%	81.0%

第一栏包含2016年研究报告的2011—2013年的结果。第二栏重新计算了2016年同期的结果，其中考虑了新的国民账户体系和新的知识产权密集型产业清单。第三栏显示了本报告（2014—2016年）的结果，因此与第二栏直接可比。

因此，即使在考虑了统计修正的影响之后，知识产权密集型产业的贡献在2011—2013年（2016年报告）和2014—2016年（2019年报告）这两个时期之间也有所增加。

与之前的研究相比，知识产权密集型产业的出口也有所增加。这一改进具有广泛的基础。例如，汽车制造业出口增长了8%，从1439亿欧元增长至1549亿欧元，同期药品出口增长26%。

5.1.5　工资

如上所述，知识产权密集型产业创造了经济中45%的增加值并提供了29%的就业岗位。这意味着，知识产权密集型产业的就业人员人均增加值高于其他经济领域。因此，有必要研究这种更高的增加值是否反映在知识产权密集型产业的相对工资中。

使用欧盟统计局的SBS数据，可以计算每个行业向其就业人员支付的平均工资❶。在SBS中，人工成本定义为雇主支付给就业人员的总工资，以现金或实物形式支付，以换取后者在报告期内完成的工作。人工成本包括工资、薪金和强制性或自愿性的社会保障缴款。平均人工成本（或单位人工成本）等于人工成本除以就业人员数（有工资且签订了就业合同的人员）。这是本报告中对“工资”的定义。

SBS提供了2016年大多数行业的数据。然而，对于17个行业，根本没有可用的人工成本数据❷，分析中忽略了这些行业。

知识产权密集型产业的工资确实高于非知识产权密集型产业。知识产权密集型产业的平均每周工资为801欧元，而非知识产权密集型产业的平均每周工资为544欧元，相差47%。这种“工资溢价”在地理标志密集型产业为29%，在外观设计专利密集型产业为40%，在商标密集型产业为48%，在版权密集型产业为59%，在专利密集型产业为72%。在大多数情况下，工资溢价高于2013年，当时的总体差异为45%（在本研究确定的353个行业中测量）。

表26 2016年知识产权密集型产业就业人员平均工资

知识产权密集型产业	就业人员平均工资（周·欧元）	工资溢价（与非知识产权密集型产业对比）
商标密集型	805	48%
外观设计专利密集型	761	40%
专利密集型	934	72%
版权密集型	867	59%
地理标志密集型	705	29%
植物新品种权密集型*	—	—
知识产权密集型	801	47%
非知识产权密集型	544	
所有行业（包含在结构性商业统计**中的企业）	654	

* 由于缺乏农业工资统计数据而未计算。

** 欧盟统计局发布的结构性商业统计数据。

❶ 由于主要公共部门行业没有SBS就业和工资数据，因此本节中的分析仅限于私营部门。

❷ 没有人工成本数据的行业包括：66.00金融服务和保险活动辅助活动；85.52文化教育；90.01表演艺术；90.02表演艺术辅助活动；90.03艺术创作；90.04艺术设施运营；91.01图书馆和档案馆活动；91.02博物馆活动；91.03历史遗迹、建筑和类似旅游景点运营；92.00赌博和博彩活动；93.00体育活动和娱乐休闲活动；93.21游乐园和主题公园活动；93.29其他娱乐和文娱活动；94.12专业会员组织活动和94.99其他会员组织活动。

5.2 知识产权密集型产业主要行业分析

到目前为止，本章着重按知识产权类别对知识产权密集型产业的贡献进行分析。在本节中，按行业进一步细分对就业和GDP的贡献。表27显示了2014—2016年知识产权密集型产业就业人员数前20位行业。

表27 2014—2016年知识产权密集型产业就业人员数前20位行业

NACE 行业代码	NACE 行业名称	类型	就业人员数	密集型产业种类
71.12	工程活动和相关技术咨询	服务业	2135860	PAT
70.22	商业和其他管理咨询活动	服务业	1817953	TM
66.00	金融服务和保险活动辅助活动	服务业	1678643	TM
93.00	体育活动和其他文娱活动	服务业	1612963	TM
68.20	自有或租赁房地产的租赁和经营	服务业	1527601	TM
62.01	计算机编程活动	服务业	1350589	TM，CR
62.02	计算机咨询活动	服务业	1346840	CR
29.10	汽车制造	制造业	1079708	TM，DES，PAT
29.32	汽车其他零部件和附件制造	制造业	957862	DES，PAT
94.99	其他会员组织活动	服务业	916233	CR
46.69	其他机械设备批发	服务业	883493	TM，DES，PAT
46.73	木材、建筑材料和卫生设备批发	服务业	856841	TM，DES
73.11	广告业	服务业	835100	TM，DES，CR
47.78	专营店其他新商品零售	服务业	807050	TM
47.59	专营店家具、照明设备和其他家居用品零售	服务业	779935	DES
25.11	金属结构和结构零件制造	制造业	709909	DES，PAT
01.00	作物和动物生产、狩猎及相关服务活动		656688	PVR
46.90	非专业批发贸易	服务业	651968	TM，DES
46.46	药品批发	服务业	642232	TM，PAT
31.09	其他家具制造	制造业	634016	DES
前20			21881485	

这20个行业的就业人员数接近2200万，占本报告确定的353个知识产权密集型产业总就业人员数的35%。该列表以商标密集型产业（20个行业中有12个）和外观设计专利密集型产业（20个行业中有9个）为主。专利密集型产业（20个行业中有6个）只有在总就业中考虑到专利密集型产业71.12 工程活动和相关技术咨询时才会发挥重要作用。

表28显示了知识产权密集型产业增加值前20位行业，根据其对GDP

的贡献进行排名。

表 28 2014—2016 年知识产权密集型产业增加值前 20 位行业

NACE 行业代码	NACE 行业名称	类型	增加值（百万欧元，调整后）	密集型产业种类
68.20	自有或租赁房地产租赁和经营	服务业	1561480	TM
29.10	汽车制造	制造业	163526	TM，DES，PAT
70.22	商业和其他管理咨询活动	服务业	153583	TM
71.12	工程活动和相关技术咨询	服务业	149447	PAT
62.02	计算机咨询活动	服务业	125533	CR
66.00	金融服务和保险活动辅助活动	服务业	123453	TM
62.01	计算机编程活动	服务业	118933	TM，CR
21.20	药物制剂制造	制造业	110250	TM，PAT
35.11	电力生产	制造业	106335	TM，PAT
72.19	自然科学和工程其他研究与试验发展	服务业	101133	TM，DES，PAT
61.10	有线电信活动	服务业	89308	CR
46.46	药品批发	服务业	77144	TM，PAT
46.69	其他机械设备批发	服务业	75110	TM，DES，PAT
29.32	汽车其他零部件和附件制造	制造业	66636	DES，PAT
93.00	体育活动和娱乐休闲活动（不包括 93.29 – 其他娱乐和文娱活动）	服务业	61541	TM
61.20	无线电信活动	服务业	51176	TM，CR
61.90	其他电信活动	服务业	50832	TM，DES，PAT，CR
30.30	空气、航天器及相关机械制造	制造业	50547	PAT
41.10	建筑项目发展	服务业	49748	TM
62.09	其他资讯科技及电脑服务活动	服务业	47403	TM，CR
TOP 20			3333118	

总的来说，这 20 个行业占 353 个知识产权密集型产业总增加值的 51%[1]。前 20 名的两个列表有很多重叠之处，有 11 个行业在两个列表上都有出现。然而，有些行业，例如“61.20 无线电信活动”，其对增加值

[1] 这个份额很高，部分原因在于排名第一的产业在欧盟经济活动统计分类“68.20 自有或租赁房地产租赁和经营”中包括 7928 亿欧元的业主自有房屋的估算租金。这符合欧盟统计局和其他统计局应用的国家会计标准。如果没有这笔估算租金，前 20 产业（相对于所有知识产权密集型产业）占国内生产总值的份额将与占就业量份额相近，即 36%。因为估算租金包含在国民经济核算里的总体国内生产总值数据中，所以我们决定保留估算租金，以确保在计算国内生产总值份额时分子和分母之间的兼容性。

的贡献要高于就业，因此仅出现在知识产权密集型产业增加值前20位列表中；还有一些行业，例如“73.11 广告业”，仅出现在就业人员数前20位列表中。

5.3 成员国分析

本节介绍知识产权密集型产业对每个成员国就业和GDP的贡献。这部分分析具有挑战性，因为成员国层面的数据可用性比欧盟层面的更为有限。因此，需要更多的估计和推算，因此本节中的一些结果可能不如第5.1节和第5.2节。同样需要重申的是，知识产权密集型产业的确定是在欧盟层面，而不是成员国层面。如上所述，本研究假设，如果一个行业在一个成员国是知识产权密集型产业，那么在其他成员国也是知识产权密集型产业，因为知识产权密集度被认为是每个行业的固有特征。本节给出的结果的准确性取决于该假设的有效性。

每个行业对成员国经济的贡献是根据该行业在该成员国提供的就业岗位和创造的增加值来衡量的。例如，如果成员国A的一家汽车企业在成员国B建造了一家装配厂，那么由此产生的就业岗位和增加值将累积到成员国B的经济中。换句话说，所采用的知识产权密集度衡量标准不涉及所用知识产权的来源，只与知识产权的实施地有关。因此，根据本研究无法得出结论，如果A国的专利密集型产业在就业岗位和增加值方面的贡献大于B国，那么A国的创新能力更强。专利密集型产业对A国就业或GDP的贡献更大，同样可能是C国就生产选址作出决定的结果。知识产权的来源及其与经济福祉的关系问题是第6章的主题，是可能进一步研究的领域。

本研究首次纳入了欧洲自由贸易联盟成员国冰岛、挪威和瑞士的数据[1]。此外，根据欧盟统计局在英国决定退出欧盟后采取的做法，本节国家表中显示了欧盟28国和欧盟27国（即不含英国的欧盟）的平均值。

5.3.1 专利密集型产业

专利密集型产业贡献了欧盟10.9%的就业和16.1%的GDP。奥地利、捷克、丹麦、芬兰、德国、匈牙利、意大利、卢森堡、斯洛伐克、斯洛文尼亚和瑞典的就业贡献高于平均水平（见表29）。然而，从专利密集型产业对增加值的贡献来看，专利密集型产业在爱尔兰也非常重要。在欧盟大

[1] 由于缺乏数据，无法计算地理标志密集型产业和植物新品种权密集型产业对这些国家的贡献。

型经济体中，德国专利密集型产业对就业和GDP的贡献最高，反映出制造业（在专利密集型产业中占主导地位）在德国经济中的高比重。2004年和2007年加入欧盟的几个成员国专利密集型产业对就业和GDP的贡献较高也可能与制造业在其经济中的占比高有关。

表29 2014—2016年各成员国专利密集型产业对GDP和就业的贡献

国 家	增加值（百万欧元）	占GDP比重	就业人员数（个）	占总就业人员数比重
奥地利	59736	17.4%	494271	12.1%
比利时	61071	14.9%	405326	9.0%
保加利亚	8064	17.8%	306147	10.4%
塞浦路斯	1103	6.2%	18501	5.2%
捷克	43544	26.0%	980284	19.8%
德国	720017	23.6%	6269349	15.9%
丹麦	49544	18.2%	338856	12.6%
爱沙尼亚	2649	13.0%	59424	9.8%
希腊	16720	9.5%	276885	7.8%
西班牙	131600	12.2%	1335705	7.5%
芬兰	36408	17.3%	277860	11.7%
法国	291645	13.3%	2458726	9.4%
克罗地亚	5449	12.1%	136691	8.8%
匈牙利	25631	23.3%	537322	12.8%
爱尔兰	62661	25.7%	168185	8.4%
意大利	231371	14.0%	2491654	11.3%
立陶宛	4615	12.3%	99735	7.7%
卢森堡	6383	12.3%	34260	13.6%
拉脱维亚	2558	10.5%	58393	6.8%
马耳他	935	9.9%	11898	6.5%
荷兰	93048	13.5%	667957	8.2%
波兰	68638	16.3%	1502388	9.5%
波兰	20181	11.2%	324732	7.5%
罗马尼亚	24650	15.4%	756888	9.2%
瑞典	79134	17.6%	573251	12.3%
斯洛文尼亚	8399	21.6%	142208	15.8%
斯洛伐克	15089	19.2%	323611	13.4%
英国	282716	11.6%	2520726	8.4%
欧盟28国	2353560	16.1%	23571234	10.9%
欧盟27国（除英国外）	2070844	17.0%	21050508	11.3%
冰岛	1499	9.4%	11561	6.6%
挪威	100543	28.4%	284366	11.2%
瑞士	123513	21.1%	588563	13.5%

在欧洲自由贸易联盟国家中，挪威和瑞士在专利密集型产业增加值占比高于欧盟平均水平，在就业方面，挪威几乎处于欧盟平均水平，而瑞士则高于欧盟平均水平。冰岛专利密集型产业增加值占GDP的比重低于欧盟平均水平。

5.3.2 商标密集型产业

在整个欧盟，商标密集型产业贡献了欧盟21.7%的就业和37.3%的GDP。在商标密集型产业中就业人员数占比高于平均水平的国家包括奥地利、保加利亚、捷克、丹麦、德国、爱沙尼亚、匈牙利、意大利、拉脱维亚、立陶宛、卢森堡、荷兰、葡萄牙、斯洛伐克、斯洛文尼亚和瑞典（见表30）。保加利亚、捷克、丹麦、德国、芬兰、匈牙利、爱尔兰、意大利、卢森堡、马耳他和罗马尼亚等国的商标密集型产业增加值占欧盟GDP比重高于平均水平。

表30 2014—2016年各成员国商标密集型产业对GDP和就业的贡献

国 家	增加值（百万欧元）	占GDP比重	就业人员数（个）	占总就业人员数比重
奥地利	124518	36.2%	903309	22.1%
比利时	131049	31.9%	879108	19.5%
保加利亚	19956	44.0%	765580	25.9%
塞浦路斯	5711	32.0%	67941	19.2%
捷克	68476	41.0%	1322925	26.8%
德国	1230340	40.4%	9713904	24.6%
丹麦	104864	38.6%	653419	24.3%
爱沙尼亚	6887	33.8%	142061	23.4%
希腊	54772	31.1%	709591	20.0%
西班牙	355216	32.9%	3516567	19.9%
芬兰	81360	38.7%	487073	20.5%
法国	774987	35.4%	4551306	17.4%
克罗地亚	15220	33.9%	311567	20.0%
匈牙利	42137	38.3%	954682	22.8%
爱尔兰	145364	59.7%	434004	21.7%
意大利	661634	40.1%	5228063	23.8%
立陶宛	13304	35.4%	298960	23.0%
卢森堡	20848	40.3%	78839	31.2%
拉脱维亚	8848	36.4%	195052	22.6%
马耳他	3590	38.2%	35108	19.2%
荷兰	227923	33.0%	1767197	21.8%

续表

国　家	增加值（百万欧元）	占 GDP 比重	就业人员数（个）	占总就业人员数比重
波兰	138741	32.9%	3055902	19.4%
葡萄牙	64672	36.0%	946837	22.0%
罗马尼亚	60494	37.7%	1378082	16.8%
瑞典	155360	34.6%	1091803	23.4%
斯洛文尼亚	14261	36.6%	217866	24.2%
斯洛伐克	27330	34.7%	562108	23.3%
英国	889993	36.6%	6432094	21.4%
欧盟 28 国	5447857	37.3%	46700950	21.7%
欧盟 27 国	4557863	37.4%	40268856	21.7%
冰岛	5267	33.1%	40029	23.0%
挪威	150312	42.5%	477143	18.8%
瑞士	200892	34.4%	1023493	23.4%

在欧洲自由贸易联盟国家中，挪威商标密集型产业增加值占欧盟 GDP 比重高于欧盟平均水平，在就业方面，冰岛和瑞士商标密集型产业就业人员数占欧盟总就业人员数比重高于欧盟平均水平。

5.3.3　外观设计专利密集型产业

外观设计专利密集型产业贡献了欧盟 14.2% 的就业和 16.2% 的 GDP。奥地利、保加利亚、捷克、丹麦、爱沙尼亚、德国、克罗地亚、匈牙利、意大利、立陶宛、卢森堡、波兰、葡萄牙、斯洛伐克和斯洛文尼亚的外观设计专利密集型就业人员数所占比重均高于欧盟平均水平。GDP 的表现也大致相似（见表 31）。

表 31　2014—2016 年各成员国外观设计专利密集型产业对 GDP 和就业的贡献

国　家	增加值（百万欧元）	占 GDP 比重	就业人员数（个）	占总就业人员数比重
奥地利	61332	17.8%	620264	15.2%
比利时	51084	12.4%	500026	11.1%
保加利亚	7256	16.0%	487985	16.5%
塞浦路斯	1110	6.2%	34060	9.6%
捷克	42084	25.2%	1147627	23.2%
德国	689830	22.6%	7059114	17.9%
丹麦	47141	17.4%	405128	15.1%
爱沙尼亚	3676	18.0%	104160	17.1%
希腊	16065	9.1%	385243	10.9%

续表

国 家	增加值（百万欧元）	占 GDP 比重	就业人员数（个）	占总就业人员数比重
西班牙	127318	11.8%	1963961	11.1%
芬兰	31926	15.2%	297107	12.5%
法国	260276	11.9%	2818645	10.8%
克罗地亚	6195	13.8%	223103	14.3%
匈牙利	24630	22.4%	673359	16.1%
爱尔兰	45303	18.6%	204630	10.2%
意大利	279250	16.9%	3793849	17.2%
立陶宛	6895	18.4%	214866	16.5%
卢森堡	7078	13.7%	42209	16.7%
拉脱维亚	3177	13.1%	112780	13.1%
马耳他	1106	11.8%	19123	10.4%
荷兰	108604	15.7%	962545	11.9%
波兰	83423	19.8%	2360934	15.0%
葡萄牙	30254	16.9%	703637	16.3%
罗马尼亚	27392	17.1%	1074489	13.1%
瑞典	70837	15.8%	641837	13.8%
斯洛文尼亚	7590	19.5%	167040	18.6%
斯洛伐克	16209	20.6%	447382	18.6%
英国	314242	12.9%	3246218	10.8%
欧盟 28 国	2371282	16.2%	30711322	14.2%
欧盟 27 国	2057040	16.9%	27465103	14.8%
冰岛	1060	6.7%	14542	8.3%
挪威	83443	23.6%	256256	10.1%
瑞士	114456	19.6%	657143	15.0%

在欧洲自由贸易联盟国家中，挪威和瑞士外观设计专利密集型产业增加值占欧盟 GDP 的比重高于欧盟平均水平，在就业方面，只有瑞士外观设计专利密集型产业就业人员数占比高于欧盟平均水平。

5.3.4 版权密集型产业

欧盟版权密集型产业的总就业人员数为 1180 万，占总就业人员数的 5.5%，这些行业占欧盟 GDP 的 6.9%（见表 32）。

表 32　2014—2016 年各成员国版权密集型产业对 GDP 和就业的贡献

国　家	增加值（百万欧元）	占 GDP 比重	就业人员数（个）	占总就业人员数比重
奥地利	18680	5.4%	214248	5.2%
比利时	23886	5.8%	227100	5.0%
保加利亚	3365	7.4%	147378	5.0%
塞浦路斯	1091	6.1%	17588	5.0%
捷克	11738	7.0%	241668	4.9%
德国	203310	6.7%	2283978	5.8%
丹麦	18486	6.8%	186825	6.9%
爱沙尼亚	1556	7.6%	37549	6.2%
希腊	8413	4.8%	180367	5.1%
西班牙	66953	6.2%	948047	5.4%
芬兰	16566	7.9%	162861	6.8%
法国	147999	6.8%	1409508	5.4%
克罗地亚	2848	6.3%	72054	4.6%
匈牙利	7779	7.1%	215592	5.2%
爱尔兰	31658	13.0%	138660	6.9%
意大利	89327	5.4%	1041661	4.7%
立陶宛	2082	5.5%	67075	5.2%
卢森堡	3890	7.5%	24398	9.7%
拉脱维亚	2036	8.4%	53755	6.2%
马耳他	1624	17.3%	13967	7.6%
荷兰	46084	6.7%	499271	6.1%
波兰	25779	6.1%	617817	3.9%
葡萄牙	9098	5.1%	184305	4.3%
罗马尼亚	11921	7.4%	281393	3.4%
瑞典	41081	9.2%	366380	7.9%
斯洛文尼亚	2434	6.2%	45351	5.0%
斯洛伐克	5137	6.5%	114922	4.8%
英国	203562	8.4%	2027737	6.8%
欧盟 28 国	1008383	6.9%	11821456	5.5%
欧盟 27 国	804822	6.6%	9793719	5.3%
冰岛	1017	6.4%	13547	7.8%
挪威	18210	5.1%	146977	5.8%
瑞士	37902	6.5%	252252	5.8%

版权密集型产业就业人员数占比高于平均水平的国家包括丹麦、德国、爱沙尼亚、芬兰、爱尔兰、卢森堡、马耳他、荷兰、瑞典和英国。

保加利亚、捷克、爱沙尼亚、芬兰、匈牙利、爱尔兰、拉脱维亚、卢森堡、马耳他、罗马尼亚、瑞典和英国的版权密集型产业增加值占欧盟 GDP 比重均高于平均水平。这 3 个欧洲自由贸易联盟国家在就业贡献方面都高于欧盟平均水平，但在 GDP 贡献方面低于欧盟平均水平。

5.3.5 地理标志密集型产业

地理标志密集型产业为欧盟贡献了0.2%的就业和0.1%的GDP，虽然每个成员国的地理标志密集型产业在就业或GDP方面的贡献都低于1%，但这4个地理标志密集型产业在法国、意大利、西班牙、葡萄牙、德国和英国的就业贡献相对较高。法国拥有庞大的葡萄酒产业，几乎占欧盟地理标志密集型就业的1/3。葡萄牙的就业人员数占比最高，为0.6%，法国为0.5%（见表33）。

表33 2014—2016年各成员国地理标志密集型产业对GDP和就业的贡献

国家	增加值（百万欧元）	占GDP比重	就业人员数（个）	占总就业人员数比重
奥地利	262	0.1%	5392	0.1%
比利时	12	0.0%	102	0.0%
保加利亚	14	0.0%	2691	0.1%
塞浦路斯	6	0.0%	76	0.0%
捷克	71	0.0%	575	0.0%
德国	1865	0.1%	30560	0.1%
丹麦	24	0.0%	302	0.0%
爱沙尼亚	—	—	—	—
希腊	649	0.4%	10326	0.3%
西班牙	2151	0.2%	44757	0.3%
芬兰	—	—	—	—
法国	6949	0.3%	126569	0.5%
克罗地亚	0	0.0%	348	0.0%
匈牙利	115	0.1%	4578	0.1%
爱尔兰	12	0.0%	58	0.0%
意大利	3893	0.2%	77646	0.4%
立陶宛	12	0.0%	159	0.0%
卢森堡	16	0.0%	284	0.1%
拉脱维亚	—	—	—	—
马耳他	—	—	—	—
荷兰	29	0.0%	216	0.0%
波兰	—	—	—	—
葡萄牙	597	0.3%	25277	0.6%
罗马尼亚	401	0.3%	2945	0.0%
瑞典	—	—	—	—
斯洛文尼亚	28	0.1%	245	0.0%
斯洛伐克	54	0.1%	1506	0.1%
英国	2995	0.1%	64713	0.2%
欧盟28国	20155	0.1%	399324	0.2%
欧盟27国	17160	0.1%	334611	0.2%

还应注意的是，虽然它们在国民经济中的占比不大，但地理标志密集型产业主要集中在成员国的特定地区，在这些地区它们是当地经济的重要组成部分。

如上所述，地理标志密集型产业增加值和就业人员数的估算值，是利用生产地理标志产品相关行业占比来计算的。这与其他知识产权密集型产业的估算形成对比，其他的估算基于知识产权密集度是一个行业的固有特征的假设，而不管其地理位置如何。

5.3.6 植物新品种权密集型产业

欧盟植物新品种权（PVR）密集型产业的总就业人员数为170万，占总就业人员数的0.8%，这些行业占欧盟GDP的1.2%（见表34）。

表34 2014—2016年成员国植物新品种权密集型产业对GDP和就业的贡献

国　家	增加值（百万欧元）	占GDP比重	就业人员数（个）	占总就业人员数比重
奥地利	2978	0.9%	37593	0.9%
比利时	3999	1.0%	32055	0.7%
保加利亚	806	1.8%	31135	1.1%
塞浦路斯	42	0.2%	3119	0.9%
捷克	1973	1.2%	30919	0.6%
德国	39219	1.3%	295939	0.8%
丹麦	3242	1.2%	23542	0.9%
爱沙尼亚	278	1.4%	2966	0.5%
希腊	1577	0.9%	50469	1.4%
西班牙	9339	0.9%	184589	1.0%
芬兰	2298	1.1%	17741	0.7%
法国	47274	2.2%	193437	0.7%
克罗地亚	505	1.1%	11589	0.7%
匈牙利	2113	1.9%	49878	1.2%
爱尔兰	8441	3.5%	10131	0.5%
意大利	15508	0.9%	183748	0.8%
立陶宛	400	1.1%	10868	0.8%
卢森堡	1798	3.5%	2568	1.0%
拉脱维亚	247	1.0%	4165	0.5%
马耳他	72	0.8%	2239	1.2%
荷兰	6098	0.9%	120707	1.5%
波兰	4403	1.0%	115762	0.7%
葡萄牙	1270	0.7%	35729	0.8%
罗马尼亚	2191	1.4%	61071	0.7%

续表

国　家	增加值（百万欧元）	占 GDP 比重	就业人员数（个）	占总就业人员数比重
瑞典	4038	0.9%	24641	0.5%
斯洛文尼亚	541	1.4%	7066	0.8%
斯洛伐克	610	0.8%	6842	0.3%
英国	20310	0.8%	185900	0.6%
欧盟 28 国	181570	1.2%	1736407	0.8%
欧盟 27 国	161260	1.3%	1550507	0.8%

植物新品种权密集型产业的 GDP 占比和就业人员数占比高于平均水平的国家包括奥地利、保加利亚、塞浦路斯、丹麦、希腊、西班牙、意大利、匈牙利、立陶宛、卢森堡、马耳他、荷兰和葡萄牙。

5.3.7　知识产权密集型产业

如果综合考虑所有 6 项知识产权，并排除重复情况，知识产权密集型产业对成员国经济的总体贡献如表 35 所示。在欧盟层面，知识产权密集型产业贡献了 29.2% 的就业和 44.8% 的 GDP。

表 35　2014—2016 年各成员国所有知识产权密集型产业对 GDP 和就业的贡献

国　家	增加值（百万欧元）	占 GDP 比重	就业人员数（个）	占总就业人员数比重
奥地利	149898	43.6%	1208456	29.6%
比利时	160756	39.1%	1178785	26.1%
保加利亚	23287	51.3%	952196	32.3%
塞浦路斯	6407	35.9%	87446	24.8%
捷克	85882	51.4%	1846039	37.3%
德国	1521603	49.9%	13138181	33.3%
丹麦	122770	45.2%	859932	32.0%
爱沙尼亚	8436	41.3%	193497	31.8%
希腊	63254	35.9%	964327	27.2%
西班牙	432642	40.1%	4785962	27.0%
芬兰	94731	45.0%	664145	27.9%
法国	940008	42.9%	6400813	24.5%
克罗地亚	18435	41.1%	426409	27.4%
匈牙利	53052	48.2%	1288546	30.8%
爱尔兰	158317	65.0%	542246	27.1%
意大利	774345	46.9%	6938887	31.5%
立陶宛	16157	43.0%	398069	30.6%

续表

国　家	增加值（百万欧元）	占 GDP 比重	就业人员数（个）	占总就业人员数比重
卢森堡	24439	47.3%	103139	40.9%
拉脱维亚	10370	42.7%	250390	29.0%
马耳他	4559	48.5%	49779	27.2%
荷兰	271187	39.3%	2336422	28.8%
波兰	177229	42.0%	4183406	26.5%
葡萄牙	76271	42.5%	1259100	29.2%
罗马尼亚	74731	46.5%	1930445	23.5%
瑞典	192419	42.9%	1496102	32.1%
斯洛文尼亚	18025	46.3%	298778	33.2%
斯洛伐克	34866	44.3%	751766	31.2%
英国	1037692	42.6%	8429503	28.1%
欧盟 28 国	6551768	44.8%	62962766	29.2%
欧盟 27 国	5514077	45.3%	54533263	29.4%
冰岛*	6294	39.6%	50939	29.2%
挪威*	173460	49.1%	669540	26.3%
瑞士*	241518	41.3%	1341482	30.7%

*不包括 GI 和 PVR。

总体而言，在奥地利、保加利亚、捷克、丹麦、爱沙尼亚、德国、匈牙利、意大利、立陶宛、卢森堡、斯洛伐克、斯洛文尼亚和瑞典，知识产权密集型产业的就业人员数占比高于平均水平。

就 GDP 而言，保加利亚、捷克、丹麦、芬兰、德国、匈牙利、爱尔兰、意大利、卢森堡、马耳他、罗马尼亚和斯洛文尼亚的 GDP 占比高于欧盟平均水平。

在 3 个欧洲自由贸易联盟国家中，挪威知识产权密集型产业对其 GDP 的贡献高于欧盟平均水平，而瑞士知识产权密集型产业对就业的贡献高于欧盟平均水平。

6 内部市场中知识产权来源和提供的就业岗位

请读者谨记，本报告中显示知识产权密集型产业占国内生产总值和总就业人员数的比重并不一定反映一国经济的创新程度。例如，由于成本低、商业环境好或自然资源丰富等因素，某个国家可能成为专利密集型产业的良好场所。这样，该国在专利密集型产业中的就业人员数占比可能会很高，但提供就业岗位的企业其总部可能位于该国境外，并在境外进行研发（与生产相反）。

正如本章所讨论的，分析知识产权在更细层面上的影响是未来研究的一个重要领域。因此，以下是对知识产权来源的初步分析，其对欧盟及其成员国经济的贡献是本报告的主题。

6.1 欧盟知识产权的来源

到目前为止，本报告研究了知识产权密集型产业的就业和经济活动地点。如前所述，这不一定真实反映成员国的相对“知识产权创造能力”。在欧盟内部市场中，企业可以在一个国家设立总部，在另一个国家创造知识产权，并在另一个国家制造产品。具体而言，企业在何处选址生产取决于许多因素，包括拥有必要技能劳动力的成本、土地、原材料和其他资源的成本、各国的商业环境和税收制度等。

本章探讨了两个基本问题：

→ 本报告中分析的知识产权是由哪些欧盟成员国创造了？

→ 各成员国知识产权密集型产业提供的就业岗位由其他成员国企业提供的占比如何？

本节和下一节试图为这两个问题提供一些初步答案。

利用申请量和就业数据，可以确定在欧盟知识产权局申请的商标和外观设计专利、在欧洲专利局申请的专利以及在欧盟植物新品种保护办公室申请的植物新品种权的来源情况（如权利人的国籍所示）。

本节中的表格（表 36）显示了 2014—2016 年源自各成员国的专利、商标、外观设计专利和植物新品种权的数量。应该指出的是，为了全面了解每个国家的知识产权创造活动，这些表格中包括了所有行业的企业提交的文件。因此，这些数据无法与本报告前几章中的数据直接比较，之前的章节仅分析了知识产权密集型产业❶。

表 36　2014—2016 年各成员国行业知识产权申请量

国家	专利（件）	专利排名	商标（件）	商标排名	外观设计专利（件）	外观设计专利排名	植物新品种权（件）	植物新品种权排名	就业人员数（1000人）	专利密集型产业就业人员数（个/1000人）	商标密集型产业就业人员数（个/1000人）	外观设计密集型产业就业人员数（个/1000人）	植物新品种权密集型产业就业人员数（个/1000人）
奥地利	1995	8	2988	8	2324	7	19	9	4082	0.49	0.73	0.57	0
比利时	2072	7	2182	10	1086	11	54	8	4512	0.46	0.48	0.24	0.01
保加利亚	30	24	665	18	817	14	—	—	2952	0.01	0.23	0.28	—
塞浦路斯	37	22	589	20	59	27	—	—	353	0.1	1.67	0.17	—
捷克	189	15	1005	16	722	15	13	12	4944	0.04	0.2	0.15	0
德国	25012	1	19818	1	18884	1	377	3	39416	0.63	0.5	0.48	0.01
丹麦	1961	9	1717	11	1632	10	98	4	2689	0.73	0.64	0.61	0.04
爱沙尼亚	37	23	346	24	96	24	1	19	608	0.06	0.57	0.16	0
希腊	86	19	815	17	234	18	2	16	3546	0.02	0.23	0.07	0
西班牙	1507	11	9280	4	3680	6	89	6	17704	0.09	0.52	0.21	0.01
芬兰	1956	10	1348	13	834	13	1	20	2378	0.82	0.57	0.35	0
法国	10562	2	7743	5	6026	4	463	2	26157	0.4	0.3	0.23	0.02
克罗地亚	13	28	140	28	54	28	—	—	1556	0.01	0.09	0.03	—
匈牙利	106	18	545	21	179	21	9	13	4185	0.03	0.13	0.04	0
爱尔兰	708	12	1113	15	253	17	3	15	1998	0.35	0.56	0.13	0
意大利	3926	5	10353	3	10325	2	82	7	22008	0.18	0.47	0.47	0
立陶宛	30	25	269	26	91	25	1	21	1302	0.02	0.21	0.07	0
卢森堡	496	13	1223	14	562	16	1	22	252	1.97	4.85	2.23	0
拉脱维亚	15	27	158	27	68	26	1	23	863	0.02	0.18	0.08	0
马耳他	74	20	419	22	224	20	—	—	195	0.38	2.15	1.15	—
荷兰	6999	3	4414	6	2291	8	1229	1	8122	0.86	0.54	0.28	0.15
波兰	485	14	3496	7	4483	5	18	10	15768	0.03	0.22	0.28	0
葡萄牙	139	16	1374	12	1043	12	2	17	4311	0.03	0.32	0.24	0
罗马尼亚	30	26	649	19	229	19	1	24	8218	0	0.08	0.03	0
瑞典	3743	6	2915	9	1700	9	16	11	4664	0.8	0.62	0.36	0
斯洛文尼亚	119	17	335	25	157	23	2	18	899	0.13	0.37	0.17	0
斯洛伐克	40	21	380	23	160	22	6	14	2409	0.02	0.16	0.07	0
英国	5048	4	11963	2	6186	3	98	5	30000	0.17	0.4	0.21	0
欧盟 28 国	67415		88242		64399		2586		216091	0.31	0.41	0.30	0.01

注：该表显示了根据 2014—2016 年提交的所有申请的数据集计算的申请人每个原产国每年提交的平均数量。申请人根据申请中显示的所在国与原籍国联系。本表中的计算考虑了各知识产权局收到的所有申请，而不仅仅是与 ORBIS 匹配的申请。

❶ 与本报告中的情况一样，分析基于欧盟层面的文件。未来的研究可能还包括国家申请，以提供更完整的情况。

就绝对数量而言，德国在专利、商标和外观设计专利方面排名第一，其次是法国、荷兰、英国、意大利和西班牙。各种知识产权之间存在一些差异。例如，西班牙的商标排名第四，外观设计专利排名第六，而专利排名第十一，该组由最大的经济体组成。其次是一些较小的北欧国家，包括奥地利、比利时、丹麦和瑞典。在从2004年起加入欧盟的13个国家中，排名最高的是波兰，也是其中最大的国家。植物新品种权不同于其他知识产权：荷兰领先，其次是法国、德国、英国和西班牙。

当然，在所有其他条件相同的情况下，大国往往会有更多的知识产权申请。因此，表36还显示了每1000名就业人员的知识产权申请量。这是本报告中采用的知识产权密集度的测量指标。欧盟总体平均值为每1000名就业人员拥有0.41个商标，0.31个专利，0.30个外观设计专利和0.01个植物新品种权。从这个角度来看，在人均知识产权创造方面高于欧盟平均水平的国家包括奥地利、丹麦、芬兰、德国、卢森堡、马耳他、荷兰和瑞典。一些国家在某些领域具有特殊优势。例如，比利时在专利和商标方面高于欧盟平均水平，爱尔兰也是如此。

6.2 在欧盟内部市场提供就业岗位

本报告第5章显示，许多新成员国知识产权密集型产业中占就业人员数和GDP的比重相对较高。然而，第6.1节显示，欧盟知识产权局和欧洲专利局申请的知识产权大部分来自较早加入的欧盟15国。因此，虽然许多企业继续在国内开发知识产权，但最终的生产往往位于其他成员国，尤其是会选择2004年以后加入欧盟的成员国。事实上，提供跨境就业岗位可以被视为内部市场的积极表现。

通过考察总部位于其他成员国或欧盟以外国家的企业在各成员国提供的就业岗位程度，进一步说明欧盟内部市场提供就业岗位的模式。

欧盟统计局的外国附属机构（FATS）统计数据提供了每个成员国的外资数据[1]。在表37中，这些信息与匹配的数据库相结合，以确定每个成员国的知识产权密集型产业中有多少就业岗位是由该国以外的企业提供的。

因此，罗马尼亚40%的知识产权密集型产业就业岗位是在非罗马尼亚所有的企业。在这些就业岗位中，30%在其他欧盟国家的企业，10%在总部位于欧盟以外的企业。知识产权密集型产业提供的就业岗位中30%以

[1] 更详细的说明见 http：//ec. europa. eu/eurostat/web/structural - business - statistics/global - value - chains/foreign - affiliates。

上来自国外的其他成员国包括奥地利、捷克、匈牙利、爱尔兰、卢森堡、斯洛伐克和瑞典。

知识产权密集型产业提供的就业岗位中，爱尔兰非欧盟国家企业提供的比例最高，为20%。爱沙尼亚、爱尔兰、荷兰和英国由第三国企业提供的就业岗位多于其他欧盟成员国企业提供的。

表37　2014—2016年各成员国知识产权密集型产业外国企业就业人员数

	就业岗位归属公司总部的位置					
	其他欧盟成员国（个）	非欧盟国家（个）	知识产权密集型产业（个）	其他欧盟成员国占比	非欧盟国家占比	外国企业占比
奥地利	227644	119454	1133957	20.1%	10.5%	30.6%
比利时	138911	105341	1100663	12.6%	9.6%	22.2%
保加利亚	138164	73247	905728	15.3%	8.1%	23.3%
塞浦路斯	2152	2478	75262	2.9%	3.3%	6.2%
捷克	451940	225669	1781148	25.4%	12.7%	38.0%
德国	1107814	1059044	12225367	9.1%	8.7%	17.7%
丹麦	117466	103372	793333	14.8%	13.0%	27.8%
爱沙尼亚	26813	27082	182786	14.7%	14.8%	29.5%
希腊	50515	23085	861590	5.9%	2.7%	8.5%
西班牙	551842	262709	4245813	13.0%	6.2%	19.2%
芬兰	86207	67740	603398	14.3%	11.2%	25.5%
法国	724107	468715	5964472	12.1%	7.9%	20.0%
克罗地亚	65747	15577	400576	16.4%	3.9%	20.3%
匈牙利	300337	168814	1197795	25.1%	14.1%	39.2%
爱尔兰	49766	98032	488369	10.2%	20.1%	30.3%
意大利	410425	354350	6372960	6.4%	5.6%	12.0%
立陶宛	58394	32165	376126	15.5%	8.6%	24.1%
卢森堡	19948	8576	90128	22.1%	9.5%	31.6%
拉脱维亚	5490	15981	234386	23.1%	6.8%	29.9%
马耳他	8916	4132	44247	20.2%	9.3%	29.5%
荷兰	257682	270283	2113831	12.2%	12.8%	25.0%
波兰	746375	311352	3959095	18.9%	7.9%	26.7%
葡萄牙	123497	71219	1191506	10.4%	6.0%	16.3%
罗马尼亚	561592	179973	1848493	30.4%	9.7%	40.1%
瑞典	224511	196159	1382821	16.2%	14.2%	30.4%
斯洛文尼亚	53049	22467	287240	18.5%	7.8%	26.3%
斯洛伐克	194352	91226	723236	26.9%	12.6%	39.5%
英国	729280	1273443	7203109	10.1%	17.7%	27.8%
欧盟28国	7481635	5651683	57787434	12.9%	9.8%	22.7%

* FATS中包括知识产权密集型产业。

因此，在欧盟成员国之间，以及在欧盟和非欧盟国家之间提供了大量就业岗位。然而，从某种角度来看，即使是在知识产权密集型产业中由非国内企业提供的就业岗位所占比例最高的罗马尼亚，非罗马尼亚企业的就业岗位比例也仅为40%，因此，近三分之二的此类就业岗位仍然由本土企业提供。在欧盟最大的经济体中，知识产权密集型产业的大部分就业岗位是由本国企业提供的：英国72%，法国80%，德国82%，西班牙81%，意大利88%。

表38显示了商标、专利和外观设计专利密集型产业中由非本国企业提供的就业岗位占比。与欧盟6项知识产权密集型产业总体平均22.7%相比，专利密集型产业和外观设计专利密集型产业由外国企业提供就业岗位的占比更高，在欧盟层面分别为26.5%和22.8%。在匈牙利、罗马尼亚和斯洛伐克等国，这一比例超过50%。由于可用数据有限，无法准确计算本报告研究的其他类型知识产权密集型产业由外国企业提供就业岗位的占比。然而，从现有结果可以推断，版权、地理标志和植物新品种权的占比低于知识产权密集型产业22.7%的总体平均水平。

表38　2014—2016年各成员国知识产权密集型产业外国企业就业人员数占比

	全部知识产权			专利			商标			外观设计专利		
	其他欧盟占比	非欧盟占比	外国企业占比	其他欧盟占比	非欧盟占比	外国企业占比	其他欧盟占比	非欧盟占比	外国企业占比	其他欧盟占比	非欧盟占比	外国企业占比
奥地利	20.1%	10.5%	30.6%	19.2%	12.8%	32.0%	17.7%	9.8%	27.5%	19.3%	10.3%	29.6%
比利时	12.6%	9.6%	22.2%	15.8%	17.1%	32.9%	10.8%	9.9%	20.7%	13.8%	10.9%	24.7%
保加利亚	15.3%	8.1%	23.3%	15.7%	11.7%	27.4%	13.8%	6.8%	20.5%	16.3%	8.2%	24.5%
塞浦路斯	2.9%	3.3%	6.2%	0.8%	2.7%	3.5%	2.2%	3.3%	5.5%	2.0%	2.9%	4.8%
捷克	25.4%	12.7%	38.0%	28.1%	16.0%	44.1%	22.2%	11.9%	34.1%	26.3%	13.0%	39.3%
德国	9.1%	8.7%	17.7%	8.9%	10.1%	19.1%	8.1%	8.5%	16.6%	8.0%	9.1%	17.0%
丹麦	14.8%	13.0%	27.8%	14.1%	12.1%	26.3%	14.2%	12.2%	26.4%	15.7%	12.5%	28.2%
爱沙尼亚	14.7%	14.8%	29.5%	17.3%	20.5%	37.9%	13.1%	13.6%	26.7%	16.8%	15.3%	32.1%
希腊	5.9%	2.7%	8.5%	3.8%	2.8%	6.6%	5.3%	2.8%	8.1%	5.3%	2.7%	8.0%
西班牙	13.0%	6.2%	19.2%	18.1%	9.3%	27.4%	11.1%	5.9%	16.9%	13.1%	7.1%	20.2%
芬兰	14.3%	11.2%	25.5%	13.0%	12.5%	25.5%	11.9%	10.5%	22.4%	13.1%	11.8%	24.9%
法国	12.1%	7.9%	20.0%	13.2%	9.2%	22.4%	11.9%	8.4%	20.3%	13.7%	9.1%	22.8%
克罗地亚	16.4%	3.9%	20.3%	16.0%	4.9%	20.9%	14.9%	3.9%	18.8%	15.2%	3.4%	18.6%
匈牙利	25.1%	14.1%	39.2%	31.7%	21.2%	52.9%	22.0%	13.3%	35.3%	27.7%	17.2%	44.8%
爱尔兰	10.2%	20.1%	30.3%	9.5%	34.4%	43.9%	8.8%	20.6%	29.4%	9.9%	26.8%	36.6%
意大利	6.4%	5.6%	12.0%	7.4%	7.4%	14.8%	5.8%	5.0%	10.8%	5.4%	4.8%	10.1%
立陶宛	15.5%	8.6%	24.1%	15.9%	11.5%	27.4%	13.2%	7.7%	20.8%	14.7%	8.4%	23.2%

续表

	全部知识产权			专利			商标			外观设计专利		
	其他欧盟占比	非欧盟占比	外国企业占比	其他欧盟占比	非欧盟占比	外国企业占比	其他欧盟占比	非欧盟占比	外国企业占比	其他欧盟占比	非欧盟占比	外国企业占比
卢森堡	22.1%	9.5%	31.6%	13.1%	10.2%	23.2%	20.1%	8.3%	28.4%	17.0%	6.7%	23.6%
拉脱维亚	23.1%	6.8%	29.9%	21.1%	7.7%	28.8%	19.7%	6.1%	25.8%	22.2%	6.7%	28.8%
马耳他	20.2%	9.3%	29.5%	60.3%	19.3%	79.6%	26.1%	9.0%	35.1%	39.8%	11.1%	50.9%
荷兰	12.2%	12.8%	25.0%	12.7%	16.4%	29.1%	10.6%	11.3%	21.9%	11.6%	12.5%	24.1%
波兰	18.9%	7.9%	26.7%	23.7%	11.9%	35.6%	16.0%	7.0%	23.1%	19.0%	8.4%	27.4%
葡萄牙	10.4%	6.0%	16.3%	13.1%	11.0%	24.1%	8.6%	5.8%	14.4%	8.5%	6，1%	14.5%
罗马尼亚	30.4%	9.7%	40.1%	37.1%	13.4%	50.5%	27.1%	8.9%	36.0%	32.8%	10.2%	42.9%
瑞典	16.2%	14.2%	30.4%	17.1%	17.2%	34.3%	14.9%	13.2%	28.0%	18.3%	15.2%	33.5%
斯洛文尼亚	18.5%	7.8%	26.3%	19.3%	8.9%	28.2%	15.7%	8.2%	23.9%	19.3%	7.2%	26.5%
斯洛伐克	26.9%	12.6%	39.5%	39.3%	17.4%	56.6%	23.7%	10.4%	34.1%	30.6%	12.8%	43.5%
英国	10.1%	17.7%	27.8%	10.4%	17.9%	28.3%	8.9%	15.5%	24.4%	9.6%	16.1%	25.6%
欧盟 28 国	12.9%	9.8%	22.7%	14.5%	12.0%	26.5%	11.5%	9.2%	20.6%	13.0%	9.8%	22.8%

表 39 从不同的角度显示了欧盟内部市场就业岗位的跨境流动，即可以查看其他成员国企业在欧盟成员国提供的 500 多万个就业岗位的来源。例如，德国企业在其他成员国提供了 170 多万个就业岗位——约占总数的 33%。

法国企业在欧盟其他成员国提供了 120 万个就业岗位。虽然来自奥地利和斯堪的纳维亚的企业在其他成员国提供了大量就业岗位，但还是较大的成员国占主导地位。

表 39　2014—2016 年各成员国知识产权密集型产业其他成员国企业就业人员数

（知识产权密集型产业，2014—2016 年平均值）

成员国	其他欧盟成员国	其他欧盟成员国企业占比
奥地利	209120	3.9%
比利时	93635	1.8%
保加利亚	—	—
塞浦路斯	1863	0.0%
捷克	9552	0.2%
德国	1746387	32.9%
丹麦	248197	4.7%
爱沙尼亚	—	—
希腊	19898	0.4%
西班牙	132659	2.5%
芬兰	124402	2.3%

续表

成员国	其他欧盟成员国	其他欧盟成员国企业占比
法国	1204053	22.7%
克罗地亚	12238	0.2%
匈牙利	13132	0.2%
爱尔兰	121342	2.3%
意大利	439249	8.3%
立陶宛	13282	0.3%
卢森堡	64651	1.2%
拉脱维亚	2541	0.0%
马耳他	881	0.0%
荷兰	—	—
波兰	26789	0.5%
葡萄牙	39229	0.7%
罗马尼亚	1114	0.0%
瑞典	330064	6.2%
斯洛文尼亚	9282	0.2%
斯洛伐克	6117	0.1%
英国	440337	8.3%
欧盟28国	5310012	100%

7 重点技术领域：气候变化减缓技术和第四次工业革命技术

本章侧重于对欧盟未来经济特别重要的两个技术领域：有助于缓解气候变化减缓技术（CCMT）和支持数字转型的技术，也称为第四次工业革命（4IR）技术。因此，本章的目的有两个：第一，确定欧盟在 CCMT 和 4IR 中处于领先地位的知识产权密集型产业；第二，遵循与前几章相同的方法分析密集使用这些技术的行业经济特征，并评估其对欧盟就业、产出、贸易和工资的总体贡献❶。

7.1 气候变化减缓技术

气候变化显然是 21 世纪最大的挑战之一。根据 2015 年气候变化大会上 195 个国家通过的《巴黎协定》，欧洲致力于抗击全球变暖。气候变化减缓技术将在实现协议中设定的宏伟目标方面发挥重要作用。要在不对经济发展产生负面影响的情况下减少排放就需要新的、意义深远的发明。此外，CCMT 可以为未来的经济增长创造可观的机会，预计到 2025 年，环境技术和资源效率的全球市场容量将几乎翻一番，达到 53850 亿欧元❷。在这种情况下，CCMT 预计将在未来几年内改变大量企业，CCMT 已在欧盟的许多行业中广泛应用。本研究的前一版首次尝试确定气候变化减缓技术专利密集型产业。以下是这些发现的更新。

7.1.1 气候变化减缓技术专利申请量

EPO 和 UNEP（2015）的报告显示，欧洲是 CCMT 领域的主要发明活动中心之一，在该领域运营的许多企业依靠知识产权保护其创新的价值。

为了便于确定涉及控制、减少或防止温室气体排放的技术解决方案的发明，欧洲专利局制定了“Y02/Y04S”参照关系（见表 40）。该关系由

❶ 本章未考虑冰岛、挪威和瑞士的经济。

❷ 见 BMUB（2014）。

欧洲专利局的专利审查员在该领域外部专家的帮助下建立，允许结构化访问超过 300 万份专利文件，披露与建筑、温室气体捕获和储存、可再生能源发电、传输和分配、工业生产活动和运输、废物和废水处理以及智能电网技术有关的 CCMT 技术信息❶。

表 40 欧洲专利局 Y02/Y04S 气候变化减缓技术专利参照关系

Y02B	与建筑物有关的 CCMT
Y02C	温室气体捕获和储存
Y02D	减少 ICT 中的能源使用
Y02E	发电、储存和分配
Y02P	与生产有关的 CCMT
Y02T	与运输有关的 CCMT
xY02W	与废物和废水处理有关的 CCMT
Y04S	智能电网

图 4 使用 Y02/Y04S 参照关系创建，描述了欧盟申请人在欧洲专利局提出的 CCMT 领域的专利申请量。它表明，CCMT 应用在绝对和相对方面都有强劲增长。因此，尽管 2006 年 CCMT 专利申请量占比（可以被解释为衡量 CCMT 在欧盟的重要性的一个指标）不到 5%，但到 2015 年，达到了 9%。

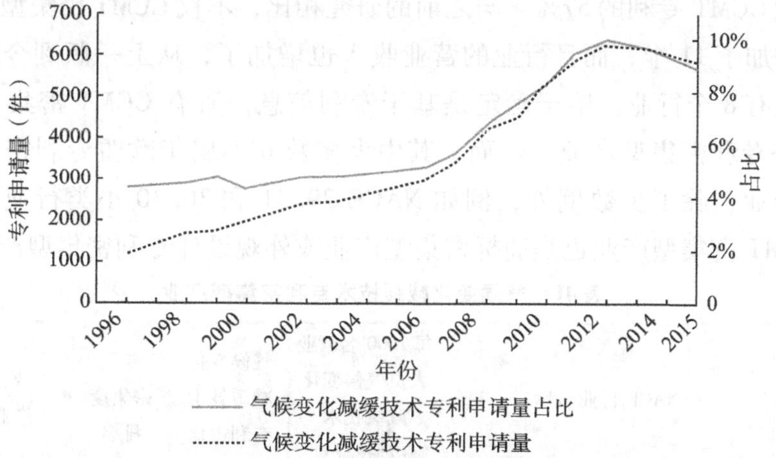

图 4 1996—2015 年欧盟内部气候变化减缓技术专利申请量及占比

7.1.2 气候变化减缓技术专利密集型产业的确定

采用第 3 章的方法可以发现，2010—2014 年，在 615 个欧盟经济活动

❶ 该信息可通过 EPO 的 Espacenet 在线数据库免费获取。它可用于了解 CCMT 的最新技术发展，并生成用于循证决策的统计数据。

统计分类行业中，有375个行业提交了至少一份CCMT专利申请，并获得了EPO授权。总体而言，我们分析中考虑的欧洲专利总数中有9.4%与CCMT有关。与2016年发布的先前研究相比，申请CCMT专利的行业数量增加了143个，而CCMT的占比增加了3.5个百分点。这些积极的发展反映了匹配方法的改进，并支持以下观点：CCMT具有横向效应，可以广泛应用于许多行业的经济活动。

为了确定CCMT专利密集型产业，本报告采用以下标准。首先，只选择知识产权密集型产业。在下一步中，计算相对CCMT专利密集度。即同一NACE行业中每1000名就业人员CCMT专利授权量。为了说明CCMT专利在整个行业专利组合中的重要性，还计算了每个NACE行业CCMT专利占比。然后，将CCMT专利密集型产业定义为CCMT专利相对密集度和CCMT专利占比高于至少拥有一项CCMT专利的所有行业整体平均水平的知识产权密集型产业[1]。该标准的连续应用表明，虽然CCMT专利用于许多NACE行业，但大多数集中在相对较少的领域，CCMT专利仅在少数行业的专利组合中占很大一部分。

总的来说，25个行业符合标准，如表41所示。它们共占欧盟行业所有匹配CCMT专利的57%。与之前的研究相比，不仅CCMT密集型产业的数量增加了11个，而且行业的营业收入也增加了，从上一版到今年的名单上只有8个行业。鉴于确定是基于专利信息，所有CCMT密集型产业也都是专利密集型产业。然而，其中大多数并不属于欧盟专利密集度最高的行业，除了少数例外，例如NACE 29.31和30.30小类行业，大多数CCMT密集型产业也是商标密集型产业或外观设计专利密集型产业。

表41　气候变化减缓技术专利密集型产业

NACE行业代码	NACE行业名称	每1000名就业人员气候变化减缓技术专利授权量	气候变化减缓技术专利占比	专利密集度排名	密集型产业种类
06.10	原油开采	0.96	28.3%	69	P，TM，D
20.11	工业气体制造	3.29	23.2%	9	P，TM
20.51	炸药制造	0.57	11.4%	45	P，TM，D
20.59	其他化学产品制造	2.15	11.1%	5	P，TM，D
23.11	平板玻璃制造	1.76	11.0%	8	P，TM，D
23.14	玻璃纤维制造	0.56	11.5%	47	P，TM

[1] CCMT鉴定方法的中间步骤，以及符合鉴定标准的NACE等级列表，见第11章。

续表

NACE行业代码	NACE 行业名称	每1000名就业人员气候变化减缓技术专利授权量	气候变化减缓技术专利占比	专利密集度排名	密集型产业种类
23.19	其他玻璃制造和加工（包括技术玻璃器皿）	0.99	16.4%	36	P，TM，D
23.51	水泥制造	0.74	56.6%	124	P，TM
24.34	冷拔钢丝	0.91	11.9%	27	P，TM，D
24.45	其他有色金属的制造	1.63	14.1%	14	P，TM，D
25.21	集中供暖散热器和锅炉制造	0.50	42.5%	132	P，TM，D
27.11	电机、发电机和变压器制造	0.47	19.5%	81	P，TM
27.20	电池和蓄电池制造	1.29	27.7%	52	P，TM，D
28.11	发动机和涡轮制造（飞机、车辆和摩托车发动机除外）	4.80	29.9%	7	P，D
28.21	烤箱、熔炉和熔炉燃烧器制造	0.56	17.8%	71	P，TM，D
28.96	塑料和橡胶机械制造	0.44	12.0%	66	P，D
29.10	汽车制造	0.87	21.7%	59	P，TM，D
29.31	汽车电气和电子设备制造	0.79	19.1%	57	P
29.32	汽车其他零部件和附件制造	0.70	10.9%	34	P，D
30.30	航密、航天器及相关机械制造	2.70	26.2%	18	P
35.11	电力生产	1.06	70.1%	116	P，TM
35.21	煤气制造	0.56	54.2%	142	P，TM
45.19	其他机动车辆销售	0.63	16.9%	64	P，D
72.19	自然科学和工程其他研究与试验发展	1.43	12.7%	15	P，TM，D，PV
74.90	其他专业、科学和技术活动	0.59	18.9%	72	P，TM，D

最后，大多数气候变化减缓技术专利密集型产业都在制造业。例外情况包括原油开采行业（06.10）和电力生产行业（35.11）。尽管大多数行业不能被视为传统意义上的环境友好型行业，但也表明这些行业的欧洲公司正在进行创新，以减少其经济活动对气候的负面影响。

7.1.3 气候变化减缓技术专利密集型产业对欧盟经济的贡献

如表42所示，2014—2016年，CCMT密集型产业占欧盟总就业人员数的2.5%。与2016年研究中分析的2011—2013年相比，考虑到新的国民账户体系计算和新的25个CCMT密集型产业名单，该份额略微增加了0.1个百分点。就绝对值而言，相关NACE行业就业人员数在这段时间内超过了欧盟劳动力发展的总体水平，比之前的研究增加了5.2%。

表 42　气候变化减缓技术专利密集型产业对就业和 GDP 的贡献及工资溢价

	2016 年报告（原始）	2016 年报告（新国民账户、新气候变化减缓技术专利密集型产业）	2019 年报告
就业人员数占比（直接）	1.2%	2.4%	2.5%
GDP 占比	2.1%	4.6%	4.7%
就业人员平均工资（欧元/每周）	1007	969	1052

在本研究期间，CCMT 专利密集型产业对 GDP 的贡献为 4.7%，几乎是其对就业贡献的两倍。与前期相比，这些行业的经济产出也有所增加，尽管增幅很小。此外，它们的表现超过了同期欧盟行业的整体表现。因此，在这两个时期内，CCMT 专利密集型产业的总产出（以百万欧元计）增长了 10.9%，而欧盟所有行业的产出增长率为 9.2%。最后，CCMT 专利密集型产业的就业人员平均工资为 1052 欧元，比所有知识产权密集型产业的平均工资高 31%，比非知识产权密集型产业的平均工资高 93.3%。

在贸易方面，表 43 显示了 CCMT 专利密集型产业对欧盟货物对外贸易以及货物和服务对外贸易的贡献。CCMT 专利密集型产业主要是商品贸易，这些行业在欧盟出口中的占比为 22.9%，高于欧盟进口占比的 21.2%。CCMT 专利密集型产业为欧盟的商品贸易带来了巨大的顺差。这一盈余超过了这些行业在服务贸易中产生的赤字，从而确保了欧盟在商品和服务贸易中的总体盈余。

表 43　气候变化减缓技术专利密集型产业对贸易的贡献

		2016 年报告（原始）	2016 年报告（新国民账户、新气候变化减缓技术专利密集型产业）	2019 年报告
货物贸易	进口占比	11.1%	25.8%	21.2%
	出口占比	17.4%	21.3%	22.9%
	净出口（百万欧元）	102471	-88996	35064
货物和服务贸易	进口占比	—	21.1%	18.1%
	出口占比	—	16.4%	17.1%
	净出口（百万欧元）	—	-84420	3838

7.2　第四次工业革命技术

一个以数字转型为特征的技术发展新时代正在积聚——这一时期通常被称为第四次工业革命（4IR）。在物联网的推动下，4IR 涵盖了许多其他技术，如云计算和人工智能（AI）。当前“人工智能爆炸”的最新趋势和范围影响着各个领域的创新规模和速度，使人们有可能在大部分经济领域充分挖掘智能对象的潜力。这些技术已经在当今世界创造了巨大的经济价值，并在继续发展和改变着一个又一个行业，仅举几例，从制造业到医疗健康和农业。在这种快速变化的技术背景下，可以通过专利分析确定4IR的趋势，并评估这些技术对企业和经济活动的影响。

7.2.1 第四次工业革命技术专利申请量

2017年，EPO与亨德布拉特研究所（Handelsblatt Research Institute）合作进行的一项景观美化研究显示，欧洲、美国和日本是4IR的主要创新中心[1]。

为了捕捉这一重要技术趋势的发展，欧洲专利局利用专利审查员的专业知识，开发了一种涵盖所有相关技术的地图，并以系统的方式对其进行分类。该地图基于严格选择的发明，这些发明结合了计算、连接、数据交换和智能设备的特点。4IR发明可进一步分为3个主要领域，即“核心技术”“使能技术”（enabling technologies）和“应用领域”，每个领域又细分为几个技术领域。根据地图确定了2018年之前在EPO提交的超过58000份与4IR相关的已发布和未发布专利申请。

图5为最新版地图，监测了1996—2017年欧盟内部4IR专利申请的发展情况。总体而言，1996—2017年共提交了16229份4IR专利申请，平均年增长率为20%。在过去5年中，这一新兴趋势越来越强劲，轻松超过了这些国家在同一时期提交的所有申请的平均年增长率。图5还显示，4IR专利申请量占比从1996年的0.2%稳步上升到2017年的3%。

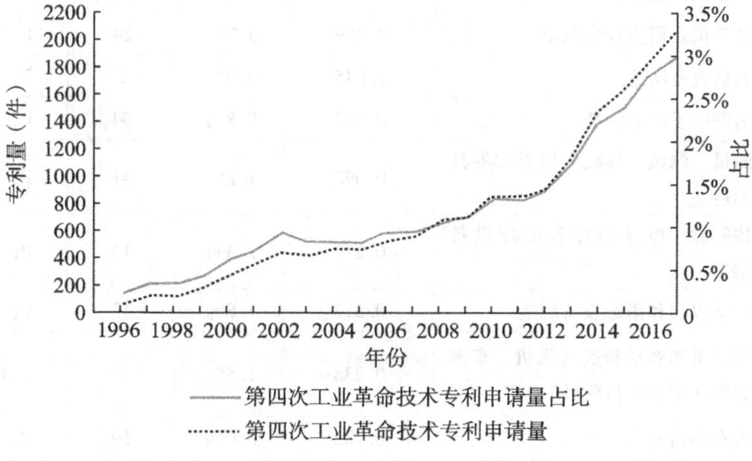

图5 1996—2017年欧盟内部第四次工业革命技术专利申请量及其占比

---

[1] 欧洲专利局，《专利与第四次工业革命：数字转型背后的发明》，德国慕尼黑，2017。

7.2.2　第四次工业革命技术专利密集型产业的确定

按照本报告中使用的相同方法，可以发现，2010—2014 年，在 615 个欧盟经济活动统计分类行业中，有 242 个行业提交了至少一份 4IR 专利申请，并获得了 EPO 授权。总体而言，报告中考虑的欧洲专利总数中有 2% 与 4IR 有关。为了确定第四次工业革命技术专利密集型产业，报告采用第 7.1.2 节和第 12 章中所述的相同标准。

总体而言，16 个行业符合所有标准，如表 44 所示。它们共占欧盟行业所有匹配 4IR 专利的 59%。与 CCMT 一样，4IR 的确定完全基于专利信息；因此，所有 4IR 专利密集型产业也是专利密集型产业。然而，这些行业不一定是欧盟专利密集度最高的行业。除少数例外，例如 NACE 29.31 小类行业，大多数 4IR 专利密集型产业也是商标密集型产业或外观设计专利密集型产业。NACE 58.29 和 61.90 这两个行业是核心版权密集型产业。

最后，大多数 4IR 专利密集型产业为制造业，集中在第 26 行业大类的计算机、电子和光学产品制造业。

表 44　第四次工业革命技术专利密集型产业

NACE 行业代码	NACE 行业名称	每 1000 名就业人员第四次工业革命技术专利授权量（件/1000 人）	第四次工业革命技术专利占比	专利密集度排名	密集型产业种类
21.10	基本医药产品制造	0.387	2.2%	6	P，TM，D
26.11	电子元件制造	0.297	2.1%	10	P，TM，D
26.20	计算机及周边设备制造	0.469	5.7%	24	P，TM，D
26.30	通信设备制造	2.545	9.3%	2	P，TM，D
26.40	消费电子产品制造	0.395	8.8%	54	P，TM，D
26.51	测量、测试、导航用仪器和器具制造	0.098	1.8%	41	P，TM，D
26.60	放射性、电子医疗和电疗设备制造	0.272	2.3%	13	P，TM，D
26.70	光学仪器和摄影设备制造	0.217	1.8%	12	P，TM，D
28.11	发动机和涡轮制造（飞机、车辆和摩托车发动机除外）	0.238	1.5%	7	P，D
29.10	汽车制造	0.122	3.0%	59	P，TM，D
29.31	汽车电气和电子设备制造	0.109	2.6%	57	P
32.50	医疗和牙科器械及用品制造	0.274	3.3%	25	P，TM，D
58.29	其他软件开发	0.212	12.3%	101	P，TM，C

续表

NACE 行业代码	NACE 行业名称	每1000名就业人员第四次工业革命技术专利授权量（件/1000人）	第四次工业革命技术专利占比	专利密集度排名	密集型产业种类
61.90	其他电信活动	0.596	9.1%	33	P，TM，D，C
72.19	自然科学和工程其他研究与试验发展	0.371	3.3%	15	P，TM，D
77.40	知识产权和类似产品的租赁（版权作品除外）	2.183	2.9%	1	P，TM，D

7.2.3 第四次工业革命技术专利密集型产业对欧盟经济的贡献

如表45所示，2014—2016年，4IR专利密集型产业占欧盟总就业人员数的1.9%。与16个4IR专利密集型产业的2011—2013年分析相比，这一比例略微增加了0.1个百分点。然而，与CCMT专利密集型产业类似，相关NACE行业就业人员数超过了该时期欧盟劳动力发展的总体水平。

表45 第四次工业革命技术专利密集型产业对就业和GDP的贡献及工资溢价

	2019报告参考年度 2011—2013	2019报告参考年度 2014—2016
占就业人员数（直接）比重	1.8%	1.9%
占GDP比重	3.5%	3.9%
就业人员平均工资（欧元/周）	1026	1112

在本报告所述期间，4IR专利密集型产业对GDP的贡献为3.9%。与前一个报告期相比，这些行业的经济表现提高了0.4个百分点。当与同期欧盟行业的整体表现进行比较时，这种差异被放大。最后，4IR专利密集型产业的就业人员平均工资为1112欧元，是非知识产权密集型产业平均工资的两倍多，比所有知识产权密集型产业的工资高出39%。

在贸易方面，表46显示了4IR专利密集型产业对欧盟商品对外贸易以及商品和服务对外贸易的贡献。无论是只考虑商品还是考虑商品和服务，4IR专利密集型产业占欧盟贸易的比重以及其行业数量都很高。与CCMT专利密集型产业一样，4IR专利密集型产业产生了巨大的贸易顺差。然而，这一顺差被服务贸易逆差所抵消，从而导致对欧盟的商品和服务净出口的贡献略有下降。

表 46　第四次工业革命技术专利密集型产业对贸易的贡献

		2019 报告 参考年度 2013	2019 报告 参考年度 2016
货物贸易	占进口比重	15.9%	20.2%
	占出口比重	19.6%	21.3%
	净出口（百万欧元）	57065	24957
货物和服务贸易	占进口比重	13.5%	17.3%
	占出口比重	15.3%	16.1%
	净出口（百万欧元）	63893	-1706

8 附件：353 个知识产权密集型产业

表 47　353 个知识产权密集型产业

NACE 行业代码	行业名称	商标密集型产业	外观设计专利密集型产业	专利密集型产业	版权密集型产业	地理标志密集型产业	植物新品种权密集型产业
01.00	作物和动物生产、狩猎及相关服务活动						●
06.10	原油开采	●	●	●			
07.10	铁矿石开采	●					
07.29	其他有色金属矿石开采			●			
08.11	装饰石和建筑石、石灰石、石膏、粉笔和板岩开采	●					
08.91	化学和化肥矿物开采	●		●			
08.92	泥炭提取	●					
08.93	盐提取	●					
08.99	其他采矿和采石业	●	●	●			
09.10	石油和天然气开采辅助活动	●		●			
10.20	鱼类、甲壳动物和软体动物加工和保存	●					
10.31	马铃薯加工与保鲜	●					
10.32	果蔬汁生产	●	●				
10.39	水果和蔬菜其他加工和保存	●					
10.41	油脂制造	●	●				
10.42	人造黄油和类似食用油脂制造	●					
10.51	乳品厂和奶酪生产运营	●	●			●	
10.52	冰激凌制造	●	●				
10.61	谷物磨坊产品制造	●					●
10.62	淀粉和淀粉制品制造			●			
10.72	拉斯克饼干和饼干制造；腌制糕点和蛋糕制造	●	●				
10.73	通心粉、面条、蒸粗麦粉及类似粉状产品制造	●	●				
10.81	糖制造	●					

续表

NACE 行业代码	行业名称	商标密集型产业	外观设计专利密集型产业	专利密集型产业	版权密集型产业	地理标志密集型产业	植物新品种权密集型产业
10.82	可可、巧克力和糖果制造	•	•				
10.83	茶叶和咖啡加工	•	•	•			
10.84	调味品和调味料制造	•					
10.86	均质食品制剂和营养食品制造	•	•	•			
10.89	其他食品制造	•	•	•			•
10.91	农场动物饲料制造	•					
10.92	宠物食品制造	•	•				
11.01	蒸馏、精馏和混合烈酒	•	•			•	
11.02	葡萄酒酿造	•				•	
11.03	苹果酒和其他果酒制造	•	•				
11.04	其他非蒸馏发酵饮料制造	•					
11.05	啤酒制造	•				•	
11.06	麦芽制造	•					•
11.07	软饮料制造；矿泉水和其他瓶装水制造	•	•				
12.00	烟草制品制造	•	•	•			
13.10	纺织纤维制备和纺丝	•	•				
13.20	纺织	•	•				
13.30	纺织品制造		•				
13.91	针织和钩编织物制造	•					
13.92	制成品纺织品制造（服装除外）	•	•				
13.93	地毯和挂毯制造	•	•	•			
13.94	索具、绳子、合股线和网具制造	•	•	•			
13.95	非织物和非织物制品制造（服装除外）	•		•			
13.96	其他技术和工业用纺织品制造	•	•	•			
13.99	其他纺织品制造	•	•	•			
14.11	皮革服装制造	•	•				
14.12	工作服制造	•	•				
14.13	其他外套制造	•	•				
14.14	内衣制造	•	•				
14.19	其他服装和配件制造	•	•				
14.20	毛皮制品制造	•					
14.31	针织和钩编袜制造	•	•				
14.39	其他针织和钩编服装制造	•	•				
15.12	箱包、手袋、马鞍和马具制造	•	•				

续表

NACE行业代码	行业名称	商标密集型产业	外观设计专利密集型产业	专利密集型产业	版权密集型产业	地理标志密集型产业	植物新品种权密集型产业
15.20	鞋类制造	●	●				
16.21	单板和人造板制造		●	●			
16.22	装配式拼花地板制造	●	●				
16.23	其他建筑工人木工和细木工制造		●				
16.29	其他木制品制造；软木、稻草和编织材料制品制造	●	●				
17.11	纸浆制造				●		
17.12	纸和纸板制造	●	●	●	●		
17.21	瓦楞纸和纸板以及纸和纸板容器制造		●				
17.22	家用卫生用品及卫生间必需品制造	●	●	●			
17.23	纸制文具制造	●	●				
17.24	墙纸制造	●					
17.29	其他纸和纸板制品制造	●					
18.11	报纸印刷	●			●		
18.12	其他印刷				●		
18.13	新闻媒体发布服务	●			●		
18.14	装订及相关服务				●		
18.20	记录媒介复制	●	●		●		
19.10	焦炉产品制造	●					
19.20	精炼石油产品制造	●					
20.11	工业气体制造	●		●			
20.12	染料和颜料制造	●		●			
20.13	其他无机基本化学品制造	●		●			
20.14	其他有机基本化学品制造			●			
20.15	肥料和氮化合物制造	●					
20.16	初级形状塑料制造	●	●	●			
20.17	初级合成橡胶制造	●		●			
20.20	农药和其他农用化学品制造	●	●	●			
20.30	油漆、清漆和类似涂料、油墨和胶泥制造	●		●			
20.41	肥皂和洗涤剂、清洁剂和抛光剂制造	●	●	●			
20.42	香水和盥洗用品制造	●	●	●			
20.51	炸药制造	●	●	●			
20.52	胶水制造	●	●	●			

续表

NACE行业代码	行业名称	商标密集型产业	外观设计专利密集型产业	专利密集型产业	版权密集型产业	地理标志密集型产业	植物新品种权密集型产业
20.53	精油制造	•		•			
50.59	其他化学产品制造	•	•	•	•		
20.60	人造纤维制造	•		•			
21.10	基本医药产品制造	•	•	•			
21.20	药物制剂制造	•		•			
22.11	橡胶轮胎和内胎制造；橡胶轮胎翻新与改造	•	•	•			
22.19	其他橡胶制品制造	•	•	•			
22.21	塑料板材、薄板、管材和型材制造	•	•	•			
22.22	塑料包装制品制造	•	•	•			
22.23	塑料建筑器具制造	•	•	•			
22.29	其他塑料制品制造	•	•	•			
23.11	平板玻璃制造	•	•	•			
23.13	中空玻璃制造		•				
23.14	玻璃纤维制造	•		•			
23.19	其他玻璃制造和加工（包括技术玻璃器皿）	•	•	•			
23.20	耐火制品制造	•					
23.31	瓷砖和陶瓷贴面砖制造	•	•				
23.32	黏土砖瓦及建筑砌块制造	•	•				
23.41	陶瓷家居和装饰用品制造	•	•				
23.42	陶瓷卫生洁具制造	•	•				
23.43	陶瓷绝缘体和绝缘配件制造		•	•			
23.44	其他技术陶瓷产品制造	•		•			
23.49	其他陶瓷产品制造	•	•	•			
23.51	水泥制造	•		•			
23.52	石灰和灰泥制造			•			
23.61	建筑用混凝土产品制造		•				
23.62	建筑用石膏制品制造	•					
23.64	灰浆制造	•					
23.65	纤维水泥制造	•		•			
23.69	其他混凝土、灰泥和水泥制品制造	•	•				
23.70	石材切割、成型和精加工		•				
23.91	研磨产品制造	•	•	•			

续表

NACE行业代码	行业名称	商标密集型产业	外观设计专利密集型产业	专利密集型产业	版权密集型产业	地理标志密集型产业	植物新品种权密集型产业
23.99	其他非金属矿产品制造	•	•	•			
24.32	窄带钢冷轧	•		•			
24.33	冷成型或折叠	•		•			
24.34	冷拔钢丝	•	•	•			
24.41	贵金属的制造	•		•			
24.42	铝的制造			•			
24.43	铅、锌和锡的制造	•					
24.45	其他有色金属的制造	•	•	•			
24.52	铸钢			•			
24.53	轻金属铸造		•				
24.54	其他有色金属铸造	•					
25.11	金属结构和结构零件制造		•	•			
25.12	金属门窗制造		•				
25.21	集中供暖散热器和锅炉制造	•	•	•			
25.30	蒸汽发生器制造（中央供暖热水锅炉除外）			•			
25.40	武器弹药制造	•		•			
25.71	餐具制造	•	•	•			
25.72	锁和铰链制造	•	•	•			
25.73	工具制造	•	•	•			
25.91	钢桶和类似容器制造		•				
25.92	轻金属包装制造		•				
25.93	电线产品、链条和弹簧制造	•	•	•			
25.94	紧固件和螺丝机产品制造			•			
25.99	其他金属制品制造	•	•	•			
26.11	电子元件制造	•	•	•			
26.20	计算机及周边设备制造	•	•	•	•		
26.30	通信设备制造	•	•	•	•		
26.40	消费电子产品制造	•	•	•	•		
26.51	测量、测试、导航用仪器和器具制造	•	•	•			
26.52	钟表制造	•	•	•			
26.60	放射性、电子医疗和电疗设备制造	•	•	•			
26.70	光学仪器和摄影设备制造	•	•	•	•		
26.80	磁性和光学介质制造	•	•	•			

续表

NACE行业代码	行业名称	商标密集型产业	外观设计专利密集型产业	专利密集型产业	版权密集型产业	地理标志密集型产业	植物新品种权密集型产业
27.11	电机、发电机和变压器制造	•		•			
27.12	配电及控制装置制造		•	•			
27.20	电池和蓄电池制造	•	•	•			
27.31	光纤电缆制造				•		
27.32	其他电子和电线电缆制造		•	•			
27.33	布线设备制造		•	•			
27.40	电气照明设备制造	•	•	•			
27.51	家用电器制造	•	•	•			
27.52	非电动家用电器制造	•	•				
27.90	其他电气设备制造	•	•	•			
28.11	发动机和涡轮制造（飞机、车辆和摩托车发动机除外）		•	•			
28.12	流体动力设备制造			•			
28.13	其他泵和压缩机制造	•	•	•			
28.14	其他水龙头和阀门制造	•	•	•			
28.15	轴承、齿轮、传动装置和驱动元件制造			•			
28.21	烤箱、熔炉和熔炉燃烧器制造	•	•	•			
28.22	起重和搬运设备制造	•	•	•			
28.23	办公室机械和设备制造（计算机及周边设备除外）	•	•	•	•		
28.24	电动手动工具制造	•	•	•			
28.25	非家用冷却通风设备制造	•	•	•			
28.29	其他通用机械制造	•	•	•			
28.30	农林机械制造	•	•	•			
28.41	金属成型机械制造	•	•	•			
28.49	其他机床制造	•	•	•			
28.91	冶金机械制造	•	•	•			
28.92	采矿、采石和建筑机械制造	•	•	•			
28.93	食品、饮料和烟草加工机械制造	•	•	•			
28.94	纺织、服装和皮革生产机械制造	•		•			
28.95	纸和纸板生产机械制造	•		•			
28.96	塑料和橡胶机械制造		•	•			
28.99	其他特殊用途机械制造	•	•	•			
29.10	汽车制造	•	•	•			

续表

NACE 行业代码	行业名称	商标密集型产业	外观设计专利密集型产业	专利密集型产业	版权密集型产业	地理标志密集型产业	植物新品种权密集型产业
29.20	汽车车身（车厢）制造；拖车和半拖车制造		•	•			
29.31	汽车电气和电子设备制造			•			
29.32	汽车其他零部件和附件制造		•	•			
30.11	船舶和浮式结构物建造			•			
30.12	娱乐和运动船只制造	•	•				
30.20	铁路机车车辆制造			•			
30.30	航空、航天器及相关机械制造			•			
30.40	军用战车制造		•	•			
30.91	摩托车制造	•	•	•			
30.92	自行车和残疾人座车制造	•	•	•			
30.99	其他运输设备制造	•	•	•			
31.01	办公室和商店家具制造	•	•				
31.02	厨房家具制造		•				
31.03	床垫制造	•	•				
31.09	其他家具制造		•				
32.11	硬币铸造	•		•	•		
32.12	珠宝及相关物品制造	•	•	•	•		
32.13	仿制珠宝及相关物品制造	•	•				
32.20	乐器制造	•	•		•		
32.30	体育用品制造	•	•	•			
32.40	游戏和玩具制造	•	•	•	•		
32.50	医疗和牙科器械及用品制造	•	•	•			
32.91	扫帚和刷子制造	•	•	•			
32.99	其他制造业	•	•	•			
33.14	电气设备修理			•			
33.19	其他设备修理	•					
33.20	工业机械和设备安装			•			
35.11	电力生产	•		•			
35.12	输电	•					
35.14	电力贸易	•					
35.21	煤气制造	•		•			
41.10	建筑项目开发	•					
45.19	其他机动车辆销售		•	•			

续表

NACE 行业代码	行业名称	商标密集型产业	外观设计专利密集型产业	专利密集型产业	版权密集型产业	地理标志密集型产业	植物新品种权密集型产业
45.31	汽车零部件批发贸易	•	•	•			
45.40	摩托车及相关零部件销售、维护和维修	•					
46.11	农业原料、活体动物、纺织原料和半成品代理销售	•	•				•
46.12	燃料、矿石、金属和工业化学品代理销售	•		•			
46.13	木材和建筑材料代理销售	•	•				
46.14	机械、工业设备、船舶和飞机代理销售	•	•	•			
46.15	家具、家居用品、五金制品代理销售	•	•				
46.16	纺织品、服装、毛皮、鞋类和皮革制品代理销售	•	•				
46.17	食品、饮料和烟草代理销售	•					
46.18	其他特定产品代理销售	•	•				
46.19	各种商品代理销售	•	•				
46.21	谷物、未加工烟草、种子和动物饲料批发	•					•
46.22	花卉批发	•					
46.24	皮革批发	•	•				
46.31	水果和蔬菜批发	•					
46.32	肉类及肉制品批发	•					
46.33	乳制品、蛋类和食用油脂批发	•					
46.34	饮料批发	•					
46.35	烟草制品批发	•	•				
46.36	糖、巧克力和糖果批发	•					
46.37	咖啡、茶、可可和香料批发	•	•				
46.38	其他食品批发（包括鱼类、甲壳动物和软体动物）	•					
46.39	食品、饮料和烟草非专业批发	•					
46.41	纺织品批发	•	•				
46.42	服装和鞋类批发	•	•				
46.43	家用电器批发	•	•	•	•		
46.44	瓷器、玻璃器皿和清洁材料批发	•	•				
46.45	香水和化妆品批发	•	•				
46.46	药品批发	•		•			

续表

NACE 行业代码	行业名称	商标密集型产业	外观设计专利密集型产业	专利密集型产业	版权密集型产业	地理标志密集型产业	植物新品种权密集型产业
46.47	家具、地毯和照明设备批发	•	•				
46.48	手表和珠宝批发	•	•				
46.49	其他家居用品批发	•	•				
46.51	计算机、计算机周边设备和软件批发	•			•		
46.52	电子和电信设备及部件批发	•	•		•		
46.62	机床批发	•					
46.64	纺织及缝纫机批发	•		•			
46.65	办公家具批发	•	•				
46.66	其他办公机械和设备批发				•		
46.69	其他机械设备批发	•	•	•			
46.71	固体、液体和气体燃料及相关产品批发	•					
46.72	金属和金属矿石批发		•				
46.73	木材、建筑材料和卫生设备批发	•	•				
46.74	五金、管道和供暖设备及用品批发	•	•				
46.75	化学产品批发	•		•			
46.76	其他中间产品批发	•	•		•		
46.90	非专业批发贸易	•	•				
47.29	专营店其他食品零售	•					
47.41	专营店电脑、外围设备和软件零售	•			•		
47.43	专营店音像设备零售	•			•		
47.51	专营店纺织品零售	•					
47.54	专营店家用电器零售		•	•			
47.59	专营店家具、照明设备和其他家居用品零售		•				
47.61	专营店书籍零售				•		
47.62	专营店报纸和文具零售				•		
47.63	专营店音乐和录影带零售				•		
47.64	专营店体育器材零售	•					
47.65	专营店游戏和玩具零售	•	•				
47.72	专营店鞋类和皮革制品零售	•	•				
47.74	专营店医疗和骨科产品零售	•					
47.75	专营店化妆品和盥洗用品零售	•					
47.78	专营店其他新商品零售	•			•		
47.91	邮购或互联网零售	•	•				

续表

NACE 行业代码	行业名称	商标密集型产业	外观设计专利密集型产业	专利密集型产业	版权密集型产业	地理标志密集型产业	植物新品种权密集型产业
50.30	内陆水上客运	●					
58.11	图书出版	●	●		●		
58.12	目录和邮件列表发布	●			●		
58.13	报纸出版	●			●		
58.14	期刊出版	●			●		
58.19	其他出版活动	●	●		●		
58.21	电脑游戏出版	●			●		
58.29	其他软件开发	●		●	●		
59.11	电影、视频和电视节目制作活动	●			●		
59.12	电影、视频和电视节目后期制作活动	●			●		
59.13	电影、视频和电视节日发行活动	●			●		
59.14	电影放映活动				●		
59.20	录音和音乐出版活动	●			●		
60.10	无线电广播	●			●		
60.20	电视节目和广播活动	●			●		
61.10	有线电信活动				●		
61.20	无线电信活动	●			●		
61.30	卫星电信活动	●		●	●		
61.90	其他电信活动	●	●	●	●		
62.01	计算机编程活动	●			●		
62.02	计算机咨询活动				●		
62.03	计算机设施管理活动	●			●		
62.09	其他信息技术和计算机服务活动	●			●		
63.11	数据处理、托管和相关活动	●			●		
63.12	门户网站	●			●		
63.91	通讯社活动	●			●		
63.99	其他信息服务活动	●	●		●		
66.00	金融服务和保险活动辅助活动	●					
68.10	自有房地产交易	●	●				
68.20	自有或租赁房地产的租赁和经营	●					
70.21	公共关系和传播活动	●	●		●		
70.22	商业和其他管理咨询活动	●					
71.12	工程活动和相关技术咨询			●			
72.11	生物技术研究与试验发展	●	●	●			●

续表

NACE 行业代码	行业名称	商标密集型产业	外观设计专利密集型产业	专利密集型产业	版权密集型产业	地理标志密集型产业	植物新品种权密集型产业
72. 19	自然科学和工程其他研究与试验发展	•	•	•			•
72. 20	社会科学和人文学科研究与试验发展	•		•			
73. 11	广告业	•	•		•		
73. 12	媒体代表	•			•		
73. 20	市场调查和民意调查	•					
74. 10	专业设计活动	•	•				
74. 20	摄影活动				•		
74. 30	笔译和口译活动				•		
74. 90	其他专业、科学和技术活动	•	•	•			
77. 21	娱乐和体育用品租赁	•					
77. 22	录像带和光盘租赁				•		
77. 29	其他私人和家庭用品租赁				•		
77. 33	办公室机器和设备（包括计算机）租赁	•			•		
77. 35	航空运输设备租赁	•					
77. 39	其他机械、设备和有形动产租赁	•			•		
77. 40	知识产权和类似产品租赁（版权作品除外）	•	•	•			•
79. 11	旅行社活动	•					
79. 12	旅行社经营者活动	•					
79. 90	其他预订服务及相关活动	•			•		
82. 11	综合办公室行政服务活动	•					
82. 19	复印、文件编制和其他专业办公辅助活动				•		
82. 30	会议和贸易展览组织	•					
82. 91	催收机构和信用局活动	•					
82. 92	包装活动	•	•				
85. 52	文化教育				•		
90. 01	表演艺术				•		
90. 02	表演艺术辅助活动				•		
90. 03	艺术创作				•		
90. 04	艺术设施运营				•		
91. 01	图书馆和档案馆活动				•		

续表

NACE 行业代码	行业名称	商标密集型产业	外观设计专利密集型产业	专利密集型产业	版权密集型产业	地理标志密集型产业	植物新品种权密集型产业
91.02	博物馆活动				●		
91.03	历史遗迹、建筑和类似旅游景点运营				●		
92.00	赌博和博彩活动	●					
93.00	体育活动和娱乐休闲活动（不包括93.29其他娱乐和文娱活动）	●					
93.21	游乐园和主题公园活动				●		
93.29	其他娱乐和文娱活动				●		
94.12	专业会员组织活动				●		
94.99	其他会员组织活动				●		

9 附件：方法

9.1 数据匹配方法：详细说明

知识产权数据库是分析某一企业、行业或国家的重复数据来源。然而，使用这些数据的研究人员面临许多挑战。主要涉及如下两个方面：

→ 缺乏统一名称

对于同一申请人，知识产权登记往往有多重条目，因为申报时申请人并不总是使用现有的 ID 号而是重新建立一个新的 ID 号去申报，新的 ID 号在后续申请中其数据基本保持相同。在这种情况下，按申请量对申请人进行排序就非常困难，因为一家企业可能采用多个 ID 号来申请。

不同的注册路径也可能导致重复。例如，在 EUIPO，申请人可以在直接申请和国际途径（马德里协定）之间选择申请方式。

→ 缺乏关于申请人的综合信息

知识产权登记时提供的申请人信息非常有限，通常由姓名、地址和联系方式组成，不包括对知识产权相关经济研究有所帮助的信息。

近年来，已经努力统一知识产权登记（主要是专利登记）中的名称并将其与企业注册数据进行匹配[1]。本研究得益于参加之前各项研究的研究人员和组织的经验和知识。但是，由于研究的地理范围扩大（EU-28）及其涵盖的知识产权范围（专利，商标，外观设计专利和植物新品种权）的扩大，以前的结果不能直接应用。因此，必须开发和实施一种统一申请人名称和数据匹配的新方法。

第一阶段名称统一中使用的算法在很大程度上基于 KUL - Leuven/Eurostat 方法[2]。

第二阶段将清理和统一的 EUIPO、CPVO 和 PATSTAT 数据（IPR 权利人的数据集）与 ORBIS 数据库进行匹配。ORBIS 是从各国申请表中收集

---

[1] 例子包括 KUL Leuven/Eurostat 方法，用于协调 PATSTAT、经合组织 HAN 数据库和英国 IPO 的 OFLIP 数据库中的名称。

[2] 统一专利统计的数据生成方法：专利权人名称协调，Eurostat 2006。

到的综合性人口统计和金融企业数据。它通常用于分析企业实体的经济表现[1]。ORBIS 提供的信息来自每个国家的各种信息提供者，这些信息都是各个国家或地方机构按照相关法律或行政要求收集的信息。

名称统一和数据匹配过程包括以下阶段：

→ 名称的大写化和清理（双空格，无可打印字符）

→ 使用 NFKD[2] 和音译对照（希腊语）对特殊字符进行规范化

→ 提取各国法律信息

→ 清理各国非特色的不常使用的词汇

→ 更正邮政编码

这些过程适用于 ORBIS、EUIPO、PATSTAT 和 CPVO 等数据库中的 IPR 权利人。

9.1.1 数据预处理

在进行名称统一和数据匹配之前，首先必须对数据进行预处理，即必须消除名称中大小写不同的有关问题。即使各种数据集中名称字符串的内容相同，如果使用的大小写不同，也不能将其视为相同的名称。为了解决这个问题，EUIPO 和 EPO 数据集中的申请人姓名被转换为大写。

默认情况下，知识产权注册可以使用其官方国家语言（如拉丁语、希腊语、保加利亚语和西里尔语）的字母表记录申请人姓名。在拉丁字母表的情况下，使用几个特定的扩展来表示国家特征、带有声调的字母和其他区分标志。尽管如此，申请人或其法定代表人有时会提交新的申请，其名称已经转换为基本的拉丁语词源，没有任何特定的国家特征。在这种情况下，自动算法无法将该名称的基本拉丁形式识别为与原始名称相同，可以通过应用 Unicode 规范化转换过程来处理此问题。这允许将名称自动转换为标准化的基本 Unicode 形式。

希腊语名称必须进行专门的处理，以确保在不同登记表中可能以不同方式翻译的名称能够表示一致。例如，“αυ”（alpha upsilon）可能已被转换为“av”“af”“au”或“ay”。

在进一步的预处理步骤中，除 a - zA - Z0 - 9&@ $ + 之外的所有字符都被替换为空格，并且句号等标点被删除。前导和尾随的空白也被删除，将多个空格合并为一个。

---

[1] 最近的一个例子是 S·Pinto - Ribeiro、S·Menghinello 和 K·D·Backer 经合组织 ORBIS 数据库：回应经合组织 2010/01 经合组织统计工作文件中对企业级微观数据的需求。

[2] 规范化表单兼容性组合，Unicode 等价规范。

9.1.2 企业法律形式清理

在初始数据预处理之后，开始对名称进行处理，以消除可能妨碍单个申请人信息的正确分组以及与外部数据源匹配的非唯一信息。名称处理的关键部分是对名称字段进行标准化以及划分出基本的法律形式的名称。由于涉及对来自28个不同国家的申请人数据进行处理，必须避免错误删除那些在某些国家或地区表明了法律形式但属于其他国家语言的独特字母。这也是法律形式要逐个进行处理的原因。通过创建一个包含540个正则表达式（regex）的字典，允许识别和删除每个欧盟成员国典型的法律形式[1]。正则表达式是一种非常强大的方式，可以在一行中捕获描述相同的法律形式的字符串的多个变体。通过这些正则表达式，就有可能获取、删除并将每个欧盟成员国使用的几乎所有法律形式的标准化版本指定到一个单独的列中。

通过仅过滤与给定国家相关的法律形式的正则表达式，并在每一个正则表达式上循环遍历在同一国家拥有知识产权申请的申请人姓名，以此完成法律形式清理。

对于一些国家（比利时、德国、波兰）来说，增加了第二步的法律形式清理。对比利时而言，目的主要是寻找同时以法语和荷兰语标注法律形式的情况。在这种情况下，只清理一种语言的法律形式显然是无效的，因为同一法律形式可用第二种官方语言标注，并依然是经过清理后名称字段的一部分。对于德国和波兰，第二步的法律形式清理被用来处理复合法律形式，例如GMBH CO KG或Spółkaz Ograniczoną odpowiedzialno ś cią Spółka Komandytowo - akcyjna，它们由两种或多种法律形式组成，在法律背景下用作独立法律形式。在某些国家，法律形式表述被其他字词隔开，而这些字词是企业名称中的区别性信息。在这种情况下，法律形式清理前的第一步，是对法律形式进行标准化，将其作为字符串的最后一部分，而将剩下其他所有字词作为规范化名称的组成部分。

法律形式的清理程序针对4个数据集（EUIPO、EPO、CPVO和ORBIS）分别进行。

完成这一步骤后，形成了单独的表（每一个国家有4个表，对应4个数据源），包含EUIPO、EPO、CPVO和ORBIS原始数据集内每家企业的

[1] 由于弗拉芒和瓦隆大区将比利时等一部分双语国家列入了存在特有的法律形式，因此每个名称字段都会进行两次处理，检查是否在弗拉芒和瓦隆存在特有的法律形式。

规范化名称字段，不含法律形式信息。此外，添加一个新的列，含有来自原始名称字段并因规范化名称而清理掉的标准化法律形式。

9.1.3 匹配算法的数据准备

与法律形式清理类似，匹配操作和各匹配阶段的数据准备也按国别进行。每个国家从包含前一步骤（法律形式清理）所得结果的表格开始。

第一步，为每个国家/地区分配了特定于该国家/地区的代码，并从标准化名称中删除了非区分单词。非区分词的列表基于企业名称中存在的单词计算，例如爱尔兰的单词“The”“of”或“Irish”。

欧盟知识产权局和欧洲专利局数据集中的大量申请人是自然人。如果ORBIS中有相应的ID，则决定不将它们从相应的数据集中过滤出来以进行匹配。但是，PATSTAT中没有单独的领域来表明申请人是否是自然人。此外，PATSTAT中的自然人姓名格式与ORBIS中的格式不同。为了解决此问题，数据库中的所有申请人名称和实体名称的单独单词在匹配之前都会按字母顺序进行排序。

下一步，检查3个数据集中每个数据集中的“trading as”名称。“trading as”指示也是针对具体国家/语言的。如果名称包含“trading as”类型，则会创建两个附加字段，NormCompany_short是“交易”字符串之前的部分，trading是trading as之后的表达部分。例如，“欧盟知识产权局交易为欧盟知识产权局”的名称将转换为3个领域：作为欧盟知识产权局交易的规范化领域欧盟知识产权局，NormCompany_short领域欧盟知识产权局和TradingAs领域欧盟知识产权局。在创建这两个附加字段之后进行检查，以确定基于标准化名称无法匹配/分组的企业是否与基于NormCompany/NormCompany_short比较的其他ID匹配。

在处理“trading as”表达式之后，删除单词之间的所有空格，形成标准化名称，从而创建一个由前一阶段处理后从名称中留下的所有单词组成的字符串。

数据准备过程中的最后一步包括通过标准化名称对欧洲专利局、欧盟知识产权局和ORBIS中的每个数据集进行分组并最终匹配。在此过程中，个人记录ID号、地址和法律形式信息以串联格式保留。

9.1.4 将欧盟知识产权局、PATSTAT和CPVO数据集与ORBIS进行匹配

该程序的目的是将知识产权权利人的数据集与ORBIS数据库进行匹配。

在第一次迭代中，使用 ORBIS 的 NormCompany 知识产权权利人的数据集和 NormCompany 字段检查可能的匹配。所有匹配都被分配给一个单独的数据集，然后使用最初来自 4 个数据集中的每一个 TradingAs 和 NormCompany_short 字段对匹配执行后续的搜索迭代。这是通过首先从 ORBIS 数据库中获取 NormCompany_short 字段并检查是否与 NormCompany 知识产权权利人的数据集相匹配来完成的。如果匹配，则将匹配的记录分配给匹配的数据集。然后，将 TradingAs 字段与知识产权权利人数据集中的 NormCompany 进行匹配，以查找在前几个阶段没有匹配的记录。

9.1.5 匹配后数据处理（消歧处理）

在上述初始匹配阶段之后，过滤掉一对一匹配（一个知识产权权利人的数据集记录与一个 ORBIS 记录匹配），选择一对多匹配（一个知识产权权利人的数据集记录与多个 ORBIS 记录匹配）进行进一步处理。在这个阶段，使用了额外的信息（企业名称除外）。这些信息要么可以在最初的 4 个数据集中获得，要么是在法律形式清理过程中创建的。

ORBIS 数据集包含一个被称为 DUO（国内最终权利人）的字段。第一步，将 ORBIS 数据集中的所有企业都按其标准化名称分组，并进行检查，以确定每个分组对应多少个唯一的 DUO 编号。如果只有一个 DUO 号码与 ORBIS 中具有相同规范化名称的企业相关联，那么与该企业相关的记录将被视为潜在的匹配。在对数据进行匹配之前，根据营业收入和就业情况，将 DUO 字段内企业信息的完整性与组内其他企业进行比较。这一步是至关重要的，因为不知道 DUO 企业是否合并其子企业账户的信息。因此，知识产权权利人的数据集记录只与一个相关的 ORBIS 记录（DUO 或子企业）匹配，即该组中拥有最多营业收入和就业人员数的记录。

下一步，将识别具有相同规范化名称和相同的 Bureau van Dijk76（BvD）ID 号的 ORBIS 记录组。有时 ORBIS 分支机构或子企业与母企业拥有相同的号码，并用连字符从根号码中分离出额外的数字。去掉这个连字符和连字符后面的所有数字，以检查具有相同规范化名称的所有 ORBIS 企业是否具有相同的 ID 号。如果具备相同 ID 号，知识产权权利人的数据集记录将与 BvD ID 号中 ORBIS 所有具备相同规范化名称的母企业相关联。

随后，该算法检查了在具有相同标准化名称的 ORBIS 企业中，是否只有一家企业与知识产权权利人数据集中的至少一家企业具有相同的法律形式。

在最后一次匹配时，将知识产权权利人数据集中的邮政编码和与其匹配的各种 ORBIS 记录中的邮政编码进行比较。如果只有一个 ORBIS 记录与知识产权权利人的数据集记录中的邮政编码匹配，则将其添加到匹配的数据集中。

消歧处理的最后阶段包括将初始匹配的数据集（知识产权权利人的数据集和 ORBIS 记录之间的一对一匹配）与在上述消歧处理的各个阶段创建的数据集进行合并。生成的数据集包含知识产权权利人的数据集与 ORBIS 表之间具有一对一关系的所有记录。如果经过消歧处理后仍然有太多关系的匹配记录将被忽略。

总的来说，在 ORBIS 中发现了近 47 万家独特的企业匹配数据（每个 ORBIS 企业都有几个知识产权权利人匹配），在验证了最佳匹配的质量（使用邮政编码、相同的法律表格等标准）后，按照保守的标准，只保留了 35 万多家最有可能是同一家企业的匹配数据。

对于一些国家（BG、CY、GR、IE、RO）和特定的知识产权，匹配后的企业数量不足，在此基础上进行了额外的人工匹配。对匹配结果的随机人工检查证实了结果的可靠性。

9.1.6 编制最终对照表

在完成消歧处理和人工检查后，创建了各种对照表，作为知识产权经济分析所需的各种数据库数据之间的桥梁。对照表中知识产权信息和 ORBIS 企业信息之间是一一对应的。

共有 3 个主要对照表：

ORBIS – EPO 对照表：主要关键字是 PATSTAT 的 tls206_person 表中的 person_id 号和 ORBIS 数据集中的 BvD ID 号。该表用于将 PATSTAT 中的专利信息与 ORBIS 数据集中欧洲企业的人口统计和财务数据对应起来。

ORBIS – EUIPO 对照表：主要关键字是欧盟知识产权局数据仓库 dim_owner 表中的 owner_代码和 ORBIS 数据集中的 BvD ID 号。该表用于将欧盟知识产权局中的注册商标和注册外观设计专利信息与 ORBIS 数据集中欧洲企业人口统计和财务数据对应起来。

ORBIS – CPVO 对照表：主要关键字是来自 CPVO 登记的植物新品种权和 ORBIS 数据集的 BvD ID 号。该表用于将在欧盟植物新品种保护办公室登记的植物品种与 ORBIS 数据集中欧洲企业人口统计和财务数据对应起来。

9.2 专利密集型产业

表 48 专利密集型产业

NACE 行业代码	NACE 行业名称	每 1000 名就业人员专利授权量（件/1000 人）
77.4	知识产权和类似产品租赁（版权作品除外）	74.006
26.3	通信设备制造	27.293
72.11	生物技术研究与试验发展	21.836
28.91	冶金机械制造	20.031
20.59	其他化学产品制造	19.458
21.1	基本医药产品制造	17.711
28.11	发动机和涡轮制造	16.057
23.11	平板玻璃制造	15.985
20.11	工业气体制造	14.185
26.11	电子元件制造	14.028
27.51	家用电器制造	12.788
26.70	光学仪器和摄影器材制造	11.997
26.60	放射性、电子医疗、电子治疗设备制造	11.754
24.45	其他有色金属产品的制造	11.515
72.19	自然科学和工程冶炼研究与试验发展	11.236
28.95	纸和纸板生产设备制造	10.707
28.99	其他特殊用途机械制造	10.536
30.30	航空、航天器及相关机械制造	10.280
28.94	纺织、服装和皮革生产机械制造	10.232
28.93	食品、饮料和烟草加工机械制造	9.013
25.72	锁和铰链制造	8.897
28.30	农林机械制造	8.474
20.16	初级形状塑料制造	8.440
26.20	计算机及周边设备制造	8.295
32.50	医疗和牙科器械及用品制造	8.184
20.41	肥皂和洗涤剂、清洁剂和抛光剂制造	7.940
24.34	冷拔钢丝	7.678
30.99	其他运输设备制造	7.584
27.90	其他电气设备制造	7.405
30.40	军用战车制造	7.306
21.20	药物制剂制造	7.025
20.13	其他无机基本化学品制造	6.571

续表

NACE 行业代码	NACE 行业名称	每 1000 名就业人员专利授权量（件/1000 人）
61.90	其他电信活动	6.515
29.32	汽车其他零部件和附件制造	6.414
28.24	电动手动工具制造	6.184
23.19	其他玻璃制造和加工（包括技术玻璃器皿）	6.006
10.89	其他食品制造	5.663
28.49	其他机床制造	5.635
28.15	轴承、齿轮、传动装置和驱动元件制造	5.561
28.29	其他通用机械制造	5.463
26.51	测量、测试、导航用仪器和器具制造	5.432
28.92	采矿、采石和建筑机械制造	5.420
28.23	办公室机械和设备制造（计算机及周边设备除外）	5.242
20.53	精油制造	5.200
20.51	炸药制造	4.964
32.30	体育用品制造	4.882
23.14	玻璃纤维制造	4.869
20.60	人造纤维制造	4.737
27.40	电气照明设备制造	4.726
20.14	其他有机基本化学品制造	4.714
23.44	其他技术陶瓷产品制造	4.705
27.20	电池和蓄电池制造	4.634
28.41	金属成型机械制造	4.558
26.40	消费电子产品制造	4.467
9.10	石油和天然气开采支持活动	4.424
32.99	其他制造业	4.189
29.31	汽车电气和电子设备制造	4.145
28.14	其他水龙头和阀门制造	4.137
29.10	汽车制造	4.010
10.86	均质食品制剂和营养食品制造	3.952
20.42	香水和盥洗用品制造	3.939
22.11	橡胶轮胎和内胎制造；橡胶轮胎翻新与改造	3.810
28.22	起重和搬运设备制造	3.777
45.19	其他机动车辆销售	3.746
10.62	淀粉和淀粉制品制造	3.732
28.96	塑料和橡胶机械制造	3.665
28.13	其他泵和压缩机制造	3.637

续表

NACE 行业代码	NACE 行业名称	每 1000 名就业人员专利授权量（件/1000 人）
20.52	胶水制造	3.598
6.10	原油开采	3.386
13.94	索具、绳子、合股线和网具制造	3.157
28.21	烤箱、熔炉和熔炉燃烧器制造	3.118
74.90	其他专业、科学和技术活动	3.105
30.92	自行车和残疾人座车制造	2.981
25.73	工具制造	2.813
25.71	餐具制造	2.800
22.22	塑料包装制品制造	2.687
25.40	武器弹药制造	2.539
32.11	硬币铸造	2.480
46.75	化学产品批发	2.448
46.43	家用电器批发	2.407
27.11	电机、发电机和变压器制造	2.389
27.32	其他电子和电线电缆制造	2.338
20.12	染料和颜料制造	2.335
45.31	汽车零部件批发贸易	2.201
24.52	铸钢	2.199
23.99	其他非金属矿产品制造	2.175
20.17	初级合成橡胶制造	2.153
46.46	药品批发	2.138
20.20	农药和其他农用化学品制造	2.137
25.99	其他金属制品制造	2.046
10.83	茶叶和咖啡加工	1.994
25.93	电线产品、链条和弹簧制造	1.967
25.94	紧固件和螺丝机产品制造	1.934
26.80	磁性和光学介质制造	1.877
12	烟草制品制造	1.872
27.33	布线设备制造	1.837
23.49	其他陶瓷产品制造	1.827
28.25	非家用冷却通风设备制造	1.818
22.29	其他塑料制品制造	1.815
17.12	纸和纸板制造	1.723
58.29	其他软件开发	1.723
71.12	工程活动和相关技术咨询	1.721
17.22	家用卫生用品及卫生间必需品制造	1.717

续表

NACE 行业代码	NACE 行业名称	每 1000 名就业人员专利授权量（件/1000 人）
22.19	其他橡胶制品制造	1.703
13.95	非织物和非织物制品制造（服装除外）	1.699
23.65	纤维水泥制造	1.682
72.20	社会科学和人文学科研究与试验发展	1.631
22.21	塑料板材、薄板、管材和型材制造	1.624
28.12	流体动力设备制造	1.604
46.69	其他机械设备批发	1.593
27.12	配电及控制装置制造	1.578
33.20	工业机械和设备安装	1.556
47.54	专营店家用电器零售	1.536
8.99	其他采矿和采石业	1.529
25.30	蒸汽发生器制造（中央供暖热水锅炉除外）	1.525
35.11	电力生产	1.506
32.91	扫帚和刷子制造	1.485
13.93	地毯和挂毯制造	1.467
20.30	油漆、清漆和类似涂料、油墨和胶泥制造	1.424
23.91	研磨产品制造	1.392
24.41	贵金属的制造	1.373
46.64	纺织及缝纫机批发	1.344
30.91	摩托车制造	1.318
23.51	水泥制造	1.307
24.42	铝的制造	1.303
30.11	船舶和浮式结构物建造	1.299
32.12	珠宝及相关物品制造	1.279
13.99	其他纺织品制造	1.278
23.43	陶瓷绝缘体和绝缘配件制造	1.252
46.12	燃料、矿石、金属和工业化学品代理销售	1.252
46.14	机械、工业设备、船舶和飞机代理销售	1.187
25.21	集中供暖散热器和锅炉制造	1.186
61.30	卫星电信活动	1.178
32.40	游戏和玩具制造	1.153
7.20	有色金属矿石开采	1.149
13.96	其他技术和工业用纺织品制造	1.119
30.20	铁路机车车辆制造	1.095
16.21	单板和人造板制造	1.091
25.11	金属结构和结构零件制造	1.067

续表

NACE 行业代码	NACE 行业名称	每 1000 名就业人员专利授权量（件/1000 人）
22.23	塑料建筑器具制造	1.065
8.91	化学和化肥矿物开采	1.055
35.21	煤气制造	1.037
23.52	石灰和灰泥制造	1.024
26.52	钟表制造	1.006
29.20	汽车车身（车厢）制造；拖车和半拖车制造	1.000
24.32	窄带钢冷轧	0.997
33.14	电气设备修理	0.968
24.33	冷成型或折叠	0.949

9.3 商标密集型产业

表 49 商标密集型产业

NACE 行业代码	NACE 行业名称	每 1000 名就业人员商标注册量（件/1000 人）
77.4	知识产权和类似产品租赁（版权作品除外）	346.641
26.8	磁性和光学介质制造	72.249
10.86	均质食品制剂和营养食品制造	63.510
17.24	墙纸制造	56.386
21.1	基本医药产品制造	54.250
11.01	蒸馏、精馏和混合烈酒	51.586
11.02	葡萄酒酿造	48.138
20.42	香水和盥洗用品制造	38.895
58.19	其他出版活动	38.803
72.11	生物技术研究与试验发展	38.083
32.4	游戏和玩具制造	37.331
32.3	体育用品制造	36.997
58.21	电脑游戏出版	35.906
59.2	录音和音乐出版活动	34.752
18.11	报纸印刷	33.979
11.03	苹果酒和其他果酒制造	31.564
59.13	电影、视频和电视节目发行活动	31.275
32.99	其他制造业	31.072
10.89	其他食品制造	30.775
63.12	门户网站	30.236
20.52	胶水制造	29.672

续表

NACE 行业代码	NACE 行业名称	每 1000 名就业人员商标注册量（件/1000 人）
10.92	宠物食品制造	29.560
30.99	其他运输设备制造	28.652
20.41	肥皂和洗涤剂、清洁剂和抛光剂制造	27.952
26.52	钟表制造	26.858
20.59	其他化学产品制造	26.722
30.92	自行车和残疾人座车制造	26.655
20.53	精油制造	26.244
46.42	服装和鞋类批发	26.225
10.83	茶叶和咖啡加工	25.231
11.06	麦芽制造	25.040
46.37	咖啡、茶、可可和香料批发	25.027
46.41	纺织品批发	24.944
14.19	其他服装和配件制造	24.886
30.91	摩托车制造	23.501
77.35	航空运输设备租赁	22.714
13.99	其他纺织品制造	22.579
10.73	通心粉、面条、蒸粗麦粉及类似粉状产品制造	22.416
58.11	图书出版	22.366
20.2	农药和其他农用化学品制造	22.295
59.11	电影、视频和电视节目制作	22.261
46.45	香水和化妆品批发	22.250
58.29	其他软件开发	22.112
46.48	手表和珠宝批发	21.359
46.49	其他家居用品批发	21.323
31.03	床垫制造	21.019
25.71	餐具制造	20.852
12	烟草制品制造	20.714
27.51	家用电器制造	20.496
46.43	家用电器批发	20.484
20.11	工业气体制造	20.416
47.91	邮购或互联网零售	20.401
8.91	化学和化肥矿物开采	20.239
10.52	冰激凌制造	20.236
21.2	药物制剂制造	20.136
6.1	原油开采	19.952
8.99	其他采矿和采石业	19.887

续表

NACE 行业代码	NACE 行业名称	每1000名就业人员商标注册量（件/1000人）
26.6	放射性、电子医疗和电疗设备制造	19.880
10.42	人造黄油和类似食用油脂制造	19.816
10.32	果蔬汁生产	19.183
20.3	油漆、清漆和类似涂料、油墨和胶泥制造	19.042
23.41	陶瓷家居和装饰用品制造	18.696
26.2	计算机及周边设备制造	18.668
68.1	自有房地产交易	17.993
46.16	纺织品、服装、毛皮、鞋类和皮革制品代理销售	17.571
62.09	其他信息技术和计算机服务活动	17.538
61.9	其他电信活动	17.434
46.38	其他食品批发（包括鱼类、甲壳动物和软体动物）	17.390
26.4	消费电子产品制造	17.253
46.34	饮料批发	17.179
32.11	硬币铸造	17.001
63.99	其他信息服务活动	16.955
28.91	冶金机械制造	16.873
11.07	软饮料制造；矿泉水和其他瓶装水制造	16.865
11.05	啤酒制造	16.803
46.11	农业原料、活体动物、纺织原料和半成品代理销售	16.593
72.19	自然科学和工程其他研究与试验发展	16.534
46.75	化学产品批发	16.511
70.21	公共关系和传播活动	16.313
82.3	会议和贸易展览组织	15.849
74.9	其他专业、科学和技术活动	15.480
61.3	卫星电信活动	15.273
27.9	其他电气设备制造	15.261
26.7	光学仪器和摄影设备制造	15.029
62.01	计算机编程活动	14.758
23.11	平板玻璃制造	14.627
46.9	非专业批发贸易	14.507
28.24	电动手动工具制造	14.501
23.49	其他陶瓷产品制造	14.409
28.99	其他特殊用途机械制造	14.346
20.13	其他无机基本化学品制造	14.293
58.14	期刊出版	14.219
24.45	其他有色金属的制造	13.968

续表

NACE 行业代码	NACE 行业名称	每 1000 名就业人员商标注册量（件/1000 人）
13. 94	索具、绳子、合股线和网具制造	13. 728
35. 21	煤气制造	13. 654
46. 46	药品批发	13. 579
28. 14	其他水龙头和阀门制造	13. 506
32. 5	医疗和牙科器械及用品制造	13. 237
28. 93	食品、饮料和烟草加工机械制造	13. 227
46. 15	家具、家居用品、五金制品代理销售	13. 157
60. 2	电视节目和广播活动	13. 095
82. 91	催收机构和信用局活动	13. 047
46. 47	家具、地毯和照明设备批发	13. 006
10. 82	可可、巧克力和糖果制造	13. 003
46. 14	机械、工业设备、船舶和飞机代理销售	12. 983
10. 41	油脂制造	12. 979
20. 6	人造纤维制造	12. 969
46. 18	其他特定产品代理销售	12. 951
32. 12	珠宝及相关物品制造	12. 950
46. 17	食品、饮料和烟草代理销售	12. 937
23. 69	其他混凝土、灰泥和水泥制品制造	12. 913
59. 12	电影、视频和电视节目后期制作活动	12. 907
26. 11	电子元件制造	12. 715
13. 95	非织物和非织物制品制造（服装除外）	12. 545
10. 84	调味品和调味料制造	12. 523
25. 72	锁和铰链制造	12. 429
10. 91	农场动物饲料制造	12. 406
28. 21	烤箱、熔炉和熔炉燃烧器制造	12. 225
46. 76	其他中间产品批发	12. 209
20. 15	肥料和氮化合物制造	12. 200
27. 4	电气照明设备制造	12. 192
79. 9	其他预订服务及相关活动	11. 958
46. 44	瓷器、玻璃器皿和清洁材料批发	11. 877
32. 2	乐器制造	11. 802
13. 1	纺织纤维制备和纺丝	11. 542
72. 2	社会科学和人文学科研究与试验发展	11. 539
46. 33	乳制品、蛋类和食用油脂批发	11. 348
10. 61	谷物磨坊产品制造	11. 334
23. 44	其他技术陶瓷产品制造	11. 330

续表

NACE 行业代码	NACE 行业名称	每 1000 名就业人员商标注册量（件/1000 人）
16.22	装配式拼花地板制造	11.314
23.14	玻璃纤维制造	11.294
58.12	目录和邮件列表发布	11.064
25.21	集中供暖散热器和锅炉制造	11.062
15.12	箱包、手袋、马鞍和马具制造	10.906
23.65	纤维水泥制造	10.715
74.1	专业设计活动	10.713
9.1	石油和天然气开采辅助活动	10.633
14.11	皮革服装制造	10.567
26.3	通信设备制造	10.459
13.93	地毯和挂毯制造	10.441
23.99	其他非金属矿产品制造	9.946
28.23	办公室机械和设备制造（计算机及周边设备除外）	9.923
46.22	花卉批发	9.877
24.41	贵金属的制造	9.733
46.12	燃料、矿石、金属和工业化学品代理销售	9.670
70.22	商业和其他管理咨询活动	9.604
18.2	记录媒介复制	9.474
79.11	旅行社活动	9.419
20.16	初级形状塑料制造	9.384
46.21	谷物、未加工烟草、种子和动物饲料批发	9.339
46.13	木材和建筑材料代理销售	9.328
13.2	纺织	9.314
46.35	烟草制品批发	9.170
45.4	摩托车及相关零部件销售、维护和维修	9.168
46.39	食品、饮料和烟草非专业批发	9.149
14.12	工作服制造	9.112
92	赌博和博彩活动	9.105
28.29	其他通用机械制造	9.003
46.19	各种商品代理销售	8.965
46.74	五金、管道和供暖设备及用品批发	8.964
8.92	泥炭提取	8.896
32.13	仿制珠宝及相关物品制造	8.818
20.51	炸药制造	8.741
17.23	纸制文具制造	8.720
82.92	包装活动	8.704

续表

NACE 行业代码	NACE 行业名称	每 1000 名就业人员商标注册量（件/1000 人）
73.11	广告业	8.684
7.1	铁矿石开采	8.656
46.69	其他机械设备批发	8.633
32.91	扫帚和刷子制造	8.617
28.3	农林机械制造	8.592
26.51	测量、测试、导航用仪器和器具制造	8.576
25.99	其他金属制品制造	8.539
14.31	针织和钩编袜制造	8.539
46.64	纺织及缝纫机批发	8.515
23.19	其他玻璃制造和加工（包括技术玻璃器皿）	8.425
10.72	拉斯克饼干和饼干制造；腌制糕点和蛋糕制造	8.391
46.52	电子和电信设备及部件批发	8.378
19.2	精炼石油产品制造	8.366
17.12	纸和纸板制造	8.348
63.11	数据处理、托管和相关活动	8.346
15.2	鞋类制造	8.332
62.03	计算机设施管理活动	8.185
47.51	专营店纺织品零售	8.111
79.12	旅行社经营者活动	8.025
60.1	无线电广播	7.999
47.43	专营店音像设备零售	7.875
13.92	制成品纺织品制造（服装除外）	7.867
73.2	市场调查和民意调查	7.814
8.93	盐提取	7.722
10.81	糖制造	7.720
61.2	无线电信活动	7.697
46.36	糖、巧克力和糖果批发	7.677
50.3	内陆水上客运	7.650
28.25	非家用冷却通风设备制造	7.628
23.91	研磨产品制造	7.616
14.39	其他针织和钩编服装制造	7.592
22.29	其他塑料制品制造	7.529
20.17	初级合成橡胶制造	7.505
22.11	橡胶轮胎和内胎制造；橡胶轮胎翻新与改造	7.484
27.2	电池和蓄电池制造	7.470
10.39	水果和蔬菜其他加工和保存	7.469

续表

NACE 行业代码	NACE 行业名称	每 1000 名就业人员商标注册量（件/1000 人）
28.13	其他泵和压缩机制造	7.456
22.21	塑料板材、薄板、管材和型材制造	7.451
46.65	办公家具批发	7.441
30.12	娱乐和运动船只制造	7.362
45.31	汽车零部件批发贸易	7.352
24.43	铅、锌和锡的制造	7.340
24.32	窄带钢冷轧	7.315
13.96	其他技术和工业用纺织品制造	7.272
47.65	专营店游戏和玩具零售	7.255
27.52	非电动家用电器制造	7.216
35.11	电力生产	7.216
17.29	其他纸和纸板制品制造	7.152
35.12	输电	7.134
22.22	塑料包装制品制造	7.061
10.51	乳品厂和奶酪制造	7.028
20.12	染料和颜料制造	6.958
28.95	纸和纸板制造机械制造	6.896
46.31	水果和蔬菜批发	6.808
28.49	其他机床制造	6.806
47.75	专营店化妆品和盥洗用品零售	6.796
23.31	瓷砖和陶瓷贴面砖制造	6.772
24.33	冷成型或折叠	6.730
24.34	冷拔钢丝	6.630
14.14	内衣制造	6.609
47.29	专营店其他食品零售	6.605
41.1	建筑项目开发	6.522
47.41	专营店电脑、外围设备和软件零售	6.462
13.91	针织和钩编织物制造	6.399
22.23	塑料建筑器具制造	6.314
46.71	固体、液体和气体燃料及相关产品批发	6.297
25.93	电线产品、链条和弹簧制造	6.294
77.21	娱乐和体育用品租赁	6.254
47.74	专营店医疗和骨科产品零售	6.236
25.4	武器弹药制造	6.229
8.11	装饰石和建筑石、石灰石、石膏、粉笔和板岩开采	6.195

续表

NACE 行业代码	NACE 行业名称	每 1000 名就业人员商标注册量（件/1000 人）
77.39	其他机械、设备和有形动产租赁	6.111
28.41	金属成型机械制造	6.111
31.01	办公室和商店家具制造	6.064
58.13	报纸出版	6.033
25.73	工具制造	6.004
11.04	其他非蒸馏发酵饮料制造	5.865
23.62	建筑用石膏制品制造	5.850
14.13	其他外套制造	5.834
47.72	专营店鞋类和皮革制品零售	5.763
46.73	木材、建筑材料和卫生设备批发	5.737
14.2	毛皮制品制造	5.730
24.54	其他有色金属铸造	5.713
63.91	通信活动	5.684
23.2	耐火制品制造	5.679
23.64	灰浆制造	5.670
29.1	汽车制造	5.657
73.12	媒体代表	5.615
93	体育活动和娱乐活动	5.609
35.14	电力贸易	5.600
46.51	计算机、计算机周边设备和软件批发	5.583
17.22	家用卫生用品及卫生间必需品制造	5.561
46.62	机床批发	5.488
47.64	专营店体育器材零售	5.453
23.42	陶瓷卫生洁具制造	5.424
28.92	采矿、采石和建筑机械制造	5.414
46.32	肉类及肉制品批发	5.342
10.31	马铃薯加工与保鲜	5.308
19.1	焦炉产品制造	5.305
82.11	综合办公室行政服务活动	5.287
22.19	其他橡胶制品制造	5.283
23.51	水泥制造	5.248
16.29	其他木制品制造；软木、稻草和编织材料制品制造	5.240
18.13	新闻媒体发布服务	5.194
10.2	鱼类、甲壳动物和软体动物加工和保存	5.141
66	金融服务和保险活动辅助活动	5.043

续表

NACE 行业代码	NACE 行业名称	每 1000 名就业人员商标注册量（件/1000 人）
28.22	起重和搬运设备制造	5.037
23.32	黏土砖瓦及建筑砌块制造	4.966
47.78	专营店其他新商品零售	4.927
33.19	修理其他设备	4.910
28.94	纺织、服装和皮革生产机械制造	4.880
27.11	电机、发电机和变压器制造	4.877
77.33	办公室机器和设备（包括计算机）租赁	4.862
46.24	皮革批发	4.858
68.2	自有或租赁房地产租赁和经营	4.784

9.4 外观设计专利密集型产业

表 50 外观设计专利密集型产业

NACE 行业代码	NACE 行业名称	每 1000 名就业人员外观设计专利授权量（件/1000 人）
77.4	知识产权和类似产品租赁（版权作品除外）	104.218
27.4	电气照明设备制造	42.078
46.47	家具、地毯和照明设备批发	41.571
25.71	餐具制造	41.002
23.42	陶瓷卫生洁具制造	30.511
32.4	游戏和玩具制造	30.027
23.41	陶瓷家居和装饰用品制造	29.121
26.52	钟表制造	28.112
28.14	其他水龙头和阀门制造	26.947
27.51	家用电器制造	26.785
32.91	扫帚和刷子制造	24.635
25.72	锁和铰链制造	22.955
46.48	手表和珠宝批发	22.560
46.15	家具、家居用品及五金器具代理销售	19.762
32.3	体育用品制造	19.614
32.12	珠宝及相关物品制造	18.823
46.42	服装及鞋类批发	17.773
14.19	其他服装及配件制造	16.855
32.99	其他制造业	16.817
23.19	其他玻璃制造和加工（包括技术玻璃器皿）	16.225

续表

NACE 行业代码	NACE 行业名称	每 1000 名就业人员外观设计专利授权量（件/1000 人）
46.49	其他家居用品批发	16.193
31.09	其他家具制造	16.174
30.99	其他运输设备制造	15.944
30.92	自行车和残疾人座车制造	15.375
15.2	鞋类制造	14.443
13.94	索具、绳子、合股线和网具制造	13.680
46.44	瓷器、玻璃器皿和清洁材料批发	13.301
31.01	办公室和商店家具制造	12.366
25.99	其他金属制品制造	12.163
30.91	摩托车制造	11.948
46.43	家用电器批发	11.882
20.41	肥皂和洗涤剂、清洁剂和抛光剂制造	11.408
28.24	电动手动工具制造	11.397
14.14	内衣制造	11.333
15.12	箱包、手袋、马鞍和马具制造	11.319
14.39	其他针织和钩编服装制造	11.087
32.2	乐器制造	11.047
23.31	瓷砖和陶瓷贴面砖制造	10.826
14.12	工作服制造	10.784
26.8	磁性和光学介质制造	10.444
74.1	专业设计活动	10.408
26.4	消费电子产品制造	9.955
26.7	光学仪器和摄影设备制造	9.469
22.29	其他塑料制品制造	9.423
10.32	果蔬汁生产	9.340
25.21	集中供暖散热器和锅炉制造	9.024
27.9	其他电气设备制造	8.868
23.69	其他混凝土、灰泥和水泥制品制造	8.559
12	烟草制品制造	8.506
46.65	办公家具批发	8.380
22.22	塑料包装制品制造	8.325
26.6	放射性、电子医疗和电疗设备制造	8.250
23.11	平板玻璃制造	7.983
22.19	其他橡胶制品制造	7.966
32.5	医疗和牙科器械及用品制造	7.939

续表

NACE 行业代码	NACE 行业名称	每 1000 名就业人员外观设计专利授权量（件/1000 人）
28. 93	食品、饮料和烟草加工机械制造	7. 738
13. 93	地毯和挂毯制造	7. 464
11. 07	软饮料制造；矿泉水和其他瓶装水制造	7. 414
82. 92	包装活动	7. 280
14. 13	其他外套制造	7. 210
46. 41	纺织品批发	7. 193
13. 2	纺织	7. 188
26. 11	电子元件制造	6. 882
14. 11	皮革服装制造	6. 813
28. 92	采矿、采石和建筑机械制造	6. 661
10. 89	其他食品制造	6. 435
23. 49	其他陶瓷产品制造	6. 343
27. 52	非电动家用电器制造	6. 209
13. 92	制成品纺织品制造（服装除外）	6. 204
23. 13	中空玻璃制造	6. 075
21. 1	基本医药产品制造	5. 941
10. 82	可可、巧克力和糖果制造	5. 918
26. 2	计算机及周边设备制造	5. 908
27. 33	布线设备制造	5. 876
46. 11	农业原料、活体动物、纺织原料和半成品代理销售	5. 677
31. 03	床垫制造	5. 664
13. 99	其他纺织品制造	5. 550
16. 29	其他木制品制造；软木、稻草和编织材料制品制造	5. 494
46. 9	非专业批发贸易	5. 485
20. 42	香水和盥洗用品制造	5. 483
28. 3	农林机械制造	5. 436
23. 7	石材切割、成型和精加工	5. 425
10. 83	茶叶和咖啡加工	5. 404
31. 02	厨房家具制造	5. 278
25. 91	钢桶和类似容器制造	5. 272
26. 3	通信设备制造	5. 251
23. 43	陶瓷绝缘体和绝缘配件制造	5. 052
25. 73	工具制造	4. 907
10. 92	宠物食品制造	4. 549

续表

NACE 行业代码	NACE 行业名称	每 1000 名就业人员外观设计专利授权量（件/1000 人）
47.54	专营店家用电器零售	4.315
28.13	其他泵和压缩机制造	4.168
17.22	家用卫生用品及卫生间必需品制造	4.136
28.21	烤箱、熔炉和熔炉燃烧器制造	4.105
17.23	纸制文具制造	4.094
22.23	塑料建筑器具制造	4.059
11.01	蒸馏、精馏和混合烈酒	3.946
29.1	汽车制造	3.871
29.32	汽车其他零部件和附件制造	3.865
20.51	炸药制造	3.837
74.9	其他专业、科学和技术活动	3.812
20.59	其他化学产品制造	3.745
25.93	电线产品、链条和弹簧制造	3.665
28.99	其他特殊用途机械制造	3.590
27.12	配电及控制装置制造	3.559
32.13	仿制珠宝及相关物品制造	3.434
46.74	五金、管道和供暖设备及用品批发	3.417
46.76	其他中间产品批发	3.386
16.21	单板和人造板制造	3.378
46.72	金属和金属矿石批发	3.353
72.19	自然科学和工程其他研究与试验发展	3.311
47.59	专营店家具、照明设备和其他家居用品零售	3.182
22.11	橡胶轮胎和内胎制造；橡胶轮胎翻新与改造	3.165
46.37	咖啡、茶、可可和香料批发	3.160
20.2	农药和其他农用化学品制造	3.101
63.99	其他信息服务活动	3.091
46.45	香水和化妆品批发	3.085
13.1	纺织纤维制备和纺丝制造	3.066
23.99	其他非金属矿产品制造	3.012
13.96	其他技术和工业用纺织品制造	2.989
16.23	其他建筑工人木工和细木工制造	2.976
46.19	各类商品代理销售	2.944
28.23	办公室机械和设备制造（计算机及周边设备除外）	2.942
26.51	测量、测试、导航用仪器和器具制造	2.935
28.91	冶金机械制造	2.896

续表

NACE 行业代码	NACE 行业名称	每 1000 名就业人员外观设计专利授权量（件/1000 人）
70.21	公共关系和传播活动	2.876
10.72	拉斯克饼干和饼干制造；腌制糕点和蛋糕制造	2.836
68.1	自有房地产交易	2.808
24.45	其他有色金属的制造	2.801
46.18	其他特定产品代理销售	2.706
25.12	金属门窗制造	2.684
10.41	油脂制造	2.683
46.24	皮革批发	2.593
46.35	烟草制品批发	2.551
14.31	针织和钩编袜制造	2.505
10.73	通心粉、面条、蒸粗麦粉及类似粉状产品制造	2.497
13.3	纺织品制造	2.476
47.91	邮购或互联网零售	2.453
29.2	汽车车身（车厢）制造；拖车和半拖车制造	2.391
30.12	娱乐和运动船只制造	2.389
25.92	轻金属包装制造	2.377
46.73	木材、建筑材料和卫生设备批发	2.375
28.11	发动机和涡轮制造（飞机、车辆和循环发动机除外）	2.373
22.21	塑料板材、薄板、管材和型材制造	2.366
16.22	装配式拼花地板制造	2.311
28.41	金属成型机械制造	2.309
28.29	其他通用机械制造	2.285
10.86	均质食品制剂和营养食品制造	2.266
23.91	研磨产品制造	2.246
47.65	专营店游戏和玩具零售	2.229
46.14	机械、工业设备、船舶和飞机代理销售	2.224
11.03	苹果酒和其他果酒制造	2.211
23.61	建筑用混凝土产品制造	2.200
46.13	木材和建筑材料代理销售	2.198
46.16	纺织品、服装、毛皮、鞋类和皮革制品代理销售	2.192
24.34	冷拔钢丝	2.173
28.25	非家用冷却通风设备制造	2.170
46.52	电子和电信设备及部件批发	2.158
10.51	乳品厂和奶酪生产运营	2.121

续表

NACE 行业代码	NACE 行业名称	每 1000 名就业人员外观设计专利授权量（件/1000 人）
46.69	其他机械设备批发	2.077
28.22	起重和搬运设备制造	2.052
27.2	电池和蓄电池制造	2.045
18.2	记录媒介复制	2.017
20.52	胶水制造	2.008
6.1	原油开采	1.983
58.19	其他出版活动	1.978
61.9	其他电信活动	1.969
17.12	纸和纸板制造	1.927
24.53	轻金属铸造	1.926
28.96	塑料和橡胶机械制造	1.889
58.11	图书出版	1.856
20.16	初级形状塑料制造	1.855
17.21	瓦楞纸和纸板以及纸和纸板容器制造	1.847
72.11	生物技术研究与试验发展	1.823
23.32	黏土砖瓦及建筑砌块制造	1.780
8.99	其他采矿和采石业	1.773
73.11	广告业	1.759
27.32	其他电子和电线电缆制造	1.738
30.4	军用战车制造	1.737
10.52	冰激凌制造	1.701
25.11	金属结构和结构零件制造	1.691
28.49	其他机床制造	1.673
45.19	其他机动车辆销售	1.672
47.72	专营店鞋类和皮革制品零售	1.659
45.31	汽车零部件批发贸易	1.659

9.5 植物新品种权密集型产业

表 51 植物新品种权密集型产业

NACE 行业代码	NACE 行业名称	每 1000 名就业人员植物新品种权授权量（件/1000 人）
00.00	园艺	—
77.40	知识产权和类似产品租赁（版权作品除外）	19.598

续表

NACE 行业代码	NACE 行业名称	每 1000 名就业人员植物新品种权授权量（件/1000 人）
46. 22	花卉批发	7. 043
72. 11	生物技术研究与试验发展	6. 626
46. 21	粮食、未加工烟草、种子和饲料批发	4. 152
46. 11	农业原材料、活体动物、纺织原材料和半成品代理销售	1. 319
72. 19	自然科学和工程其他研究与试验发展	1. 198
10. 61	谷物磨制品制造	0. 442
11. 06	麦芽制造	0. 423
10. 89	其他食品制造	0. 280

10　附件：根据世界知识产权组织（WIPO）方法确定的版权密集型产业

如第 6 章所述，这里介绍的版权密集型产业是在 WIPO 方法的基础上选择的。本附录更详细地列出了 WIPO（2003）中概述的 WIPO 标准方法。

WIPO 将版权密集型产业分为四大类：

→　核心版权产业

→　相互依存的版权产业

→　部分版权产业

→　非专用支持产业

10.1　核心版权产业

世界知识产权组织定义的核心版权产业，是完全从事作品和其他受保护内容的创作、生产、制造、表演、广播、交流、展览或发行及销售的行业。

根据世界知识产权组织的定义，核心版权产业是指“如果没有版权或其他附属内容就不会存在或将会有显著不同”的行业。因此，这些行业创造的增加值和提供的就业岗位都应视为版权对经济的贡献。

因此，世界知识产权组织将表 52 列出的 49 个行业定义为核心版权产业。

表 52　世界知识产权组织核心版权产业

NACE 行业	NACE 行业名称
58. 11	图书出版
58. 13	报纸出版
58. 14	期刊出版
58. 19	其他出版活动
58. 21	电脑游戏出版
58. 29	其他软件开发
59. 11	电影、视频和电视节目制作活动

续表

NACE 行业	NACE 行业名称
59.12	电影、视频和电视节目后期制作活动
59.13	电影、视频和电视节目发行活动
59.14	电影放映活动
59.20	录音和音乐出版活动
60.10	无线电广播
60.20	电视节目和广播活动
61.20	无线电信活动
62.01	计算机编程活动
62.02	计算机咨询活动
62.03	计算机设施管理活动
62.09	其他信息技术和计算机服务活动
63.12	门户网站
63.91	通讯社活动
63.99	其他信息服务活动
73.11	广告业
73.12	媒体代表
74.10	专业设计活动
74.20	摄影活动
74.30	笔译和口译活动
90.01	表演艺术
90.02	表演艺术辅助活动
90.03	艺术创作
91.01	图书馆和档案馆活动
93.29	其他娱乐和文娱活动
18.11	报纸印刷
18.12	其他印刷
18.13	新闻媒体发布服务
18.14	装订及相关服务
18.20	记录媒介复制
47.61	专营店书籍零售
47.62	专营店报纸和文具零售
47.63	专营店音乐和录影带零售
61.10	有线电信活动
61.30	卫星电信活动
61.90	其他电信活动

续表

NACE 行业	NACE 行业名称
63.11	数据处理、托管和相关活动
79.90	其他预订服务及相关活动
82.19	复印、文件编制和其他专业办公辅助活动
85.52	文化教育
90.04	艺术设施运营
93.21	游乐园和主题公园活动
94.12	专业会员组织活动

10.2 非核心版权产业

除了核心版权产业，世界知识产权组织还定义了3组与版权产业有一定相关度的行业：相互依存的版权产业、部分版权产业和非专用支持产业。由于这些行业都只是部分从事与版权相关的活动，因此只有部分对就业和增加值的贡献应属于版权密集型。这3组产业的定义如下。

相互依存的版权产业是指从事生产、制造和销售某种设备的行业，这种设备的全部或主要功能是促进作品和其他受保护内容的创造、生产或使用。

部分版权产业是指部分活动与作品和其他受保护内容有关，并可能涉及创作、生产和制造、表演、广播、传播和展览或发行和销售的行业。

非专用支持产业是指部分活动与促进作品和其他受保护内容的播放、传播、发行或销售有关的行业，并且这些活动尚未纳入核心版权产业中。

每个非核心版权产业的活动仅有一部分与版权相关，针对这一情况，我们为每个行业都分配了一个系数。该系数用于在分析非核心版权产业对经济的总体贡献时，对某一具体行业的就业和增加值贡献进行估计。分配给每个相互依存的版权产业、部分版权产业和非专用支持产业的系数，均引用来自荷兰的研究《荷兰版权产业的经济贡献》[1] 和来自芬兰的研究《2005—2008年芬兰版权产业的经济贡献》[2]，这两份研究报告都发表于2011年，被许多人认为具有权威性，可从世界知识产权组织官网上获取这两份报告。

表53显示了相互依存的版权产业和分配给每个行业的系数。

---

[1] http://www.wipo.int/export/sites/www/copyright/en/performance/pdf/econ_contribution_cr_nl.pdf.

[2] http://www.wipo.int/export/sites/www/copyright/en/performance/pdf/econ_contribution_cr_fi.pdf.

表 53 相互依存的版权产业

NACE 行业代码	NACE 行业名称	系数
17. 11	纸浆制造	25. 0%
17. 12	纸和纸板制造	25. 0%
20. 59	其他化学产品制造	25. 0%
28. 23	办公室机械和设备制造（计算机及周边设备除外）	30. 0%
26. 20	计算机及周边设备制造	30. 0%
26. 30	通信设备制造	30. 0%
26. 40	消费电子产品制造	30. 0%
26. 70	光学仪器和摄影设备制造	30. 0%
27. 31	光纤电缆制造	30. 0%
32. 20	乐器制造	35. 0%
46. 43	家用电器批发	19. 0%
46. 76	其他中间产品批发	25. 0%
46. 51	计算机、计算机周边设备和软件批发	30. 0%
46. 52	电子和电信设备及部件批发	25. 0%
46. 66	其他办公机械和设备批发	30. 0%
47. 43	专营店音像设备零售	33. 3%
47. 41	专营店电脑、外围设备和软件零售	33. 3%
47. 78	专营店其他新商品零售	33. 3%
77. 33	办公室机器和设备（包括计算机）租赁	35. 0%
77. 39	其他机械、设备和有形动产租赁	20. 0%
77. 22	录像带和光盘租赁	20. 0%
77. 29	其他私人和家庭用品租赁	20. 0%

基于这 22 个行业系数的平均值可以得出结论，相互依存的版权产业 28% 的就业和增加值可视为与版权相关。

表 54 显示了 WIPO 界定的 42 个部分版权产业及其系数。

表 54 部分版权产业

NACE 行业代码	NACE 行业名称	系数
13. 91	针织和钩编织物制造	0. 55%
14. 31	针织和钩编袜制造	0. 55%
14. 39	其他针织和钩编服装制造	0. 55%
16. 29	其他木制品制造；软木、稻草和编织材料制品制造	0. 55%
23. 11	平板玻璃制造	0. 55%
23. 13	中空玻璃制造	0. 55%
23. 19	其他玻璃制造和加工（包括技术玻璃器皿）	0. 55%

续表

NACE 行业代码	NACE 行业名称	系数
25.71	餐具制造	0.55%
25.99	其他金属制品制造	0.55%
47.53	专营店地毯、墙面和地板覆盖物零售	0.55%
47.59	专营店家具、照明设备和其他家居用品零售	0.55%
13.93	地毯和挂毯制造	1.90%
17.23	纸制文具制造	1.90%
17.24	墙纸制造	1.90%
13.92	制成品纺织品制造（服装除外）	2.70%
14.11	皮革服装制造	2.70%
14.12	工作服制造	2.70%
14.13	其他外套制造	2.70%
14.14	内衣制造	2.70%
14.19	其他服装和配件制造	2.70%
15.20	鞋类制造	2.70%
46.41	纺织品批发	2.70%
46.42	服装和鞋类批发	2.70%
47.51	专营店纺织品零售	2.70%
47.71	专营店服装零售	2.70%
47.72	专营店鞋类和皮革制品零售	2.70%
46.44	瓷器、玻璃器皿和清洁材料批发	5.00%
46.47	家具、地毯和照明设备批发	5.00%
46.48	手表和珠宝批发	5.00%
46.49	其他家居用品批发	5.00%
31.01	办公室和商店家具制造	6.70%
31.02	厨房家具制造	6.70%
31.03	床垫制造	6.70%
31.09	其他家具制造	6.70%
71.11	建筑活动	9.00%
71.12	工程活动和相关技术咨询	9.00%
32.11	硬币铸造	33.50%
32.12	珠宝及相关物品制造	33.50%
94.99	其他会员组织活动	41.00%
32.40	游戏和玩具制造	46.00%
91.02	博物馆活动	50.00%
91.03	历史遗迹、建筑和类似旅游景点运营	50.00%

这些行业活动中，只有可归于版权作品和其他受保护内容的部分（比例从0.55%到50%不等），应计入部分版权产业对就业和增加值的贡献。例如，博物馆活动以及游戏和玩具制造都涉及相当多的版权成分，但对于像地毯制造或家具批发这样一些行业，就业和增加值中只有很小一部分与版权活动或受版权保护材料直接相关。

最后，非专用支持产业如表55所示。

表55 非专用支持产业

NACE 行业代码	NACE 行业名称	系数
46.1	按费用或合同批发	6%
46.4	家庭用品批发	6%
46.6	其他机械、设备和用品批发	6%
46.9	非专业批发贸易	6%
47.1	非专营店零售销售	6%
47.4	专营店信息和通信设备零售	6%
47.5	专营店其他家用设备零售	6%
47.7	专营店其他商品零售	6%
47.8	通过摊位和市场进行零售	6%
47.9	其他非店铺、摊位或市场零售	6%
49.1	城际铁路客运	6%
49.2	铁路货运	6%
49.3	其他陆路客运	6%
49.4	公路货运和搬运服务	6%
50.1	海上和沿海水上客运	6%
50.2	海上和沿海货物水上运输	6%
50.3	内陆水上客运	6%
50.4	内陆货物水运	6%
51.1	航空客运	6%
51.2	货运航空运输和航天运输	6%
52.1	仓储和储存	6%
52.2	运输支持活动	6%
53.1	普遍服务义务下邮政活动	6%
53.2	其他邮政和快递活动	6%
79.1	旅行社活动	6%
79.9	其他预订服务及相关活动	6%

上述行业通常与商业服务和交付有关。例如，邮政和速递服务中6%的就业和增加值是由杂志、手稿或音像制品等版权材料的交付而产生的。

本研究中，只有系数不低于20%的核心版权产业和非核心版权产业才算为版权密集型产业。

11 附件：气候变化减缓技术专利密集型产业的确定

11.1 绝对密集度

CCMT 专利密集度计算的起点是第 7.1 节所述的 144981 项相关授权专利的数据集。

下一步，将数据集缩减为一组 13483 项 CCMT 相关专利[1]。

然后将该数据集与一致性表匹配，将专利申请人的数据与 ORBIS 中的企业信息进行匹配，共有 11624 项 CCMT 专利申请匹配成功，占 CCMT 申请量的 86.21%。

如果一项专利有多个权利人，其中一些权利人不在欧盟范围内，则与第三国权利人相关的专利数会从所有专利总数中减去。与 ORBIS 数据匹配的 CCMT 相关专利子集对应的专利数总和为 11480.5，占匹配数据集中欧洲专利总量的 9.4%。615 个 NACE 行业中，375 个行业（在之前的研究中为 232 个）申请了 CCMT 专利并获得授权。

按照第 3.3.1 节所述的方式，将企业单位与 NACE 行业进行匹配和分配。

11.2 相对密集度

CCMT 相关申请的相对强度计算方法与行业的一般专利强度相同，涉及计算每 1000 名就业人员 CCMT 专利授权量指标。然而，CCMT 专利密集型产业的确定方法如下：

只有拥有 CCMT 专利的知识产权密集型产业（总共 137 个）被预先选中。

对于这组行业，计算了每 1000 名就业人员 CCMT 专利授权量占比。该指标的值为 0.4395（在之前的研究中为 0.18）。

---

[1] 定义为与以下 IPC 分类相关的专利：Y02B、Y02C、Y02E、Y02P、Y02T、Y02W、Y04S。

对于同一组行业，计算了 CCMT 相关专利在专利总数中的就业加权平均份额。该指标的值为 10.53%（在之前的研究中为 8.9%）。

CCMT 专利密集型产业是指每 1000 名就业人员 CCMT 专利授权量，以及 CCMT 专利占比高于至少拥有一项 CCMT 专利的所有行业整体平均水平的行业。

总体而言，25 个 NACE 行业符合标准，如表 41 所示。来自这 25 个行业的 CCMT 相关专利总数为 6503 项，占在此期间提交的 CCMT * 专利申请量的 57%（在之前的研究中为 30.4%）。

* 原文为“4IR”，应为“CCMT”。——译者注

12　附件：第四次工业革命技术专利密集型产业的确定

12.1　绝对密集度

4IR 专利强度密集度计算的起点是第 7.2 节所述的 144981 项相关授权专利的数据集。

下一步，将数据集缩减为一组 2675 项 4IR 相关专利[1]。

然后用该数据集与一致性表匹配，将专利申请人的数据与 ORBIS 中的企业信息进行匹配，共有 2372 项 4IR 专利申请匹配成功，占 4IR 专利申请量的 88.67%。615 个 NACE 行业中，242 个与 4IR 相关。

专利申请已提交并获得授权。

如果一项专利有多个权利人，其中一些权利人不在欧盟范围内，那么与这些权利人相关的专利数会从所有专利总数中减去。与 ORBIS 数据匹配的 4IR 相关专利子集对应的专利数总和为 2332.42，占匹配数据集中欧洲专利总量的 1.9%。

按照第 3.3.1 节所述的方式，将企业单位与 NACE 行业进行匹配和分配。

12.2　相对密集度

4IR 相关申请的相对强度计算方法与行业一般专利强度的计算方法相同。然而，4IR 专利密集型产业的确定如下：

仅预选了拥有 4IR 专利的知识产权密集型产业（总计）。

对于这组行业，计算了每 1000 名就业人员 4IR 专利授权量。该指标的数值为 0.0869。

对于同一组行业，计算了每 1000 名就业人员 4IR 专利授权量占比。

---

[1] 定义为与以下 IPC 分类相关的专利：A1、A2、A3、A4、A5、A6、B1、B2、B3、B4、B5、B6、B7、C1、C2、C3、C4。

该指标值为 1.48%。

4IR 专利密集型产业是指每 1000 名就业人员 4IR 专利授权量，以及 4IR 专利占比高于至少拥有一项 4IR 专利的所有行业整体平均水平的行业。

总体而言，有 16 个 NACE 行业符合标准，如表 44 所示。这 16 个行业的 4IR 专利总数为 1386 项，占该期间提交的 4IR 专利申请量的 59%。

参考文献

[1] Addor F, Thumm N, Grazioli A. (2003), "Geographical indications: important issues for industrialized and developing countries", The IPTS Report No. 74, Joint Research Centre.

[2] Amara, N., Landry, R., Traore, N. (2008), "Managing the protection of innovations in knowledge - intensive business services", Research Policy, 37 (9): 1530 - 1547.

[3] BMUB (2014), GreenTech made in Germany 4.0: "UmwelttechnologieAtlas für Deutschland", BMUB: Berlin, 2014.

[4] Chever, T., Renault, C., Renault, S., Romieu, V. (2012), "Value of production of agricultural products and foodstuffs, wines, aromatised wines and spirits protected by a geographical indication (GI)", report commissioned by European Commission, DG Agriculture and Rural Development, October 2012.

[5] Directive 2001/29/EC of the European Parliament and of the Council of 22 May 2001 on the harmonisation of certain aspects of copyright and related rights in the information society. http://eur - lex. europa. eu/LexUriServ/LexUriServ. do? uri = CELEX: 32001L0029: EN: NOT.

[6] Economides, N. S. (1988), "The economics of trademarks", Trademark Rep. (78): 523 - 533.

[7] EPO and OHIM (2013), "Intellectual property rights intensive industries: contribution to economic performance and employment in European Union". https://euipo. europa. eu/tunnel - web/secure/webdav/guest/document_library/observatory/docu - ments/IPContributionStudy/full_report/joint_report_epo_ohim. pdf.

[8] EPO and EUIPO (2016), "Intellectual property rights intensive industries and economic performance in the European Union". https://euipo. europa. eu/tunnel - web/secure/webdav/guest/document_library/observatory/docu - ments/IPContributionStudy/performance_in_the_European_Union/performance_in_the_European_ Union_full. pdf.

[9] EPO and EUIPO (2019), "High - growth firms and intellectual property rights". https://euipo. europa. eu/tunnel - web/secure/webdav/guest/document_library/observatory/docu - ments/reports/2019_High - growth_firms_and_intellectual_property_rights/2019_High - growth_firms_and_intellectual_property_rights. pdf.

[10] EPO and UNEP (2015), "Climate change mitigation technologies in Europe - evidence from patent and economic data". http://documents. epo. org/projects/babylon/eponet. nsf/0/6A51 029C350D3C8EC1257F110056B93F/ $ File/climate_change_mitigation_technologies_

europe_en. pdf.

[11] Ernst, H., (2001), "Patent applications and subsequent changes of performance: evidence from time - series cross - section analyses on the firm level", Research Policy 30 (2001), 143 - 157.

[12] European Commission (2010), Europe 2020: "A strategy for smart, sustainable and inclusive growth", Communication from the Commission, 3. 3. 2010. http: //ec. europa. eu/europe2020/europe - 2020 - in - a - nutshell/index_en. html.

[13] Eurostat (2006), "Data Production Methods for Harmonised Patent Statistics: Patentee Name Harmonisation". http: //epp. eurostat. ec. europa. eu/portal/page/portal/product _ details/publication? p_product_ code = KS - AV - 06 - 002.

[14] Eurostat (2008), "Eurostat Manual of Supply, Use and Input - Output Tabls". http: //epp. eurostat. ec. europa. eu/cache/ITY_OFFPUB/KS - RA - 07 - 013/EN/KS - RA - 07 - 013 - EN. PDF.

[15] Eurostat (2008), "NACE Rev. 2: Statistical classification of economic activities in the European Community". https: //ec. europa. eu/eurostat/documents/3859598/5902521/KS - RA - 07 - 015 - EN. PDF.

[16] Eurostat (2010), NACE Rev. 2 - US NAICS 2007 "Correspondence Tableat Two - Digit Level". http: //ec. europa. eu/eurostat/ramon/miscellaneous/index. cfm? TargetUrl = DSP_NACE_2_US_NA - ICS_2007.

[17] Fink, C. and Smarzynska, B. (2002), "Trademarks, Geographical Indications and Developing Countries, in Development, Trade and the WTO: A Handbook", eds. B. Hoekman, A. Mattoo and P. English, The World Bank. http: //www - wds. worldbank. org/servlet/WDSContentServer/WDSP/IB/2004/08/19/000160016 _ 2004 0819140633/Rendered/INDEX/29799001 8213149971x. txt.

[18] Greenhalgh C. and Rogers M. (2010), "Innovation, Intellectual Property, and Economic Growth", Princeton University Press, 2010.

[19] Greenhalgh C., Rogers M., Schautschick P., Sena V. (2011), "Trade Mark Incentives", study for UK IPO, July 2011. http: //www. ipo. gov. uk/ipresearch - tmincentives - full - 201107. pdf.

[20] Hall B., Harhoff D. (2012), Recent Research on the Economics of Patents, NBER Working Paper 17773.

[21] Handke, C. (2011), "The Economic Effects of Copyright - The Empirical Evidence So Far". Report for the National Academies of the Sciences, Washington DC. http: //sites. nationalacademies. org/pga/step/PGA_063399.

[22] Landes, W., Posner, R. (2003), "The Economic Structure of Intellectual Property Law", Harvard University Press, Cambridge, MA.

[23] Munari, F., Santoni, S. (2010), "Exploiting complementarities in IPR mechanisms: the joint use of patents, trademarks and designs by SMEs", Paper presented at the Strate-

gic Management Society Annual Conference, Rome, IT, September 9 – 12, 2010.

[24] Munari, F. (2012), "Literature Review of the Economics and Management of IPRs: patents, trade marks and designs", unpublished manuscript.

[25] OHIM (2015), Intellectual property rights and firm performance in Europe: an economic analysis. https: //euipo. europa. eu/tunnel – web/secure/webdav/guest/document_library/observatory/documents/IPContributionStudy/phase2/OHIM_study_report_en. pdf.

[26] Pinto Ribeiro, S., Menghinello, S. and Backer, K. D. (2010), The OECD ORBIS Database: "Responding to the Need for Firm – Level Micro – Data in the OECD", OECD Statistics Working Papers, 2010/01. http: //www. oecd – ilibrary. org/economics/the – oecd – orbis – database_5kmhds8mzj8w – en.

[27] Schmoch, U. (2003), "Linking Technology Areas to Industrial Sectors: Final Report to the European Commission", DG Research. ftp: //ftp. cordis. lu/pub/indicators/docs/ind_report_isi_ost_spru. pdf.

[28] Schwiebacher, F. (2010), "How companies use different forms of IPR protection: are patents and trademarks complements or substitutes?", Paper presented at the DRUID – DIME Academy, Aalborg, Denmark, January 21 – 23, 2010.

[29] USPTO (2012), "Intellectual Property and the U. S. Economy: Industries in Focus", March 2012. http: //www. uspto. gov/news/publications/IP_Report_March_2012. pdf.

[30] WIPO (2003), "Guide on Surveying the Economic Contribution of the Copyright – Based Industries". http: //www. wipo. int/export/sites/www/freepublications/en/copyright/893/wipo_pub_893. pdf.

Published and edited by the EPO
and the EUIPO Munich, Germany, and Alicante, Spain
www. epo. org
www. euipo. europa. eu
Design: EPO Graphic Design, Munich

The full report can be downloaded at:
www. epo. org/ipr – intensive – industries
www. euipo. europa. eu/ipcontribution

ISBN: 978 – 3 – 89605 – 235 – 3

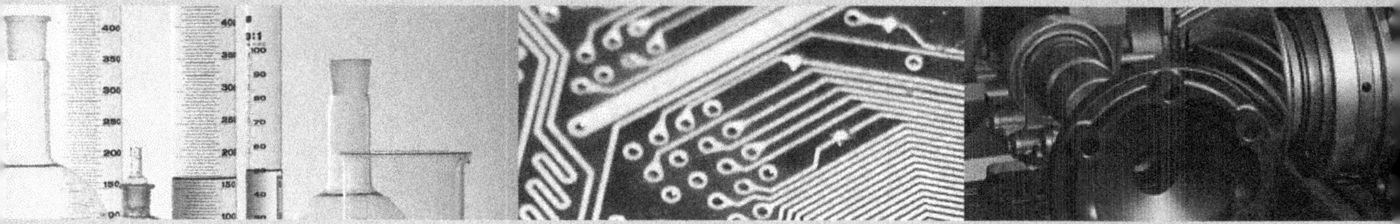

欧盟知识产权密集型产业与经济贡献

行业层面分析报告（第四版）

2022 年 10 月

欧洲专利局与欧盟知识产权局合作项目

国家知识产权局战略规划司　组织编译

本报告中文版基于欧洲专利局和欧盟知识产权局的联合研究项目。

目　录

前 言*

创新是欧盟（EU）及其成员国以及许多其他国家采取的经济增长战略的关键组成部分。其目的是创造一个更具竞争力和更高就业率的经济体。这一目标的实现取决于多种因素，但鉴于知识产权在整个经济中激励创造力和创新的能力，有效的知识产权制度无疑是最重要的因素之一。

为响应向决策者和公众提供准确信息的明确需求，欧盟知识产权局（EUIPO）和欧洲专利局（EPO）于2013年联合开展了一项研究，分析了知识产权密集型产业对欧盟经济的贡献。

继2016年和2019年发布的前两版更新之后，该研究现已第三次更新，表明在这段时间内，知识产权密集型产业在欧洲的GDP、就业和贸易中变得更加重要。我们两个办事处联合发表的其他研究也表明了知识产权在促进企业层面，特别是在中小企业中的增长和就业方面的重要性。

为了保证这份研究报告的持久价值，第四版增加了一些新内容，对欧洲知识产权行业的状况进行了全面的概述。首先，更新了用于确定知识产权密集型产业的数据库匹配，从而更新了相关行业的范围。其次，该报告将欧洲及其他地区决策者当前关注的焦点与气候变化减缓技术（CCMT）专利和商标（TM）的经济重要性相匹配，这些专利和商标在其商品和服务中包含与环境和可持续相关的应用。除了欧盟各成员国外，本报告还对冰岛、挪威、瑞士和英国进行了分析。

该报告显示，知识产权密集型产业在欧盟就业和GDP中的份额高于2019年研究中的数据，并证实了知识资产在现代经济中的核心地位日益提高。

该报告不仅首次审查了欧盟的对外贸易，还分析了欧盟成员国之间知识产权密集型产业的商品和服务贸易。知识产权密集型产业是欧盟单一市场的支柱：它们创造了欧盟内部1/3的贸易，是创造跨境就业机会的主要驱动力。这突出了知识产权促进欧盟经济一体化方面的重要支撑性作用。继1994年创建欧盟商标（EUTM）和2003年注册外观设计专利（RCD）之后，具有统一效力的欧洲专利（EP）的引入标志着朝着这一目标又迈进了一大步。

该报告没有提出任何政策建议，这不在研究范围之内。相反，它的目

* 中文版严格遵从原文，出现的数据均与原文保持一致，未做任何修改。——译者注

的是提供数据依据，供政策制定者在工作中使用，并作为提高整个欧洲知识产权意识的基础。我们希望读者能够利用这些信息，以充分发挥其支撑作用，提高我们的知识产权制度以及欧洲经济的持续实力。

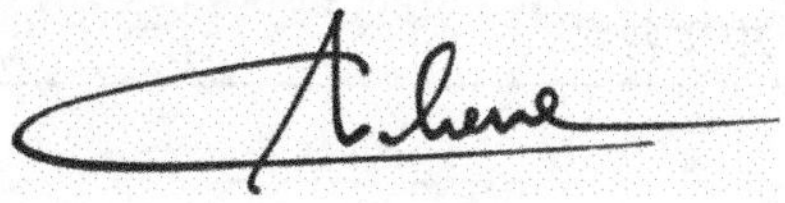

克里斯蒂安·阿尔尚博
欧盟知识产权局局长

安东尼奥·坎普诺斯
欧洲专利局局长

联合项目组

欧盟知识产权局

Nathan Wajsman，首席经济学家

Michał Kazimierczak，经济学家

Carolina Arias Burgos，经济学家

Francisco García Valero，经济学家

欧洲专利局

Yann Ménière，首席经济学家

Ilja Rudyk，经济学家

致谢

作者感谢奥地利专利局局长玛莉安娜·卡雷波娃、英国知识产权局山姆·布兰德和巴黎萨克莱大学艾哈迈德·邦福尔教授对报告草稿的意见。

缩略语表

缩略语	中文名称
BvD	毕威迪
CCMT	气候变化减缓技术
CPA	产品的经济活动分类
CPC	联合专利分类
CPVO	欧盟植物新品种保护办公室
CPVR	欧盟植物新品种权
COMEXT	欧盟统计局对外贸易参考数据库
CR	版权
DES	外观设计专利
DG AGRI	欧盟委员会农业和农村发展总司
DG GROW	欧盟委员会内部市场、产业、创业与中小企业总司
DUO	国内最终所有人
EAA	农业经济账户
EC	欧盟委员会
EFTA	欧洲自由贸易联盟
EPC	欧洲专利公约
EPO	欧洲专利局
EU	欧盟
EUIPO	欧盟知识产权局
EUTM	欧盟商标
FATS	外国附属机构
GDP	国内生产总值
GHG	温室气体
GI	地理标志
GVA	总增加值
IP	知识产权
IPR	知识产权
LFS	劳动力调查
NACE	欧盟经济活动统计分类

续表

缩略语	中文名称
NAICS	北美产业分类系统
OECD	经济合作与发展组织
OHIM	内部市场协调局（2016 年 3 月 23 日起改为欧盟知识产权局）
PAT	专利
PATSTAT	全球专利统计数据库
PDO	受保护的原产地名称
PGI	受保护的地理标志
PVR	植物新品种权
R&D	研究与试验发展
RCD	注册欧共体外观设计专利
SBS	结构性商业统计
SMEs	中小型企业
TM	商标
TRIPS	与贸易有关的知识产权协定
TSGs	传统特产保护
UKIPO	英国知识产权局
UPOV	国际植物新品种保护联盟
USPTO	美国专利商标局
VA	增加值
WIPO	世界知识产权组织
WTO	世界贸易组织

表格和图片列表

国家/组织代码列表

代码	国家/组织	代码	国家/组织
AT	奥地利	IS	冰岛
BE	比利时	LT	立陶宛
BG	保加利亚	LU	卢森堡
CH	瑞士	LV	拉脱维亚
CY	塞浦路斯	MT	马耳他
CZ	捷克	NL	荷兰
DE	德国	NO	挪威
DK	丹麦	PL	波兰
EE	爱沙尼亚	PT	葡萄牙
EL	希腊	RO	罗马尼亚
ES	西班牙	SE	瑞典
FI	芬兰	SI	斯洛文尼亚
FR	法国	SK	斯洛伐克
HR	克罗地亚	UK	英国
HU	匈牙利	EU－28	欧盟28国（英国脱欧前）
IE	爱尔兰	EU－27	欧盟27国（除英国外）
IT	意大利		

关于本研究

欧盟知识产权局（EUIPO）的欧洲知识产权侵权观察组织❶的一项任务，是提供关于知识产权在欧盟（EU）经济中的影响、作用和公众认知的实证数据。为了实现这一目标，该组织正在实施一项社会经济研究计划。这项研究被纳入观察组织2022年工作计划。2022年3月在阿利坎特举行的经济与统计工作组会议讨论了职权范围。

类似地，欧洲专利局（EPO）也通过其2023年战略计划优先进行经济研究，以满足利益相关者对欧洲专利制度及其发展影响日益增长的认识需求。

本报告作为欧盟知识产权局和欧洲专利局之间的一个合作项目，从其他知识产权局、欧盟委员会服务机构和国际组织获得相关信息，是该合作项目的第四次重要研究。2013❷年欧盟知识产权局和欧洲专利局发布了第一版研究报告，并在2016❸年和2019年❹进行了更新。本报告的目的是评估知识产权密集型产业对整个欧盟以及每个欧盟成员国经济的综合贡献。尽管本报告量化了知识产权密集型产业的经济贡献，但这并不表明知识产权与经济变量之间存在因果关系。

本报告涉及的知识产权范围较广❺，包括商标、专利*、外观设计专利、版权、地理标志（GI）和植物新品种权（PVR），同时考虑了各种经济指标，特别是国内生产总值（GDP）、就业、对外贸易和工资。

2013年的报告选择了2008—2010年的经济数据，2016年的报告选择了2011—2013年的经济数据，2019年的报告选择了2014—2016年的经济数据，本报告选择了2017—2019年的经济数据，采用了以前相同的方法，但在基础数据和研究方法上做了若干改进，特别是更新了用于确定知识产权密集型产业的匹配方法，以确保能够和经济发展状况相吻合。为了确保

---

❶ 根据法规（欧盟），观察站被移交给内部市场协调局（OHIM）2012年4月19日欧洲议会和理事会第386/2012号决议于2012年6月5日生效。条例（EU）2015/2424于2016年3月23日生效后，OHIM更名为欧盟知识产权局（EUIPO）。除参考书目外，本报告通篇使用新名称。

❷ OHIM /EPO："知识产权密集型产业：对欧盟经济绩效和就业的贡献"，2013年9月。

❸ EPO /EUIPO："欧盟知识产权密集型产业和经济表现"，2016年10月。

❹ EPO/EUPO："欧盟知识产权密集型产业和经济表现"，2019年9月。值得注意的是，除了行业层面的研究外，欧盟知识产权局和欧洲专利局还发表了研究知识产权对个别企业业绩的贡献的研究，最近一次是在2021年。

❺ "知识产权"通常是创新的结果，但并不总是创新的结果。然而，它比"知识产权"更宽泛，因为它包括其他类型的知识，如商业秘密和商业方法。在本研究中，"知识产权"用于指代分析中包括的六项权利：专利、商标、注册外观设计专利、版权、地理标志和植物新品种权。

* 本报告中的"专利"仅指"发明专利"。——译者注

4 版报告之间的可比性，已使用新的知识产权密集型产业重新计算了先前的结果。

此外，本报告也纳入了冰岛、挪威和瑞士的数据，作为对欧盟成员国数据的补充。

鉴于欧洲及世界其他地区的政策制定者和商业领袖目前越来越关注应对气候变化相关技术的开发，2016 年和 2019 年的报告中增加了关于气候变化减缓技术（CCMT）经济意义的内容，本版报告对相关数据进行了再次更新。在该章节中，本报告根据欧洲专利局的专利申请数据，更详细地分析了气候变化减缓技术密集型产业对欧盟经济的贡献。此外，在欧盟知识产权组织 2021 年发表的一项关于“绿色欧盟商标”研究[1]的基础上，增加了关于欧盟商标的章节，即与环境和气候变化有关的研究。

[1] EUIPO：“绿色欧盟商标：商品和服务规范分析，1996—2020”，2021 年 9 月。

1　执行摘要*

1.1　主要结论❶

本报告确定欧盟经济中目前有357个知识产权密集型产业，而上一版报告（2019年）中为353个。这些知识产权密集型产业中有229个行业（64%）在多项知识产权上是密集的。

2017—2019年，知识产权密集型产业提供了欧盟29.7%的就业岗位，高于2014—2016年的28.9%（根据研究方法的微小差异进行调整）。在此期间，知识产权密集型产业在欧盟层面的总就业人员数超过6100万人。此外，知识产权密集型产业还在为知识产权密集型产业提供商品和服务的行业间接提供了2000万个就业岗位，将间接提供的就业岗位考虑在内，知识产权密集型产业提供的就业岗位总数增至8200万个（39.4%）。

在同一时期，知识产权密集型产业创造了近47%的欧盟地区生产总值（GDP），价值6.4万亿欧元。这些产业也促进了欧盟与世界其他国家之间的大部分贸易并产生了2240亿欧元的贸易顺差，帮助欧盟保持了对外贸易的平衡。

知识产权密集型产业对欧盟内部市场的运作做出了重要贡献。它们占欧盟内部贸易的75%以上。虽然德国、法国、意大利和荷兰等国家在创造新的知识产权方面处于领先地位，但匈牙利、波兰和爱沙尼亚等其他国家也从知识产权密集型产业的分工中受益匪浅。总的来说，欧盟成员国近700万个与知识产权相关的就业岗位是由其他成员国的企业提供的，在一些国家，这些就业岗位在知识产权密集型产业中的比例超过30%。

知识产权密集型产业的工资水平明显高于非知识产权密集型产业，与非知识产权密集型产业相比，工资溢价为41%。这与知识产权密集型产业的人均增加值高于其他经济领域的事实相一致。

---

*　后文对“1”称为“第1章”，以此类推。——译者注

❶　由于英国于2020年退出欧盟，本报告中的数据为欧盟27国的数据，因此，与先前公布的研究中的数据（指欧盟28国）没有直接可比性。

将本报告的结果与2019年版报告进行比较后发现，在2014—2016年（2019年版报告）和2017—2019年（本报告）两个时期，即使考虑到知识产权密集型产业数量的变化，知识产权密集型产业对欧盟经济的相对贡献也有所增加。

近年来，在知识产权密集型产业中，参与气候变化减缓技术（CCMT）开发和与绿色商标相关的产业的经济比重有所增加。2017—2019年，气候变化减缓技术专利密集型产业和绿色商标密集型产业占欧盟总就业人员数的9.3%，占欧盟总GDP的14.0%，并在欧盟对外贸易活动中占据重要地位。

本报告也首次展示了冰岛、挪威、瑞士和英国知识产权密集型产业对GDP和就业的贡献结果。挪威、瑞士和英国的知识产权密集型产业对就业的贡献低于欧盟平均水平，冰岛与欧盟平均水平相当。挪威对GDP的贡献高于欧盟平均水平，其他3个国家均低于欧盟平均水平。

1.2 欧盟经济中的知识产权密集型产业

知识产权密集型产业的定义[1]是，每名就业人员[2]知识产权授权量高于平均水平的行业。原则上，这意味着一个行业被欧盟确定为知识产权密集型产业的前提是至少有一个正在使用的知识产权，并且每名就业人员拥有的知识产权数量超过了使用该知识产权的所有行业的平均水平。如第3章和第4章所示，这些行业大多集中在制造业、技术和商业服务业。

然而需要强调的是，所有行业都在一定程度上使用知识产权，本研究仅聚焦知识产权密集型产业，涵盖了欧洲经济中知识产权最为突出的部分[3]。

表1和表2总结了知识产权密集型产业对就业和产出这两个主要经济指标的贡献[4][5]。

2017—2019年，知识产权密集型产业直接提供的就业岗位数占欧盟全部就业岗位数的29.7%，其中商标密集型产业占21%，外观设计专利密集型产业占13%，专利密集型产业占11%，版权密集型产业占6%，地理标志密集型产业和植物新品种权密集型产业所占比例较小。这段时期，在欧盟

[1] 见第2章“研究方法”。由于版权、地理标志和植物新品种权的特殊性，采用其他的定义方法。

[2] 在本报告中，“知识产权的使用”和“知识产权的所有权”可以互换使用，在任何情况下都应理解为指知识产权的所有权。

[3] 本报告中被确定为知识产权密集型的产业占了欧盟商标的73%、注册共同体外观设计专利（RCD）的78%、欧洲专利的84%以及欧盟植物新品种权的91%。

[4] 应该指出的是，知识产权密集型产业对GDP和就业的贡献并不一定反映一个国家的创新程度，而是反映这些产业在其经济中的重要性。

[5] 为了最大限度地减少经济统计数据差距的影响，避免过度重视某一特定年份，将经济指标计算为2014—2016年的平均值。

2.07 亿总就业人员数中，有近 6100 万人受雇于知识产权密集型产业。除直接就业贡献外，知识产权密集型产业还为其他非知识产权密集型产业提供就业岗位，这些非知识产权密集型产业作为生产过程的投入向知识产权密集型产业提供商品和服务。利用欧盟统计局发布的欧盟投入产出表[❶]，可以计算知识产权密集型产业对就业的间接影响。考虑到这一间接影响，知识产权密集型产业共为欧盟提供了近 8100 万（39.4%）个就业岗位。

知识产权密集型产业对就业的贡献结果汇总在表 1 中，包括直接和间接就业。

表 1　2017—2019 年知识产权密集型产业对就业的贡献

知识产权密集型产业	就业人员数（直接）	占总就业人员数的比重（直接）	就业人员数（直接 + 间接）	占总就业人员数的比重（直接 + 间接）
商标密集型产业	43606597	21.1%	59705627	28.9%
外观设计专利密集型产业	26768543	12.9%	40142839	19.4%
专利密集型产业	22824753	11.0%	36076680	17.4%
版权密集型产业	12924552	6.2%	16917340	8.2%
地理标志密集型产业*	未计算	未计算	未计算	未计算
植物新品种权密集型产业	1933519	0.9%	2541175	1.2%
知识产权密集型产业	61499614	29.7%	81592215	39.4%
总就业人员数			206899343	

* 由于农业数据的缺失未计算。

注：由于知识产权的重复使用，单个知识产权的总和超过了知识产权密集型产业的总和。

除了就业，知识产权密集型产业对于按国内生产总值（GDP）计算的经济产出也有贡献。如表 2 所示，总体而言，欧盟 GDP 超过 47% 来自知识产权密集型产业，其中商标密集型产业占 38.5%，外观设计专利密集型产业占 15.5%，专利密集型产业占 17.4%，版权密集型产业占 6.9%，地理标志密集型产业和植物新品种权密集型产业占比较低。第 4 章更详细地分析了这些产业对欧盟成员国以及本研究包括的 3 个非欧盟成员国国民经济的贡献。

表 2　2017—2019 年知识产权密集型产业对 GDP 的贡献

知识产权密集型产业	增加值/GDP（百万欧元）	占 GDP 比重
商标密集型产业	5217903	38.5%
外观设计专利密集型产业	2101305	15.5%

❶ 知识产权密集型产业的总贡献小于商标密集型、专利密集型、外观设计专利密集型、版权密集型、植物新品种权密集型和地理标志密集型产业的贡献之和，因为在许多产业上存在知识产权的重复使用。但是，本研究方法不会重复计算产业贡献。投入产出表显示了经济中所有产业之间商品和服务的流动。

续表

知识产权密集型产业	增加值/GDP（百万欧元）	占 GDP 比重
专利密集型产业	2361457	17.4%
版权密集型产业	934176	6.9%
地理标志密集型产业	15011	0.1%
植物新品种权密集型产业	187774	1.4%
知识产权密集型产业	6375796	47.1%
GDP	13541581	

注：由于知识产权的重复使用，单个知识产权的总和超过了知识产权密集型产业的总和。

将本报告的结果与 2019 年版报告进行比较，可以看出，2017—2019 年，知识产权密集型产业对欧盟经济的贡献要高于 2014—2016 年。然而，为了确保本研究反映欧盟经济的当前结构，对确认知识产权密集型产业的匹配过程进行了更新，从而使知识产权密集型产业的数量从 2019 年的 353 个增加到目前的 357 个，这一结果使比较变得复杂[1]。此外，本研究基于欧盟 27 国的数据，而早期研究基于欧盟 28 国的数据。在表 3 中，使用新定义重新计算了早期研究的数据，以说明知识产权密集型产业的贡献的真实变化。

表 3　2013 年、2016 年、2019 年与 2022 年报告主要结果比较

知识产权密集型产业的贡献	2013 报告 2008—2010 年	2016 报告 2011—2013 年	2019 报告 2014—2016 年	2022 报告 2017—2019 年
就业（直接）	28.6%	28.5%	28.9%	29.7%
GDP	46.2%	46.1%	46.2%	47.1%
货物及服务贸易总额	76.7%	78.4%	79.1%	80.1%

使用当前知识产权密集型产业的定义，对欧盟 27 国的早期研究结果进行了重新计算，这意味着 4 列的结果是可比较的。

因此，无论是以 GDP、就业还是对外贸易衡量，知识产权密集型产业的贡献在 2011—2019 年都有所增加。特别是，这些行业对就业的贡献在此期间增加了 1.1 个百分点，而对 GDP 的贡献则增加了 0.9 个百分点。

鉴于知识产权密集型产业创造了 47.1% 的国内生产总值（增加值）和 29.7% 的就业岗位，因此，知识产权密集型产业的人均增加值高于其他产业。经济理论认为，在其他条件相同的情况下，那些普通工人创造更多增加值的行业，预期会比其他行业向工人支付更高的工资。因此，研究这

[1] 尽管知识产权密集型产业数量的净变化很小，但如第 3 章脚注 1 所述，其背后的总变化更大。

种更高的增加值是否反映在知识产权密集型产业的工资中，是很有意义的。

如表4所示，知识产权密集型产业的工资水平确实高于非知识产权密集型产业。知识产权密集型产业每周平均工资为840欧元，而非知识产权密集型产业的每周平均工资为597欧元，相差40.7%。这种“工资溢价”在外观设计专利密集型产业中为34.4%，在商标密集型产业中为40.4%，在版权密集型产业中为49.3%，在专利密集型产业中为65.0%。

表4　2017—2019年知识产权密集型产业就业人员平均工资

知识产权密集型产业	就业人员平均工资（周·欧元）	工资溢价（与非知识产权密集型产业对比）
商标密集型产业	838	40.4%
外观设计专利密集型产业	802	34.4%
专利密集型产业	985	65.0%
版权密集型产业	891	49.3%
地理标志密集型产业	不适用	不适用
植物新品种权密集型产业*	不适用	不适用
知识产权密集型产业	840	40.7%
非知识产权密集型产业	597	—

* 由于缺乏农业工资统计数据而未计算。欧盟统计局发布的结构性商业统计数据。

与2019年研究的情况相比，工资溢价略有下降。这反映了2014—2016年和2017—2019年非知识产权密集型产业的工资增长强劲，以及英国脱欧的影响（在英国，非知识产权密集型产业的平均工资（以欧元计）同期下降，因此从欧盟28国到欧盟27国降低了与知识产权密集型产业相关的工资溢价，等等）。尽管如此，早期研究中看到的模式仍然存在，专利密集型和版权密集型产业的工资溢价最高。

本报告还探讨了知识产权密集型产业在欧盟对外贸易中的作用。知识产权密集型产业占比高得令人意外，这是因为即使是一些生产能源等大宗商品的行业也是知识产权密集型产业[1]。而另一方面，许多非知识产权密集型活动也是不可进行贸易的[2]。因此，欧盟商品进口中93%来自知识产权密集型产业。事实上，知识产权密集型产业在欧盟商品出口中所占的比重甚至更高，达到了95.3%。从服务贸易上看，知识产权密集型产业的占比较低，进口额占服务进口总额的48%，出口额占服务出口总额的

[1] 欧盟经济活动统计分类代码0610（原油开采）是专利密集型产业。

[2] 例如欧盟经济活动统计分类代码86（人类健康活动）和96（其他个人服务活动）中包含的服务业。这些服务通常在生产时消费。

41%。综合考虑商品和服务贸易，2017—2019 年欧盟 80.5% 的进口和 80.1% 的出口来自知识产权密集型产业。

2017—2019 年，欧盟整体平均贸易顺差约为 2940 亿欧元，占 GDP 的 2.2%。知识产权密集型产业的贸易顺差为 2240 亿欧元，占欧盟贸易顺差总额的 3/4 以上。这一顺差主要由专利密集型产业和外观设计专利密集型产业产生，抵消了商标密集型产业、版权密集型产业和植物新品种权密集型产业产生的小逆差。

表 5 总结了 2017—2019 年知识产权密集型产业的对外贸易额[1]。

表 5　2017—2019 年知识产权密集型产业对外贸易

知识产权密集型产业	出口（百万欧元）	进口（百万欧元）	净出口（百万欧元）
商标密集型产业	1547270	1551618	-4348
外观设计专利密集型产业	1232068	1014158	217910
专利密集型产业	1559811	1341864	217947
版权密集型产业	229082	249340	-20258
地理标志密集型产业	13126	1769	11357
植物新品种权密集型产业*	43248	50743	-7495
知识产权密集型产业	2163517	1939655	223862
欧盟对外贸易总额	2701959	2408212	293747

注：由于知识产权的重复使用，单个知识产权的总和超过了知识产权密集型产业的总和。

*仅包含货物。

除在欧盟与世界其他地区的贸易中占据很大份额外，知识产权密集型产业在欧盟成员国之间的贸易中也占据了很高且不断增长的份额。在 2008—2010 年至 2017—2019 年的 10 年间，欧盟内部贸易增长了 38%，而知识产权密集型产业的欧盟内部贸易则增长了 46%。因此，知识产权密集型产业是欧盟单一市场运作的一个重要因素。

作为欧盟成员国之间贸易的主要推动力，知识产权密集型产业产生的欧盟内部贸易总量超过了其欧盟对外贸易出口总量。考虑到商品和服务贸易，2017—2019 年，75.9% 的欧盟内部贸易由知识产权密集型产业产生。这种影响主要由跨境货物贸易推动，其中 85% 由知识产权密集型产业产生。这些行业对欧盟内部服务贸易的影响较小，但仍然显著，占欧盟内部服务总出口的 36%，主要由商标密集型产业产生（32%）。

[1] 与就业和 GDP 计算一样，单个知识产权的数字与知识产权密集型产业的总体数字并不一致，因为许多产业在不止一项知识产权上都是密集型的。然而，研究方法确保不会重复计算产业贡献。

表 6 2017—2019 年知识产权密集型产业内部贸易

知识产权密集型产业	内部贸易额（百万欧元）	占内部贸易总额比重
商标密集型产业	1942032	53.0%
外观设计专利密集型产业	1802177	49.2%
专利密集型产业	2044794	55.8%
知识产权密集型产业	2781639	75.9%

仔细观察欧盟单一市场内知识产权密集型产业的活动，可以发现欧盟成员国之间存在分工。奥地利、丹麦、德国、意大利、卢森堡、马耳他和瑞典等国的人均知识产权授权量高于欧盟平均水平。但是，这些创造知识产权较多的国家的企业，往往基于成本、营销和其他商业考虑，利用单一市场提供的可能性，将其生产设施建设在其他成员国。

因此，罗马尼亚、爱沙尼亚、捷克、匈牙利、波兰、斯洛伐克和卢森堡的知识产权密集型产业中，其他欧盟成员国企业提供的就业岗位比例最高。如表 7 所示，总体而言，欧盟知识产权密集型产业 21.6% 的就业岗位来自外国企业的子公司，其中大部分位于另一个欧盟成员国。在欧盟成员国中，只有塞浦路斯、爱尔兰和荷兰的非欧盟成员国企业提供的就业岗位比其他欧盟成员国的企业多。总体而言，27 个欧盟成员国的企业在其他成员国的知识产权密集型产业提供了约 680 万个就业岗位。

表 7 2017—2019 年知识产权密集型产业外国企业就业人员数占比

知识产权密集型产业	欧盟占比	非欧盟占比	外国企业占比
商标密集型产业	11.2%	9.2%	20.4%
外观设计专利密集型产业	14.4%	10.2%	24.6%
专利密集型产业	15.9%	12.5%	28.4%
知识产权密集型产业	12.3%	9.3%	21.6%

注：“外国”企业是指总部位于另一个国家的企业。

最后，专利数据和商标数据也被用于确定积极参与可持续创新的知识产权密集型产业。总体而言，2019 年欧盟成员国申请人提交的欧洲专利申请中，约有 1/10 与减少或防止温室气体排放的气候变化减缓技术相关[1]。2021 年，欧盟企业提交的绿色商标申请在所有商标申请中所占份额相

[1] CCMT 标识基于 EPO 的 Y02/Y04S 标记方案，该方案是联合专利分类（CPC）的一部分。它涵盖了在《京都议定书》和《巴黎协定》框架内控制、减少或防止温室气体人为排放的选定技术。例如，它包括有助于减少与能源生产、传输或分配有关的温室气体排放的技术，以及允许捕获、储存、封存或处置温室气体的技术，以及旨在减少自身能源使用的信息和通信技术。

似。气候变化减缓技术和绿色商标将在实现欧洲绿色协议（实现欧洲气候中立）设定的目标方面发挥重要作用，欧洲企业在这些技术和产品方面处于世界领先地位。

总共确定了110个行业，这些行业要么是气候变化减缓技术专利密集型产业，要么是绿色商标密集型产业，其中许多与能源和运输大类行业相关。如表8所示，这两个大类行业占欧盟就业的9.3%和经济产出的14.0%，在过去10年中，它们的贡献有所增加。这些行业的就业人员工资也比其他行业的就业人员工资高得多。与非知识产权密集型产业相比，有助于可持续创新的行业的“工资溢价”为60.7%，高出知识产权密集型产业（40.7%）的一半。这些产业生产的商品和服务出口也从2008—2010年的7140亿欧元大幅增长至2017—2019年的10780亿欧元，占欧盟出口总额的39.9%。相关进口也从2008—2010年的7820亿欧元增长至2017—2019年的10420亿欧元，占欧盟进口总额的43.3%，但增长速度较慢。在最近一段时间里，欧盟将贸易逆差转化为顺差，这表明这些行业是欧盟经济的一个特殊优势。

由于这些数字是专利和商标密集型产业的一部分，因此它们已包含在表1～表5的总体数字中。

表8　2017—2019年气候变化减缓技术专利密集型产业和绿色商标密集型产业对就业、GDP和贸易的贡献

对就业的贡献	对GDP的贡献	对出口的贡献	对进口的贡献	净出口（百万欧元）
9.3%	14.0%	39.9%	43.3%	36539

1.3　冰岛、挪威、瑞士和英国经济中的知识产权密集型产业

除了27个欧盟成员国，本报告还包括了欧洲自由贸易联盟成员国冰岛、挪威、瑞士和英国的基本结果[1]。表9显示了这些国家知识产权密集型产业对就业和GDP的贡献，并列出了欧盟的结果以供参考。

挪威知识产权密集型产业对GDP的贡献高于欧盟平均水平，其他3个国家低于欧盟平均水平。冰岛知识产权密集型产业对就业的贡献相当于欧盟平均水平，挪威、瑞士和英国低于欧盟平均水平。

---

[1] 在计算这些国家知识产权密集型产业的贡献时，假设欧盟27国的知识产权密集型产业在这几个国家也是知识产权密集型产业。此外，由于缺乏数据覆盖，无法计算这几个国家地理标志密集型产业和植物新品种权密集型产业的贡献。

表 9 2017—2019 年欧洲自由贸易联盟国家和英国知识产权密集型产业对就业和 GDP 的贡献

知识产权密集型产业	就业人员数（直接）	占总就业人员数的比重（直接）	增加值（百万欧元）	占 GDP 比重
商标密集型产业				
冰岛	46654	23.3%	7266	32.9%
挪威	533340	19.1%	158684	43.9%
瑞士	1053631	20.8%	214259	33.8%
英国	7012803	21.6%	1008365	41.4%
外观设计专利密集型产业				
冰岛	16989	8.5%	1733	7.8%
挪威	216148	7.7%	24067	6.7%
瑞士	577542	11.4%	118995	18.8%
英国	2967795	9.2%	246036	10.1%
专利密集型产业				
冰岛	12698	6.3%	1967	8.9%
挪威	263756	9.4%	91836	25.4%
瑞士	594315	11.7%	140398	22.2%
英国	2623181	8.1%	300064	12.3%
版权密集型产业				
冰岛	17438	8.7%	1395	6.3%
挪威	182693	6.5%	19858	5.5%
瑞士	312236	6.2%	39129	6.2%
英国	2449623	7.6%	215395	8.8%
植物新品种权密集型产业				
冰岛	959	0.5%	192	0.9%
挪威	15463	0.6%	2395	0.7%
瑞士	44178	0.9%	8780	1.4%
英国	188373	0.6%	22513	0.9%
知识产权密集型产业				
冰岛	59641	29.7%	8244	37%
挪威	731005	26.2%	176447	49%
瑞士	1425471	28.2%	253744	40%
英国	9218008	28.4%	1140505	47%
欧盟		29.7%		47.1%

注：由于知识产权的重复使用，单个知识产权的总和超过了知识产权密集型产业的总和。

1.4 方法和数据

本报告使用的研究方法与之前的报告相同。尽管如此，为了使报告的内容更加完整，第 2 章和第 8 章的大部分内容着重于对本报告使用的方法进行介绍，主要基于如下两个原因。

本报告使用欧盟知识产权局和欧洲专利局登记册中的数据，结合其他来源的经济数据，计算了每个行业就业人员的人均商标、外观设计专利、专利和植物新品种权授权量，将高于平均水平的行业确定为知识产权密集型产业。该计算是在欧盟层面进行的，不考虑数据库中各企业在各国家的知识产权申请。之所以这样做，部分原因是基于数据的局限性，但同时也基于一个假设：如果一个行业因为其在欧盟层面的知识产权授权量而被界定为知识产权密集型产业，则其在国家层面也被确定为知识产权密集型产业。由于版权和地理标志的特殊性质，如第 2 章所述，使用了不同的方法来确定知识产权密集型产业。

本报告所采用的研究方法基于一个基本假设，即一个行业的“知识产权密集度”是该行业的固有特性，与其处于哪个国家无关[1]。在评估各行业对经济的贡献时，衡量的是该行业在欧盟各成员国和欧盟整体层面提供的就业岗位和创造的增加值，而不是在其来源地创造的贡献。

例如，如果一家总部位于 A 国的汽车企业在 B 国建造了一家装配厂，那么由此提供的就业岗位和增加值要计算到 B 国的经济中。因此，不能仅根据知识产权密集型产业对一个国家的贡献，就得出关于特定国家创新性程度的结论。在上述例子中，B 国专利密集型产业的较高贡献值来自对装配厂选址地点的决定，但实际上也可以在 A 国或其他国家同时进行研发。

为了阐明这一问题，第 5 章给出了本报告所用数据库中的专利、商标、外观设计专利和植物新品种权来自哪些国家，并提供了各欧盟成员国知识产权密集型产业中由其他成员国或非欧盟企业创造的就业统计数据。

---

[1] 地理标志是个例外，它是按国家分析的。

2 介绍

当前，知识产权（IPR）被广泛认为是现代经济的关键驱动力。知识经济的出现、全球化的市场以及产品和服务的日益复杂都使知识产权变得更加重要。对许多发达经济体的企业来说，目前无形资产远比实物资产更有价值。经验证据表明，在试图从创新中获取附加价值时，企业考虑采用替代的、通常是互补的知识产权保护方式。多数决策者已经意识到，知识产权密集型产业将推动欧洲（及其他地区）未来经济的增长和繁荣。

如图 1[1] 所示，自 2004 年以来，欧洲申请人提交的专利、商标和外观设计专利申请量显著增加。总体而言，欧盟商标和专利的申请量在整个期间都有所增长，其中商标申请量增长更快。2007 年之前，外观设计专利申请量的增长率与商标的增长率相当，但此后增长缓慢，2012 年至 2015 年，即全球经济危机爆发的年份，申请量始终停滞不前。总的来说，知识产权申请活动的弹性是知识产权重要性日益增加的又一表现。

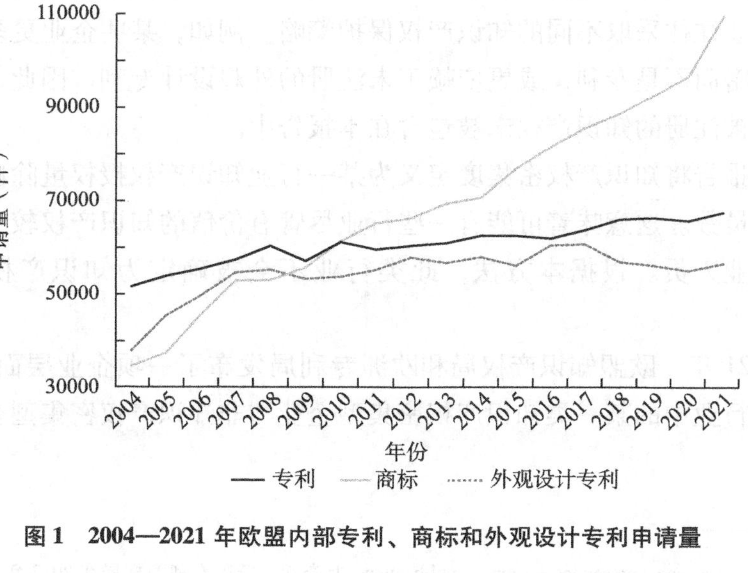

图 1　2004—2021 年欧盟内部专利、商标和外观设计专利申请量

---

[1] 图 1 中，专利为欧洲专利（EP），商标为欧盟商标（EUTM），外观设计专利为注册共同体外观设计专利（RCD）。

迄今为止，知识产权及其经济贡献的量化证据往往是零碎和分散的，侧重于某一项知识产权或特定产业上。通常，有关知识产权对经济影响的研究主要集中于专利。近年来，一些研究也开始考虑商标对创新、增长、就业和工资的影响，但这些研究通常仅限于国家层面。

与上一版报告一样，本报告全面评估了知识产权密集型产业对欧洲经济的贡献，重点是国内生产总值、就业和对外贸易[1]。当然，知识产权还以我们研究中未量化的其他方式影响经济，包括技术转让、对创新和增长的长期影响，以及未通过市场交易货币化[2]的知识产权创造和使用的相关外部效应等。

本研究报告涉及的知识产权包括商标、专利、外观设计专利、版权、地理标志（GI）和植物新品种权（PVR）。报告以劳动力规模为参考，确定出哪些行业使用这些知识产权的水平高于欧盟平均水平，并量化了这些行业在欧盟整体经济和每个成员国经济中的占比，报告中也包括了冰岛、挪威、瑞士和英国的数据。

虽然本报告量化了知识产权对经济的整体贡献，但其结果并未能确定知识产权与经济变量之间的因果关系，也没有对不同类型的知识产权保护的效果进行任何比较分析。不同的知识产权服务于不同的目的，用于不同的经济部门，适用于不同的范围。本研究也没有分析知识产权对单个企业的价值，而是关注它们对行业和成员国的贡献。任何行业中都有一些企业比其他企业更密集地使用知识产权，本报告并不研究此类变化。同样地，不同企业往往采取不同的知识产权保护策略。例如，某些企业更多依赖于商业秘密而不是专利，或更依赖于未注册的外观设计专利。因此，一些重要但未被注册的知识产权未被包含在本报告中。

本报告将知识产权密集度定义为某一行业知识产权授权量除以该行业就业人员数。这意味着可能有一些行业尽管有价值的知识产权较少但拥有大量就业人员。根据本方法，此类行业不会被确定为知识产权密集型产业。

2021 年，欧盟知识产权局和欧洲专利局发布了一项企业层面的分析，将同一行业中的某一类知识产权密集型企业与非知识产权密集型企业进行

---

[1] 2019 年的研究可在 www. epo. org/service – support/publications 上查阅。美国专利商标局在 2012 年、2016 年和 2022 年也发布了关于美国经济的类似研究，见 https：//www. uspto. gov/sites/default/files/documents/uspto – ip – us – economy – third – edition. pdf。

[2] 版权/文化产业也可以通过例外和限制机制影响经济。然而，这些类型的贡献不包括在本研究中。

了比较，以评估知识产权密集型企业是否在就业或工资等指标上表现更好[1]。欧盟知识产权局和欧洲专利局在2019年发布的另一项研究侧重于使用注册知识产权的欧洲中小企业的增长表现[2]。这两项企业层面的研究都表明了知识产权活动与企业财务绩效之间的关系。

本报告简要概述了所涉及的知识产权及其经济贡献。报告第3章介绍了研究方法，解释了数据的选择及其处理。第5章和第6章介绍了每一项知识产权在行业层面的分析结果，并在欧盟和国家层面上，更详细地分析了知识产权密集型产业。本报告的最后几章介绍了知识产权的来源，并对申请了气候变化减缓技术发明专利和与环境可持续性相关的产业进行了补充分析。

2.1 知识产权及其在经济中的作用

随着知识资产在当今竞争激烈的市场中日益重要，近年来出版了大量有关知识产权的经济和管理文献。科学出版物数量的增加（以及媒体和报纸对知识产权的报道也相应增加）反映了过去20年来世界范围内专利、商标和外观设计专利数量的急剧增加，以及它们被用作观察经济现象的产出指标。

知识产权的法律保护通过授予个人和组织对其工作成果的专有法律权利，鼓励他们发挥创造性和创新精神。本节简要介绍了本报告所涉及的6项知识产权形式：专利、商标、外观设计专利、版权、地理标志和植物新品种权。分别说明了每项知识产权的相关保护主题、保护要求以及赋予权利人的基本权利，报告同时简要概述了每项知识产权背后的经济原理。

2.1.1 专利概述

专利保护适用于旨在为技术问题提供新解决方案的发明。要获得专利，发明必须具备新颖性、创造性和实用性。新颖性，是指该发明不属于现有技术，也没有任何单位或个人就同样的发明在申请日前向专利机构提出过申请，并记载在申请日过后公布的专利申请文件或公告的文件中。创造性，是指与现有技术相比，该发明具有突出的实质性特点和显著进步。实用性，是指该发明能够制造或使用，并且能够产生积极效果。只有经过专利机构授权的专利才是完全有效和可执行的，专利当局对专利申请进行

---

[1] “欧洲的知识产权和企业绩效：经济分析”，可在 https：//euipo. europa. eu/ohimportal/en/web/observatory/ip－contribution#ip－contribution_feb－2021 上查阅。

[2] “高成长企业和知识产权：欧洲高潜力中小企业的知识产权概况”，请查阅 www. epo. org/high－growth。

审查，确保发明满足专利申请的所有法律要求之后予以授权。一旦授予了专利权，该专利所有者有权阻止任何其他实体对该专利进行商业利用。此类专利权受时间和空间的限制，保护期限通常为自申请之日起20年内，如要续期则需支付续期费。它的空间范围也有限制，因为专利的排他性只能在授予国的管辖范围内执行。

在欧洲，发明者可通过国家专利系统在某一欧洲国家申请专利保护，并且（或者）通过欧洲专利局的集中程序寻求区域保护。由欧洲专利局授予的欧洲专利权可在多达44个国家提供专利保护。一旦《统一专利法院协议》获得完全批准，统一专利制度将于2023年年初开始实施，专利申请人将能够申请覆盖欧盟大部分地区的“统一专利”❶。专利权促进技术进步、创新和社会福利的主要方式有两种：一是激励创造创新，二是促进新知识的传播和价值化❷。

专利通过发明者或申请人使用或销售专利发明的专有权（奖励功能）的形式对创新创造进行奖励，从而推动创新。为什么要引入这样的激励机制？是因为创新最终会产生新知识。如果这种知识得不到保护，竞争对手可能会以一种成本很低或近乎零成本的方式利用它，从而导致专利持有者回报的减少，使他们不再有意愿去创新。专利的专有法律权利为从事创新活动提供了充分的激励，有助于避免这种风险。

“合同功能”描述了专利促进创新的第二种方式，即通过给予发明者专有权以换取技术方案相关信息的披露。在各国专利局和国际专利局公开的专利文件有利于技术信息的传播，有利于他人利用这些技术信息开发出其他新的技术方案，为社会创造额外收益。信息披露和专有权的结合还使得专利发明的使用可以达到合同的要求（如许可协议或研发合作协议）。

2.1.2 商标概述

商标是任何能够将自然人、法人或其他组织的商品与他人的商品区分开的标志。商标通过让顾客在购买前辨识商品和服务的性质和质量，以减少市场信息和交易成本。可以获得商标保护的常见商标类型包括：文字、图片、风格化文字、标志、颜色或颜色组合、形状、声音或上述标识的进

---

❶ 有关统一专利制度实施的更多细节，请参见 https：//single - market - economy. ec. europa. eu/industry/strategy/intellectual - property/patent - protection - eu/unitary - patent - system_en。（2023年初尚未实施——译者注）

❷ 有大量关于专利的经济文献（参见 Hall 和 Harhoff 2012 年的完整概述）。本文献讨论了专利的经济功能，旨在评估其对经济的实际影响。它还探讨了跨大类行业和国家使用专利的各种方式，以及专利制度的法律设计对经济的影响。

一步组合。一般来说，商标标识必须符合显著性要求。显著性意味着消费者可以将该标识识别为商标，并将其与同领域其他商标相区分。如果商标可能会在其所代表的商品和服务的性质、质量或其他特征上欺骗公众，那么这些商标不能被注册，只有在商标局注册的商标（即注册商标）或在某些国家市场上实际使用的商标（即未注册商标）可以得到保护。并非所有国家都强制要求商标进行注册，但是注册商标可以在主张相关法律权利时[1]体现出优势。注册商标所有者拥有在其商标所属领域内的商品和服务上使用该商标的专有权，并能阻止他人在同领域使用任何相同或相似的标识。注册商标的保护期限通常为10年，但若持续支付费用（通常为每10年支付1次），可以在后续期限无限续展。

商标保护的经济学原理来源于信息和声誉理论。

市场上可供竞争的产品可能在某些特点和属性上有所不同，如果消费者可以零成本获得这些产品的全部相关信息并进行适当的评估以指导其购买决定，那么这种差异就不是问题。然而，通常情况下，消费者在实际购买产品之前几乎很难或根本不可能观察到产品的特性。在这种情况下，一个受商标保护的品牌对于消费者来说就是一个信号，表明该产品的质量与消费者关注到的品牌质量是一致的。

商标的法律保护有助于激励商标持有者对其产品的典型特征进行开发和维持，并借此为市场提供有益的信息。创建商标并建立其声誉，需要在产品质量、服务和广告上下功夫。在缺乏法律保护的情况下，由于模仿竞争对手商标的成本很低，商标持有者很难会有动力在这些方面进行投资。

2.1.3 外观设计专利概述

外观设计专利[2]是指对产品的整体或局部的形状、图案或者其结合以及色彩与形状、图案的结合所做出的富有美感并适于工业应用的新设计。这里的产品可以是任何工业或手工艺品，包括包装、图形符号和字体。换句话说，外观设计专利包括产品的外观，但不包括其功能，其功能属于专利保护的范围。外观设计专利若要得到注册，必须满足两个要求，即它必须是全新的，并有其独特的特点。如果某外观设计专利在其申请日及以前不存在已公开的相同设计，则该外观设计专利被视为全新的；如果某外观设计专利带给用户的整体印象不同于以往任何一个设计，则该外观设计专

---

[1] 为了实施与未注册商标相关的权利，商标持有人必须用事实证明该商标已经在相关公众心目中建立起足够的声誉。

[2] 在本报告中，“外观设计专利”一词指“注册外观设计专利”。

利被视为具有独特特点。外观设计专利保护通常针对已注册的外观设计专利，但按照某些法律的规定，在某个文件或产品中披露的外观设计专利（即未注册外观设计专利）也可自动获取保护权。与商标类似，注册的外观设计专利比未注册的外观设计专利覆盖范围更全面。注册外观设计专利持有者具有使用该外观设计专利的专有权并可阻止任何第三方使用该外观设计专利。在欧盟，注册外观设计专利起始保护年限为自提交申请之日起5年，可每5年进行1次续期，最长为25年。

对外观设计专利进行保护的经济层面的理由主要在于促进创新。一件新的外观设计的诞生是一项创造性活动的成果，需要投入大量的时间、技能和劳动力。如果不能获得专有权，那么任何一方都可以对该外观设计进行模仿，并直接与原创者展开竞争。因此，提供一种法律机制来保护新的外观设计，最终会增加人们对外观设计创作的投入。

2.1.4 版权概述

版权是对计算机程序、文学著作、音乐作品、照片、游戏、电影等的复制权利的合法所有权。除非转让给另一方，版权通常被认为是属于作者的。版权只保护思想的表达形式，而不保护思想本身。欧盟层面不要求版权注册[1]，版权自作品创作之日起自动被授予和保护。在这方面，版权与本报告中涉及的其他知识产权有很大不同。

为了与各欧盟成员国自身的版权法规协调一致，欧盟通过了13项指令和两项条例。尽管如此，对于欧盟层面上未被协调一致的领域，各国仍存在版权保护上的差异。此外，欧盟和3个欧洲自由贸易联盟国家（冰岛、挪威和瑞士）实施的版权制度存在细微差异。但是根据国际法规，版权和相关权利保护的某些标准适用于所有国家，例如《保护文学和艺术作品伯尔尼公约》。

授予欧盟创作者、表演者、制片人和广播企业最重要的经济权利包括：

① 作者、表演者、唱片和电影制作人以及广播机构的复制权；

② 作者、表演者、唱片和电影制作人以及广播机构向公众传播的权利；

③ 作者、表演者、唱片和电影制作人以及广播机构的发行权；

④ 表演者和广播机构的录制权；

⑤ 作者、表演者、唱片和电影制作人的租赁或出借权，以及作者和表演者的租赁或出借相关的公平报酬权；

---

[1] 然而，在许多欧盟成员国可进行自愿注册。

⑥ 以雕塑、绘画或摄影等视觉艺术形式工作的作者的转售权（追续权）；

⑦ 表演者、唱片制作人和广播机构的广播权；

⑧ 计算机程序作者的复制、发行和租赁权。

然而，应注意的是，并非所有权利都适用于权利持有人，一般情况下仅在符合某些条件时才适用。

受所有国家版权法保护的作品类型包括：

① 文学作品（包括小说、短篇小说、诗歌、戏剧作品和不论其内容为小说或非小说的其他任何作品）；

② 戏剧作品；

③ 音乐作品；

④ 艺术作品（无论是二维的，如素描、绘画等，还是三维的，如雕塑或建筑作品）；

⑤ 地图和工程制图（包括制图作品、平面图、蓝图、图表等）；

⑥ 摄影作品；

⑦ 电影作品；

⑧ 计算机程序和数据库。

上述作品类型并不完全，因为一些版权法可能也会保护其他类型的作品。

除了经济权利，作者还被授予精神权利（署名权、作品完整权及发表权），但精神权利并非通过立法而确定，即使版权已转让给第三方，作者依然可以主张这些权利。

相关权利为表演者、唱片制作人和广播机构提供经济保护。在欧盟，电影制片人和出版社也受到相关权利的保护。

欧盟版权保护的期限包括作者的一生以及其身后的 70 年。对于表演者、唱片和电影制作人或广播机构，其版权保护期限为表演、发行或传播给公众之后持续 50 年。2011 年，在某些条件下，欧盟表演者和录音制作人的相关权利期限从 50 年延长至 70 年。

版权的经济层面保护较为复杂，反映出了创作者、发行商、表演者和消费者之间利益的各种权衡，以及短期、长期的影响。版权保护制度的总体目标是确保创作者和其他权利持有人获得适当的报酬（从而使创新活动达到社会最佳水平），同时为公众提供创作作品的广泛渠道，并使其他创作者能够在之前作品的基础上继续创作。

2.1.5 地理标志概述

地理标志（GI）是指某商品来源于某地区，该商品的特定质量、信誉或者其他特征，主要由该地区的自然因素和人文因素所决定的标志。地理标志的使用可以确保该产品因其地理来源而具有一定质量、依照传统方法制造或享有一定的信誉。

与“地理”的联系以及对产品制造的严格控制通常使生产地理标志产品的不同大类行业之间存在纵向一体化：从农场主到制造商，甚至是批发商或零售商。

由于在欧洲地理标志主要用于农业、食品和饮料行业，因此本研究只涉及农业、食品和饮料产生的地理标志。

欧盟同时承认非欧盟国家的地理标志。

以下总结了农产品和食品的两种主要地理标志类型。

受保护的原产地名称（PDO）	在规定地理区域采用公认的技术进行生产、加工和制备的产品。产品的特性完全或主要归因于产地以及当地生产者的技能。
受保护的地理标志（PGI）	产品的声誉或特性与产地的地理区域紧密相连。对于拥有 PGI 标志的农产品和食品，生产、加工或制备的各个环节中至少有一个环节发生在该区域。对于地理标志保护葡萄酒，要求至少 85% 的葡萄来自该区域。

地理标志和其他知识产权之间的另一个区别在于，商标、外观设计专利、专利和版权通常是由私人实体（通常为个人或企业）所拥有，而地理标志通常是由相关地理区域的生产者协会进行申请和管理。地理标志可以由该地区所有遵循特定生产方法的个体生产商使用。

就其经济功能而言，地理标志与商标具有相同的基本功能，即解决买家和卖家信息不对称的问题，并通过对产品的原产地和制造方法进行认证，来帮助消费者降低信息搜寻成本。这体现在消费者往往愿意为地理标志产品支付更高的价格[1]。

2.1.6 植物新品种权概述

植物新品种权或植物育种者权利（PVR）是一种特殊形式的知识产权，对完成育种的单位或个人授予植物新品种权，享有排他的独占权

[1] 见欧盟知识产权局：“侵犯欧盟葡萄酒、烈酒、农产品和食品的受保护地理标志”，2016 年。可参阅 https：//euipo. europa. eu/tunnel - web/secure/webdav/guest/document_library/observatory/documents/Geographical_indications_report/geographical_indications_report_en. pdf。

（TRIPS 协定第 27（3）（b）条）。

植物新品种是指已知等级最低的植物分类单元内的植物种群，可以通过由给定的基因型或基因组合产生的特征表达来确定，通过至少一种上述特征与任何其他植物相区别，根据其是否适合原样繁殖，而被视为一个单元。《保护植物新品种国际公约》（UPOV 公约）提供了保护植物新品种权利的国际法律框架。

就欧盟而言，欧盟植物新品种权（CPVR）系统是欧盟层面植物新品种知识产权的唯一形式。欧盟植物新品种权系统由欧盟植物新品种保护办公室（CPVO）管理，负责欧盟范围内植物新品种权的授权。植物新品种可以通过一定程序获得授权，并在整个欧盟境内具有统一的效力。欧盟植物新品种权与成员国各国的植物新品种权保护制度同时存在。然而，如果在欧盟层面上授予了植物新品种权，那么在国家层面对同一植物新品种授予的权利便不再有效。

要获得植物新品种权，必须首先向所在国家或地区指定机构提交审查申请。提交申请的品种必须满足明确性、一致性和稳定性的技术标准（DUS 标准）。此外，该植物品种还必须是新颖的，并具有合适的名称。这些标准由欧盟植物新品种办公室在正式、实质性和技术性的审查后进行测试，后者与国家当局（委托审查办公室）合作。

如果满足所有适当要求，将授予固定期限的植物新品种权保护证书。1991 年的《保护植物新品种国际公约》规定的保护期限为至少 20 年。在欧盟，大多数植物品种的保护期限为 25 年，葡萄、树木和马铃薯的保护期限为 30 年。

权利持有人可以对任何侵犯欧盟植物新品种权的个人提起民事诉讼。

植物新品种权的经济原理与专利相似：鼓励创新的同时促进知识在整个经济领域内传播。2022 年，欧盟知识产权局和欧盟植物新品种保护办公室联合发表了一份关于欧盟植物新品种系统对欧盟经济和环境的贡献的联合研究报告❶。

2.2 六项知识产权总结

表 10 总结了专利、商标、外观设计专利、版权、地理标志和植物新品种权的主要特征。

---

❶ 参见 https://euipo.europa.eu/ohimportal/en/web/observatory/ip-contribution#study_04-2022。

表10　知识产权的主要特征

知识产权	专利	外观设计专利	商标	版权	地理标志	植物新品种权
主题	发明（技术问题的解决方案）	一件物品或产品或其零件的原创的装饰性和非功能性特征	特定商品或服务的显著标志，能与其他企业的商品和服务区分开来	艺术、文学、戏剧，音乐、摄影和电影作品，地图和技术制图，计算机程序和数据库	原产于特定地理位置的产品，其品质或声誉取决于其原产地	植物新品种
保护要求	新颖性，创造性（非显而易见性），实用性	新颖性，有个体特征	独特性	作品的原创性，无论其文学或艺术价值	技术规格能够证明产品及产品特性与地理位置相关联	独特性、一致性、稳定性和新颖性
权利的获得	由专利局审核后授予并生效	对于注册外观设计专利，由知识产权局审查；对于非注册设计专利，通过披露行为自动获取	对于注册商标，由知识产权局审查；对于未注册商标，在商业上使用	在创作时自动生成	国家权威机构审查（因国家而异），然后由欧盟委员会审查	由欧盟植物新品种办公室选择的审查机构进行审查，然后授予
被授予的权利	制作、使用、出售专利所保护的发明的专有权	外观设计的专有权，阻止第三方未经权利人同意而使用	在贸易中的商标专有权	复制，传播，包括向公众提供、发行、出租、转售、翻译、改编、公开表演	集体权利，对可比产品授予商业化的专有权，并防止仿冒	将受保护植物新品种商业化的专有权
有效期	一般为自申请日起20年，每年须支付续期费用	注册外观设计专利最长期限通常为25年。对于欧洲共同体注册外观设计专利，最长达25年（每5年续约1次）	对于注册商标，一般为自申请日起10年，但可在缴付费用后连续多期无限续期	对于作者，期限为一生加身后70年。对于表演者，一般为从首次公开表演、录制、出版或传播之日起70年。对于录音制作人，为录制完成、录音作品出版或向公众传播后70年。对于电影制作人，为录制完成、电影发行或向公众传播后70年。对于广播机构，为首次播出后50年	无限期，无须续期	大多数植物新品种的保护期限为25年；藤本植物、树木和土豆根据年费缴纳情况最长可达30年

3 研究方法

本报告的目的是考察知识产权密集型产业的经济特征。本报告采用的研究方法尽可能遵循2019年、2016年和2013年报告中采用的方法，以实现最大的可比性。因此，本报告的研究方法与前两版报告基于相同的原则：首先确定哪些行业使用的知识产权比其他行业的知识产权多❶；其次，利用行业层面的经济统计数据来确定这些行业的就业、增加值（GDP）、贸易和工资；最后，将行业层面的经济总量与整体经济总量进行比较，以确定知识产权密集型产业对经济的贡献。

本报告与2019年报告一样，采用了新的匹配方法，以确保知识产权密集型产业或非知识产权密集型产业的分类能尽可能准确地反映当前经济形势。如第2.2节和第8章所述，数据匹配方法得到了改进，相比之前减少了人工操作。总之，新方法确定了357个行业为知识产权密集型产业，比2019年报告增加了4个❷。为了分析这一变化，本报告使用新的知识产权密集型产业重新计算了前期数据（不包括英国），以确保数据之间具有可比性。

本版报告中还包括4个非欧盟成员国——冰岛、挪威、瑞士和英国。对于这4个国家知识产权密集型产业贡献的计算基于一个假设，即欧盟知识产权密集型产业在这4个国家也是知识产权密集型产业❸。换句话说，没有对这4个国家进行单独的匹配，这主要是为了确保其结果与欧盟具有可比性。此外，鉴于这4个国家经济发展水平与许多欧盟成员国相似，也有理由假设它们的经济结构与其他欧盟成员国的经济结构相同。

本报告分析中采用的基本单位是欧盟统计局使用的欧盟经济活动统计分类中定义的行业。

---

❶ 这种方法没有考虑行业内部知识产权的使用情况。换句话说，如果一个行业中少数企业非常密集地使用知识产权，而其他企业很少使用知识产权，那么该行业可能被归类为知识产权密集型产业。

❷ 虽然知识产权密集型产业数量变化很小，但其具体产业变化较大。上版报告中的17个专利密集型产业在本报告中不再被确定为专利密集型产业；19个之前未被归类为专利密集型的产业现在被归类为专利密集型产业。在商标密集型产业中，淘汰22个，增加17个。外观设计专利密集型产业淘汰35个，新增28个。

❸ 严格地说，确定知识产权密集型产业的匹配工作包括商标、外观设计专利和英国专利申请，但所有其他计算都是根据欧盟27国的数据进行的。

欧盟经济活动统计分类将经济活动分为22个门类、88个大类（通常为2位码）、272个中类（3位码）和615个小类（4位码）。分层结构的示例如图2所示。

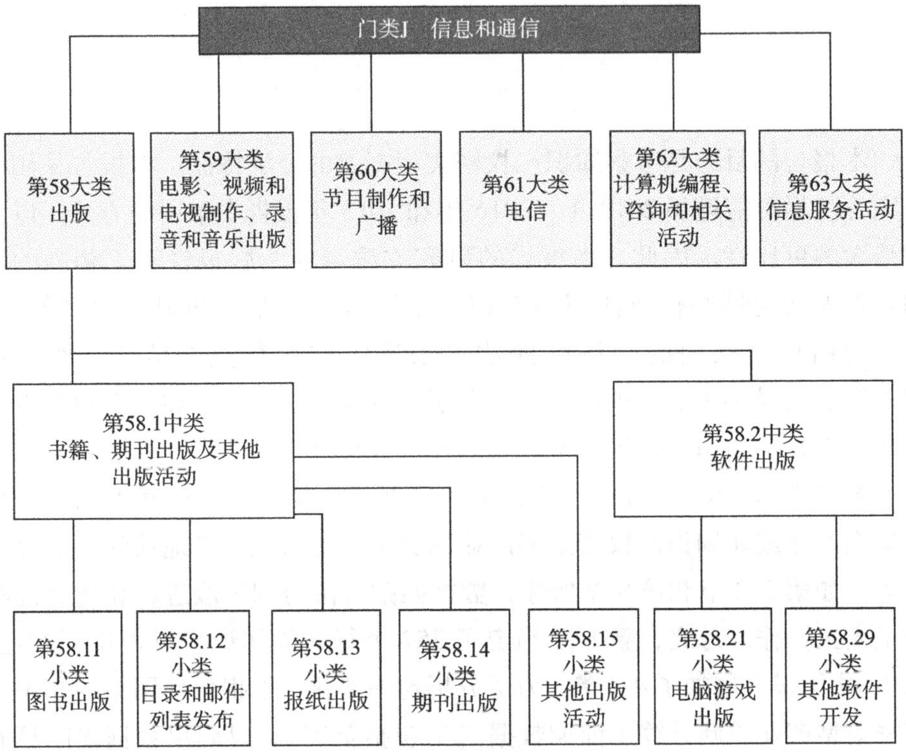

图2 欧盟经济活动统计分类：门类J 信息和通信

如第3.6节和第3.7节所述，版权和地理标志密集型产业是预先确定的。对于专利、商标、外观设计专利和植物新品种权，通过计算欧盟知识产权局、欧洲专利局和欧盟植物新品种保护办公室中所有行业的知识产权数量以及这些行业的就业水平来确定知识产权密集度。这是研究中工作量最大的部分，第3.2节对此进行了解释。第3.3节（专利）、第3.4节（商标）和第3.5节（外观设计专利）对数据的使用方式做了进一步说明。第3.8节说明了植物新品种权的确定方法。

在计算产业的知识产权密集度时，将知识产权尽可能与小类行业相关联。然而，欧盟统计局的就业数据并未囊括所有行业，对于某些行业，其可用的准确就业数据为大类行业数据，来源于劳动力调查（LFS）[1]。这些行业的知识产权密集度计算只能在大类行业层面上进行。

---

[1] 有关劳动力调查的更多信息，见 https：//ec. europa. eu/eurostat/web/microdata/labour－force－survey。

如果在知识产权密集度计算中加入这些行业，整体平均值将会降低，这会导致更多的行业被归类为知识产权密集型产业。因此，每千名就业人员的知识产权授权量的计算仅基于结构性商业统计中包含的行业。另一方面，当计算出该平均值后，为了确定知识产权密集型产业，就要考虑所有欧盟经济活动统计分类代码，包括那些只有劳动力调查就业数据的代码。

3.1 数据来源和选择标准

本研究的一个显著特点是采用了多种数据库和数据来源来确定知识产权密集型产业，并评估这些产业对就业和 GDP 等经济指标的贡献。具体而言，采用的数据库包括：

① 欧盟知识产权局的注册商标数据库和注册外观设计专利数据库。

② 欧洲专利局的 PATSTAT 数据库，包含欧洲专利局已发布和（或）已批准的专利申请信息。

③ 欧盟植物新品种保护办公室注册植物新品种权数据库。

④ 商业数据库 ORBIS，包含超过 1 亿家欧洲企业的行业分类和其他信息[1]，是与欧盟知识产权局、欧洲专利局和欧盟植物新品种保护办公室数据库一起用于分析已注册知识产权（专利、外观设计专利、商标和植物新品种权）的基本数据库。ORBIS 由总部位于布鲁塞尔的 Bureau van Dijk 企业提供，该商业数据库根据企业在各自国家的企业信息登记情况和相关政府记录中提交的文件整理数据。

⑤ 欧盟统计局的欧盟对外贸易参考数据库（COMEXT）。该数据库被用来量化知识产权密集型产业对欧盟对外贸易的贡献。

⑥ 欧盟统计局的国际收支平衡表（BoP），用于估计欧盟成员国之间的国际服务贸易（欧盟内交易）和与非欧盟国家之间的国际服务贸易（欧盟外交易）。

⑦ 欧盟统计局的结构性商业统计（SBS）数据，使用欧盟经济活动统计分类，显示欧盟和成员国以及本研究中包括的 4 个非欧盟国家每个产业的就业、劳动力成本和增加值。这些数据是知识产权密集型产业对就业和 GDP 贡献的主要数据来源（除地理标志外）。

⑧ 欧盟统计局的劳动力调查（LFS）数据，用于估计结构性商业统计

[1] bvdinfo. com/en - gb/our - products/data/international/orbis? gclid = Cj0KCQjwrs2XBhDjARIsAHVymmTfOCRrrr_EcGZXtjJzkovmF4oRyG - 8FrY9dBM4tq7X5vvyl1ypl5saAsmKEALw_wcB，2022 年 8 月 11 日查询。

数据库中缺少数据的某些产业的就业情况。

⑨ 欧盟统计局的国民账户统计数据，欧盟整体 GDP 和就业官方数据的主要来源，适用于每个欧盟成员国和属于欧洲统计体系的非欧盟国家。

⑩ 欧盟统计局的投入产出表（IOT），显示了不同行业之间产品和服务的流动。这些数据主要用于量化知识产权密集型产业的间接就业贡献。

⑪ 农业经济账户（EAA）数据，欧盟统计局农业的主要数据来源。该数据库用于分析欧盟、欧盟成员国和非欧盟国家的植物新品种权密集型产业和地理标志密集型产业。

⑫ 来自几个欧盟成员国国家统计局的经济数据。该数据用于对欧盟统计局数据进行补充，尤其是一些版权密集型产业的数据。

⑬ 欧盟统计局的外国分支机构统计数据（FATS），用于计算总部位于各成员国之外的企业在知识产权密集型产业创造的就业岗位数量。

⑭ 欧盟委员会农业和农村发展总司的 E－ambrosia 数据库，展示了所有在欧盟注册的地理标志。

⑮ 欧盟委员会农业和农村发展总司提供的地理标志产品销售数据，用于量化地理标志密集型产业对 GDP 的贡献[1]。

本报告选择的知识产权是 2013—2017 年在欧洲专利局、欧盟知识产权局和欧盟植物新品种保护办公室申请并获得授权的专利、商标、外观设计专利和植物新品种权[2]。使用五年期而不是一年期可以避免在任何特定年份因影响经济的因素而产生的误差。

选择知识产权样本进行分析时，采用了 3～4 年的时间差，这是因为一项创新只有经过一定时间后才能产生经济效益。同样，获得诸如市场营销渠道、成本效益高的制造及售后支持等互补资产也需要一定的时间，这是在动态环境中成功实现商业化的前提条件。另外，对于新产品和服务而言，签订许可协议以及获得融资可能是个漫长过程。这可以解释为什么许多研究表明，专利成功申请和企业业绩变化之间存在一定的时间差[3]。商标和外观设计专利也存在类似情况，因为新注册的商标或外观设计专利不

---

[1] “欧盟质量计划、地理标志（GI）和传统特产保护（TSGs）的经济价值研究”，2019 年 10 月，国际和欧盟委员会。

[2] 换言之，该申请是在 2013—2017 年提交的，但相应的知识产权可能在 2022 年上半年之前的任何时候被授予（当时用于匹配工作的数据是从基础数据库中提取的）。

[3] Holger Ernst（2001 年）研究了 1984—1992 年 50 家德国机床制造商的专利申请与随后的企业业绩变化之间的关系，发现欧洲专利的时间滞后效应可以长达 3 年。

可能像已在市场内存在几年的商标那样带来相同的收益，需要一定时间来让消费者建立起对特定企业或产品的信心。

根据本章中所述方法确定的知识产权密集型产业的经济贡献，采用了2017—2019年的经济数据进行分析❶。因此，对使用2014—2016年经济数据的上一版报告进行了更新。

本报告中所使用的知识产权仅指在欧盟层面注册的知识产权，不包括企业在各国注册的知识产权。这种做法，部分原因是迫于数据的局限性，但也基于这样一个假设：如果一个产业因其在欧盟层面的知识产权授权量而被确定为“知识产权密集型产业”，在国家层面，该产业也将会被确定为“知识产权密集型产业”。

欧盟知识产权局、欧洲专利局和欧盟植物新品种保护办公室数据应与ORBIS数据库进行匹配，但本报告中只包括至少一个欧盟所有者的专利、商标、外观设计专利和植物新品种权，因为本报告所采用的ORBIS数据库中的欧盟企业数据，还包括总部不在欧盟的非欧盟企业。然而，排除非欧盟知识产权所有者并不影响数据匹配工作的最终目标，即选择知识产权密集型产业。本研究的一个基本假设是，无论一个产业的地理位置如何，这个行业是否是知识产权密集型产业都是其固有特征。在之后的章节对知识产权密集型产业对欧盟经济的就业和GDP贡献进行的经济分析中，无论每个行业中的企业最终所有权如何，所有相关行业均被涵盖其中。例如，欧盟统计局的统计数据和第4章的量化数据中包括了位于欧盟成员国的一家韩国汽车厂的就业岗位。

3.1.1 经济数据

就业和增加值数据的主要来源是欧盟统计局的结构性商业统计（SBS）数据库，该数据库涵盖了欧盟及其各成员国以及本研究中包括的3个非欧盟国家（冰岛、挪威和瑞士）在每个欧盟经济活动统计分类4位码行业的就业情况。实际上，由于下述一个或多个因素的存在，欧盟统计局发布的统计数据在某些年份存在数据缺失。

数据质量：在某些情况下，欧盟统计局和（或）各成员国统计局可能会确定个别行业的数据质量有问题。在这种情况下，欧盟统计局不会公布该行业的数据。然而，即便如此，这些数据仍包含在欧盟统计局对欧盟层面的总体估计中。

---

❶ 唯一的例外是英国知识产权密集型产业的贡献，由于数据的局限性，使用的是2017—2018年数据。

保密性：在某一成员国中，在某一特定行业内可能只有一家活跃的企业（对于较小的成员国尤其如此）。在这种情况下，为了保密，欧盟统计局不公布成员国该行业的数据。但是这些数据仍被包括在欧盟层面的总体估计中，以及按门类划分的欧盟经济活动统计分类行业数据中。

排除某些行业：有 16 个知识产权密集型产业在结构性商业统计中根本没有任何数据[1]。

对于其余 14 个欧盟统计局未收集数据的知识产权密集型产业，就业数据来自捷克、丹麦、法国、意大利、西班牙和瑞典的国家统计局。通过计算这 6 个成员国每个行业的就业人员数与相应行业总就业人员数和增加值的比率（行业 85、行业 90—94），将这些比率应用于其他欧盟国家，以获得缺失的就业人员数。实际上，这一步骤假设欧盟层面这 6 个成员国的 14 个行业在总就业和增加值中的比重与 6 个成员国的总和相同。

总之，从欧盟层面上看，357 个知识产权密集型产业中有 343 个行业的结构性商业统计数据可用，而其余 14 个行业的数据则是通过基于成员国数据的插补完成的[2]。

欧盟对外贸易数据基本来源于欧盟统计局的 COMEXT 数据库。有关贸易数据的一个问题在于，它是根据产品而不是行业或经济活动来统计的。然而，COMEXT 通过其按活动划分的产品分类（CPA 2008）提供了一种“翻译”渠道，该分类与本报告中使用的欧盟经济活动统计分类一致。

本报告根据欧盟统计局公布的国际收支数据，将国际服务贸易纳入商品贸易。欧盟统计局扩展了国际收支服务分类（EBOPS 2010）和按活动划分的产品分类（CPA 2008）之间的对应关系，用于计算知识产权密集型产业的进出口数据。当知识产权密集型和非知识产权密集型产业都在同一国际收支服务分类中时，知识产权密集型的份额是根据结构性商业统计的附加值来估算的。

---

[1] 这些行业都包括在如下产业中：01 作物和动物的生产、狩猎和相关服务活动；66 金融服务和保险活动辅助活动；85 教育；90 创意、艺术和娱乐活动；91 图书馆、档案馆、博物馆和其他文化活动；92 赌博和博彩活动；93 体育活动和娱乐休闲活动；94 会员组织活动。

[2] 理论上，成员国层面需要 19000 个数据（27 个成员国 357 个行业的就业或增加值）。然而，欧盟统计局公布的小类行业统计数据中缺少了约 1/10 国家层面的数据，这些数据根据 SBS 中的大类行业数据进行了估算。估算的数据仅在马耳他地区具有重要意义。

3.2 专利、商标、外观设计专利和植物新品种权的数据匹配

为了确定哪些行业是知识产权密集型产业，将欧盟知识产权局和欧盟植物新品种保护办公室登记表以及 PATSTAT 数据库与 ORBIS 商业数据库进行了匹配，该数据库中包含 1 亿家欧洲企业的行业分类和其他信息[1]。在数据准备过程（名称协调）的第一步是使用鲁汶天主教大学开发的算法，并由项目团队进一步细化[2]。第二步是数据库的实际匹配，基于项目团队开发的原始方法。所有数据库中的企业都使用名称、法律形式、邮政编码和其他标准进行匹配，以克服不同数据库之间拼写、缩写等不一致造成的固有困难。

最终的结果是一个匹配的数据库，其中包含超过 750 万家企业（ORBIS ids）的数据，以及每家企业申请的商标、外观设计专利、专利和植物新品种权的数量。

匹配后，不符合的数据被过滤，仅包括 2013—2017 年提交并注册/批准的申请。根据知识产权的类型，76% ~93% 的知识产权与其所有者的数据相匹配[3]。没能找到所有的专利、商标、外观设计专利或植物新品种权的权利人，有多种原因：ORBIS 不包含关于个人（可能是知识产权所有者）的数据、申请人姓名的变更可能不会通知知识产权办公室、ORBIS 数据中可能存在错误或缺失、匹配算法可能无法捕捉到拼写差异。

当与欧盟统计局使用的欧盟经济活动统计分类（NACE）相结合时，这些数据可以进行汇总，以显示与这些知识产权相关的行业。这一步骤对于确定哪些行业密集使用商标、外观设计专利、专利和植物新品种权至关重要[4]。数据匹配过程简化示意图如图 3 所示。

---

❶ https：//www. bvdinfo. com/en - gb/our - products/data/international/orbis？ gclid = Cj0KCQjwrs2XBhDjARIsAHVymmTfOCRrrr_EcGZXtjJzkovmF4oRyG - 8FrY9dBM4tq7X5vvyl1ypl5saAsmKEALw_wcB，查阅于 2022 年 8 月 11 日。

❷ 有关该步骤的详细说明，请参见第 9 章。

❸ 最后已注册知识产权的所有者用于匹配。例如，对于专利，使用了《授权公告》中提到的申请人。由于数据可用，未考虑后续权利转让。然而，可以假设，大多数权利转让发生在活跃于同一行业的实体之间，因此不会对本研究的结果产生任何重大影响。

❹ 尽管 ORBIS 是提取企业工业活动信息的最佳可用数据源，但知识产权管理实践和企业商业活动的性质有时会扭曲知识产权工业应用的信息。例如，如果一家企业活跃于多个行业，并保护与其活跃于其中的每个行业相关的知识产权，情况就是如此。在 ORBIS 中，每个企业/分支机构只能与一个主要行业关联，因此其所有知识产权都将与该主要行业的欧盟经济活动统计分类代码关联。同样，如果一家企业在制造业和批发贸易方面都很活跃，但批发贸易在 ORBIS 中被列为其主要行业，则其知识产权将被视为与批发贸易相关，尽管它们实际上可能只与制造业相关。

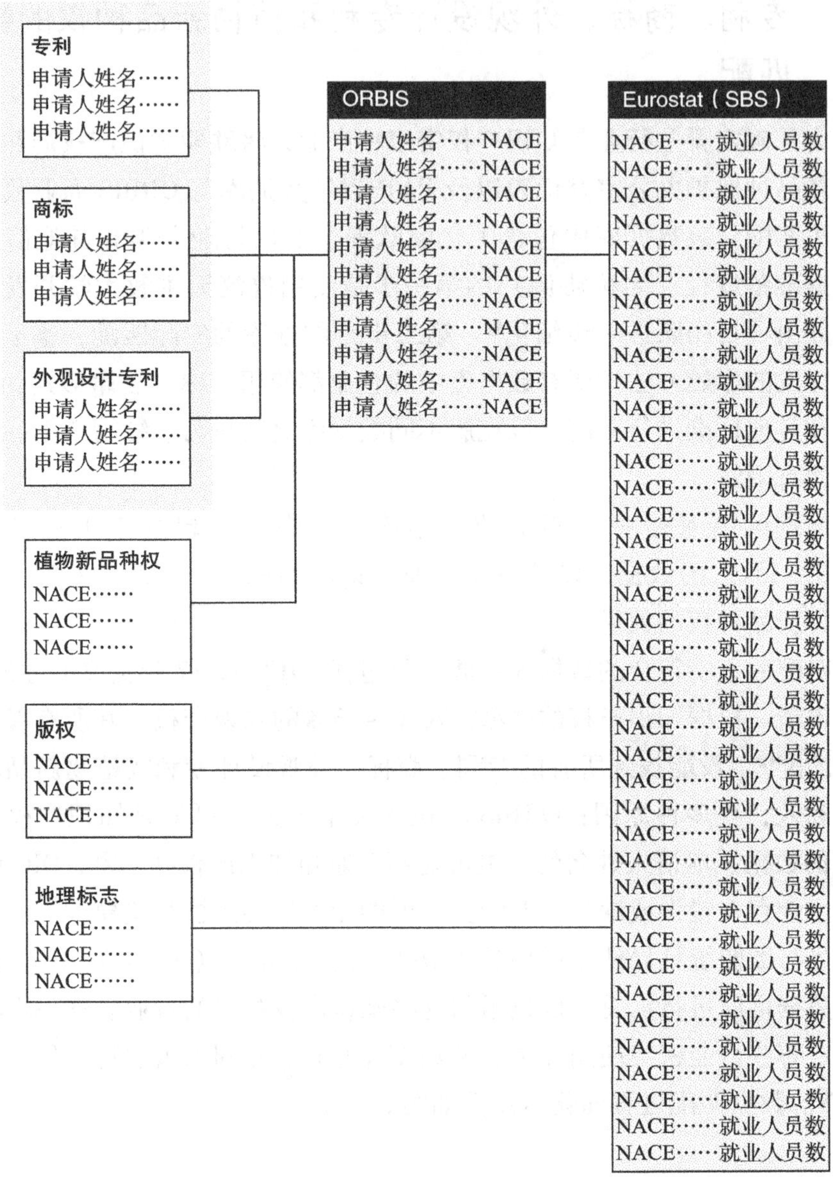

图 3　数据匹配过程示意图

3.3　专利密集型产业的确定

本节解释了如何确定专利密集型产业。专利密集度在欧盟水平上的计算分为两步。首先，计算每个行业内受《欧洲专利公约》（EPC）保护的专利总数，称为绝对专利密集度。其次，根据欧盟统计局在其结构性商业统计（SBS）系列中的报告，用每个行业的专利授权总数除以该行业在欧盟层面上的就业人员数，结果就是该行业的相对专利密集度。最后，计算了所有拥有专利的行业的相对密集度的总体加权平均数。将相对专利密集度高于平均水平的行业确定为专利密集型产业。

在计算专利、商标和外观设计专利的绝对密集度时，有两个重要的问题需要处理。首先是所谓的“总部”问题，即在 ORBIS 数据中存在着一般性、非特定的行业代码，像是 64.20 控股企业活动、70.10 总部活动和 82.99 其他业务支持服务等，这种现象反映了一种常见的商业做法，即大企业将知识产权集中在总部层面管理。为了避免绝对密集度的计算结果出现偏差，我们研究并使用了一套程序给这些知识产权分配合适的行业代码。此程序的说明参见第 9 章。

另一个数据限制问题，也是专利、商标和外观设计专利共有的问题，是 ORBIS 数据库中欧盟经济活动统计分类代码的分配采用的层级比本报告所用的 4 位码行业更高。对于“总部”现象，通过在大类（2 位码）或中类（3 位码）内重新分配知识产权来解决。

3.3.1 绝对密集度

计算绝对密集度，首先从 PATSTAT 数据库（2021 年秋季版）开始。该库包含 2013 年 1 月 1 日至 2017 年 12 月 31 日所有已公开的受《欧洲专利公约》保护的专利申请，总共 297839 个。

接着，对上述数据进行过滤，只选取在 2013—2021 年成功获得授权的申请。这将统计的申请量减少到 166358 个。

之后，将上一步产生的数据与 ORBIS 中的企业信息相匹配，将数据进一步减少至 142727 个，即获得授权的专利申请量的 86%。

如果一项专利有多个权利人，其中一些权利人位于欧盟之外，则与这些权利人相关的专利数会从所有专利的总数中减去。与 ORBIS 数据匹配的专利集对应的专利总数为 139644 个。

对于一些企业来说，ORBIS 数据库中缺少其所属的欧盟经济活动统计分类代码的信息。在这种情况下，这些信息是根据欧盟经济活动统计分类和国际专利分类之间的对照表推断出来的，该表基于匹配的数据集。考虑到该企业专利组合中特定的国际专利分类构成，专利申请人被分配到概率最高的欧盟经济活动统计分类。

3.3.2 相对密集度

为了计算相对专利密集度，将欧盟统计局的就业数据与绝对密集度数据相匹配。相对专利密集度是指分配给某个行业的专利授权总数除以该行业的总就业人员数（千人），从而得出每1000名就业人员的专利授权量。专利密集型产业即是指每1000名就业人员的专利授权量高于所有行业平均水平的行业，即每1000名就业人员拥有0.951项已授权的专利。虽然在计算加权平均数时，没有考虑到部分只有劳动力调查就业数据可用的行业，但将这些行业与所有行业平均水平进行比较，可以确定它们是否符合专利密集型产业的定义。事实证明，这些行业都不是专利密集型产业。

3.4 商标密集型产业的确定

3.4.1 绝对密集度

商标绝对密集度的计算从欧盟知识产权局的数据库开始，该数据库包含所有2013年1月1日至2017年12月31日提交欧盟知识产权局的商标申请，这些申请均满足至少有一名申请人位于欧盟成员国内，总共444571份（1300355个商标类别）。

然后对该数据集进行过滤，只包括最终于2013—2022年成功获得授权的申请。这将统计的申请量减少到387917个（1146224个商标类别）。

下一步，将数据集与EUIPO－ORBIS对照表进行匹配，将商标申请人的数据与ORBIS中的企业信息数据结合起来。有295363个商标申请（872674个商标类别）匹配成功，占所有相关申请的76.14%。

如果一个商标有多个权利人，其中一些权利人不在欧盟范围内，则与该权利人相关的商标数会从所有商标的总数中减去。与ORBIS数据匹配的商标总数为294269个（864982个商标类别）。

对于与ORBIS数据匹配但在ORBIS中没有相关欧盟经济活动统计分类代码的一部分商标权利人，其信息是从其申请专利保护的专利数据中推断出来的。总的来说，有10194件与ORBIS相匹配的商标申请没有欧盟经济活动统计分类代码。这其中的783件商标申请，可以根据与其权利人相关的专利申请来进行推断。在ORBIS中没有欧盟经济活动统计分类代码的其他申请被丢弃，无法进行进一步分析。分析共考虑了285952个商标申请（836338个商标类别）。

为了将适当的行业代码分配给ORBIS中具有总部地位的企业，使用了同一经济集团内与总部相关联的企业的欧盟经济活动统计分类代码。对于某一总部，欧盟经济活动统计分类代码与总部经济集团内代表不同欧盟经济活动统计分类行业的企业数量成比例分配。

对于与总部代码相关的企业，如果ORBIS中没有足够的关于其集团结构的信息，并且这些行业申请了专利，则可以根据其专利所属的国际专利分类从专利数据推断出欧盟经济活动统计分类代码。

根据上述两个步骤，最初与总部欧盟经济活动统计分类代码相关的剩余商标按照与总部相关的有效欧盟经济活动统计分类代码在可进行分配的数据中按分配比例重新分配给其他欧盟经济活动统计分类代码。

最后，对于一些企业，ORBIS 数据库中的欧盟经济活动统计分类代码的层级高于分析中使用的 4 位码。将这部分企业与欧盟经济活动统计分类小类代码进行关联，通过计算关联企业所拥有的商标在大类或中类行业中的分布情况，可以将与这些企业相关的商标重新分配到 4 位码行业来解决这个问题。

3.4.2 相对密集度

为了计算商标的相对密集度，将欧盟统计局的就业数据与绝对密集度数据相匹配。商标相对密集度是指分配给某一行业的商标授权量除以该行业的总就业人员数（千人）。商标密集型产业的定义是，相对密集度高于所有行业平均水平的行业，即每 1000 名就业人员商标授权量超过 5.13 个的行业。

虽然在计算加权平均数时，没有考虑到只有劳动力调查就业数据的行业，但将这些行业与所有行业平均水平进行比较，可以确定它们是否符合商标密集型产业的定义。以下这些只有劳动力调查数据的大类行业被确认为商标密集型产业：金融服务和保险活动辅助活动（66）；赌博和博彩活动（92）；体育活动及娱乐休闲活动（93）。

3.5 外观设计专利密集型产业的确定

外观设计专利密集型产业的确定方法与上述商标密集型产业的确定方法非常相似。

3.5.1 绝对密集度

外观设计专利绝对密集度的计算从欧盟知识产权局的数据库开始。数据库包含了 2013 年 1 月 1 日至 2017 年 12 月 31 日提交的、至少有一名申请人位于欧盟成员国内的注册共同体外观设计专利申请，共 326450 件。

对该数据集进行过滤，仅保留最终在 2013—2022 年获得授权的申请，这将统计的申请量减少到 313867 个。

下一步，将外观设计专利申请人的数据与 ORBIS 数据库中的企业信息相匹配。有 255611 个外观设计专利存在匹配信息，即初始数据集的 81.44%。

如果一项外观设计专利有多个权利人，其中一些权利人不在欧盟范围内，则与该权利人相关的外观设计专利数会被减去。与 ORBIS 数据库成功匹配的外观设计专利总数为 249731 个。

对于一部分与 ORBIS 数据库匹配，但在 ORBIS 数据库中没有欧盟经济活动统计分类代码的外观设计专利所有者，可以从其已申请了专利保护的专利数据中推断出来。总的来说，有 4602 个与 ORBIS 匹配的外观设计专利申请缺少欧盟经济活动统计分类代码。其中的 988 件申请可以根据其权利人相关的专利数据推断出其行业代码。剩余 3614 个 ORBIS 中未提供欧盟经济活动统计分类代码的外观设计专利申请在下一步分析中将被丢弃，最终留下 251997 个外观设计专利申请（外观设计专利数 246179）。

为了将适当的行业代码分配给在 ORBIS 中具有总部地位的企业，使用了 ORBIS 数据库中与总部相关的企业经济集团结构的信息。对于某一给定的总部，欧盟经济活动统计分类代码与总部经济集团内代表不同欧盟经济活动统计分类行业的企业数量成比例分配。对于在 ORBIS 数据库中没有集团结构信息的具有总部地位的企业，如果这些企业已经申请了专利保护，欧盟经济活动统计分类代码可以根据其专利组合，按国际专利分类从专利数据中推断出来。可以根据上文描述的两个步骤，将其余一开始和总部欧盟经济活动统计分类代码相关联的外观设计专利，按照其和总部相关联的欧盟经济活动统计分类代码所占的比例重新分配到其他欧盟经济活动统计分类代码中。

最后，对于一些企业，ORBIS 数据库中的欧盟经济活动统计分类代码层级高于分析中使用的 4 位码。将这部分企业与欧盟经济活动统计分类小类代码进行准确关联，计算企业所持有的外观设计专利在大类或中类行业中的分布情况，可以将与这些企业相关的外观设计专利申请重新分配到小类代码行业中，从而解决这一问题。

3.5.2 相对密集度

计算外观设计专利相对密集度的方法与专利和商标相同。

为了计算相对密集度，将欧盟统计局的就业数据与绝对密集度数据进行匹配。相对密集度是指分配给某个行业的外观设计专利授权量除以该行业的总就业人员数（千人），将每 1000 名就业人员外观设计专利授权量高于所有行业平均水平的行业，即每 1000 名就业人员拥有超过 1.655 件已授权外观设计专利的行业确定为外观设计专利密集型产业。虽然在计算加权平均数时，没有考虑到只有劳动力调查就业数据的行业，但将这些行业与所有行业平均水平进行比较，可以确定它们是否符合外观设计专利密集型产业的定义。事实证明，这些行业都不是外观设计专利密集型产业。

3.6 版权密集型产业的确定

版权无法用与专利、商标和外观设计专利相同的方式来计算密集度，因为版权没有进行注册。一些欧盟成员国确实存在版权注册制度，但并非强制性的，也没有欧盟层面的版权注册制度。为克服这一困难而采取的方法是采用世界知识产权组织（WIPO）制定的方法，这在其2015年出版的《版权产业经济贡献调查指南》中予以记录[1]。

该指南根据产业活动对版权的依赖程度将产业分为4类。这4类分别是：核心版权产业、相互依存的版权产业、部分版权产业和非专用支持产业。

WIPO定义的核心版权产业包括：

① 新闻与文学；

② 音乐、戏剧作品、歌剧；

③ 电影和音像制品；

④ 广播电视；

⑤ 摄影；

⑥ 软件和数据库；

⑦ 视觉和图形艺术；

⑧ 广告服务；

⑨ 版权管理协会。

相互依存的版权产业例如电视机或乐器制造，部分版权产业包括家具或博物馆，非专用支持产业包括一般批发和运输等。

具体而言，在核心产业类别中，指南明确区分了可受版权保护的作品类型、创作这些作品的行业，以及向公众交付受版权保护作品的发行行业。它将核心版权产业定义为“完全从事创作、生产和制造、表演、广播、展览或发行，以及销售作品及其他受保护内容的行业”。其基本思想是，如果没有作品的版权，核心版权产业作为一个类别将不会存在，或者会有显著的不同。

---

[1] 参见 http：//www.wipo.int/publications/en/details.jsp？id＝259，该方法在下文中称为“WIPO方法”。

相互依存的版权产业是指从事生产、制造和销售某种设备的行业，该设备的全部或主要功能是促进作品和其他受保护内容的创作、生产或使用。

部分版权产业是指部分活动与作品和其他受保护内容相关的行业，可能涉及创作、生产和制造、表演、广播、传播或展览、发行或销售。

非专用支持产业是指部分活动与促进作品和其他受保护内容的广播、传播或展览、发行或销售有关，但这些活动未被纳入核心版权产业的行业。

对于这3类产业，世界知识产权组织依据可归因于版权密集型活动的比例给每个行业分配了相关系数。

非专用支持产业被排除在本研究之外，因为它们与版权相关的系数仅占6%。第10章显示了版权密集型产业和相关系数的完整列表。

本报告的研究仅包括WIPO确定的如下产业：

① 核心版权产业；

② 相互依存的版权产业；

③ 版权系数超过20%的部分版权产业。

欧盟层面版权密集型产业的就业和增加值数据来自欧盟统计局的结构性商业统计数据库。然而，有12个行业缺少就业或增加值的数据，这些行业包括文化教育（85.52），表演艺术（90.01），表演艺术辅助活动（90.02），艺术创作（90.03），艺术设施运营（90.04），图书馆和档案馆活动（91.01），博物馆活动（91.02），历史遗迹、建筑和类似旅游景点运营（91.03），游乐园和主题公园活动（93.21），其他娱乐和文娱活动（93.29），专业会员组织活动（94.12），以及其他会员组织活动（94.99）。

为了将这些活动纳入研究，这些部门的数据来自捷克、丹麦、法国、意大利、西班牙和瑞典的国家统计局。通过将这6个国家相关大类行业的就业和增加值与欧盟相关部门的总就业和增加值进行比较，得出了可以合理假设代表整个欧盟的比率。这些比率被用于估算这些产业的欧盟层面就业和增加值数据。

3.7 地理标志密集型产业的确定

由于缺乏有关地理标志产品销售的最新信息，地理标志密集型产业的确定方法与2017年研究中使用的方法相同❶。

---

❶ "欧盟质量计划、地理标志（GI）和传统特产保护（TSGs）的经济价值研究"，2019年10月，国际和欧盟委员会。参见 http：//www. data. europa. eu/doi/10. 2762/396490。

制定方法时必须考虑地理标志的两个重要特征：

① 地理信息标志不归私人所有，它们通常由地区生产者协会申请。这意味着没有可进行比较的能用于匹配权利持有人信息与经济信息的数据库。地理标志在这一点和版权有一定的相似性，所以同样需要使用一组预先定义的行业（版权密集型产业由 WIPO 定义）。对地理标志而言，预先定义的这组行业由欧盟相关机构和法规（本章中为欧盟委员会农业和农村发展总司）提供的信息来源决定。

② 与地理标志产品相对应的特定欧盟经济活动统计分类中小类行业占比在各成员国之间存在显著差异。这意味着同一行业在一个成员国可能是地理信息标志密集型产业，但在另一个成员国则不是❶。这与本研究中包含的其他 4 项知识产权形成了对比，其他 4 项知识产权在任何行业的密集度都是该行业的固有特征，因此可以合理地假设，如果某个特定行业在一个国家是专利密集型产业，那么在其他国家也是专利密集型产业。然而，这一假设不适用于地理标志，与地理标志相关的就业和增加值必须按国家进行量化。

此外，地理标志产业通常是垂直整合的。例如，葡萄酒的地理标志名称（迄今为止最重要的地理标志产业）基于在特定地区种植和加工的葡萄。这意味着，投入产出表不适合计算地理标志产业产生的间接就业。事实上，由于农业就业统计数据存在差距，无法计算农业密集型产业对就业的贡献。

2017 年，欧盟共有 3153 个经注册的地理标志，其中：

① 50.0% 与葡萄酒有关❷；

② 41.6% 与农产品和食品有关❸；

③ 8.2% 与烈酒有关❹；

④ 0.2% 与芳香葡萄酒有关❺。

近 90% 的地理标志产品在 5 个成员国生产：法国、德国、意大利、葡萄牙和西班牙。尽管地理标志在欧盟以外的国家的使用正在增长，其主要使用地点仍为欧洲。

根据欧盟委员会农业和农村发展总司的研究，以及来自欧盟统计局的

---

❶ 例如，大约 47% 的德国啤酒销售受到 GI 的保护，而几乎没有比利时啤酒制造商使用这种知识产权。

❷ 注册（EC）第 1308/2013 号.

❸ 注册（EC）第 1151/2012 号.

❹ 注册（EC）第 110/2008 号.

❺ 注册（EC）第 251/2014 号.

数据，确定了地理标志密集型产业，并计算了它们的增加值和就业占比，如下所述。

该研究按产品和成员国计算地理标志产品的数量和销售额。就整个欧盟而言，地理标志产品占所有食品和饮料销售额的 7.1%，如表 11 所示，各成员国之间存在显著差异。

表 11　2017 年各成员国地理标志产品销售额

国家	2017 年销售额（百万欧元）	农产品销售额比重	葡萄酒销售额比重	白酒销售额比重	食品和饮料产业中地理标志产品比重	外贸中地理标志产品比重（含欧盟内部和外部）
法国	26819	15%	72%	13%	14.9%	43%
意大利	15758	44%	55%	1%	11.8%	47%
德国	8672	61%	37%	2%	5.1%	13%
西班牙	6166	26%	72%	2%	6.4%	32%
葡萄牙	1847	9%	91%	0%	11.8%	41%
荷兰	1577	99%	1%	0%	2.1%	48%
希腊	1195	77%	17%	5%	8.4%	42%
爱尔兰	991	1%	0%	99%	4.2%	96%
捷克	937	83%	17%	0%	7.1%	26%
奥地利	935	21%	71%	8%	4.1%	23%
波兰	433	25%	0%	75%	0.8%	38%
匈牙利	397	20%	76%	5%	3.4%	24%
瑞典	226	22%	0%	78%	1.2%	76%
斯洛文尼亚	218	12%	88%	0%	10.4%	6%
罗马尼亚	218	0%	99%	1%	1.8%	5%
丹麦	133	100%	0%	0%	0.5%	72%
克罗地亚	124	5%	86%	9%	2.3%	10%
斯洛伐克	94	15%	85%	1%	2.2%	1%
保加利亚	83	12%	80%	8%	1.5%	35%
比利时	57	49%	10%	41%	0.1%	16%
卢森堡	49	20%	80%	0%	6.4%	31%
芬兰	29	99%	0%	1%	0.3%	19%
塞浦路斯	22	2%	79%	19%	1.5%	7%
立陶宛	20	32%	0%	68%	0.5%	5%
马耳他	13	0%	100%	0%	n/a	0%
爱沙尼亚	S*	S	S	S	S	S
拉脱维亚	S	S	S	S	S	S
总计	**67017**	**33%**	**59%**	**8%**	**7.1%**	**39%**

* 表示因保密原因未公布；

数据来源：欧盟委员会农业和农村发展总司（2019）。

为了评估地理标志对各成员国就业和增加值的贡献，我们计算出每个行业和各成员国的一个系数，以显示地理标志产品占行业销售额的百分比。由于欧盟委员会农业和农村发展总司的研究不包括行业总销售额的数据，所以用欧盟统计局的营业收入数据来计算该销售额比例。换句话说，用欧盟委员会农业和农村发展总司报告中的地理标志产品销售额除以欧盟统计局结构性商业统计的所有产品（地理标志和非地理标志产品）营业收入来计算不同国别产品的系数。这个比率被应用到结构性商业统计数据库中的就业和增加值数据，以计算地理标志产品对就业和增加值的贡献[1]。

最重要的地理标志产业（葡萄酒）需要特殊处理，因为欧盟统计局不公布农业等第一产业的结构性商业统计数据。因此，欧盟经济活动统计分类中葡萄种植（01.21）的增加值和就业数据必须从其他来源获取。具体来说，该行业的就业数据要根据欧盟统计局的农场结构调查（FSS）数据进行估算。产量数据是从欧盟统计局的另一个数据系列农业经济账户（EAA）中提取的。随后，将结构性商业统计中葡萄酒酿造（11.02）的增加值占营业收入的比重数据应用到葡萄种植（01.21）和葡萄酒酿造（11.02）两个行业中，得出有关葡萄酒生产的增加值的估计值[2]。

3.7.1 地理标志对外贸的贡献

3.7.1.1 出口

上面提到的欧盟委员会农业和农村发展总司的研究包含了2017年按国别和地理标志产业划分的出口数据，这些数据基于欧盟委员会农业和农村发展总司本身的数据以及欧盟统计局的外贸相关数据库COMEXT。第3章的结果中使用了此数据。

3.7.1.2 进口

虽然容易界定地理标志产品从欧盟到非欧盟国家的出口，但确定什么构成“地理标志进口”则困难很多。严格地说，欧盟仅承认少数欧盟以外的地理标志（受保护的原产地名称），这些欧盟以外地理标志中最重要的有来自英国的苏格兰威士忌、来自加利福尼亚的纳帕谷葡萄酒、来自巴西的多斯维赫多斯谷葡萄酒、来自印度的大吉岭茶和来自哥伦比亚的咖

[1] 基本假设是，地理标志和非地理标志产品之间的增加值和就业占比与地理标志和非地理标志产品销售额占比相同。这可能并不准确，因为地理标志产品通常比非地理标志产品的价格高。另外，地理标志产品的生产成本也可能更高，这至少可以部分抵消这一错误。

[2] 这里再次假设葡萄酒产业的营业收入/产量比在农业经济账户（EEA）中与SBS中相同。

啡。尽管如此，除了通过直接申请的第三国地理标志，欧盟与许多国家都签订了双边协议，提供类似于地理标志的保护。

因此，“地理标志进口”是指从第三国进口通过直接申请或者签订双边或多边国际协议而受欧盟保护的葡萄酒、白酒、芳香葡萄酒、农产品和食品。

COMEXT数据库按原产国提供葡萄酒进口信息，用PDO（受保护的原产地名称）或PGI（受保护的地理标志）来区分葡萄酒。从相关国家进口的其他产品（如英国的苏格兰威士忌、墨西哥的龙舌兰酒、秘鲁和智利的皮斯科白兰地酒和瑞士的奶酪等）也被加入结果之中，从而计算欧盟地理标志产品进口总估计值。

3.8 植物新品种权密集型产业的确定

为了确定植物新品种权密集型产业，本研究依赖于欧盟植物新品种保护办公室（CPVO）的登记数据。2013年1月1日至2017年12月31日，申请人共提交了8351份植物新品种权申请，这些申请均满足至少有一名申请人位于欧盟成员国。

此外，将植物新品种权申请数据与一致性表相匹配，将植物新品种权申请者的数据与ORBIS中可用的信息联系起来。7730份申请中发现了匹配成功，即占相关植物新品种权申请的92.6%。

在与ORBIS成功匹配的申请中，有198个无法得到其所属的欧盟经济活动统计分类代码。其中2项申请可以根据其申请人相关的专利申请推断出欧盟经济活动统计分类代码，剩下的196项申请在随后的分析中未被采用。最终，用于分析植物新品种权密集型产业的数据共7534个。

为了将适当的行业代码分配给ORBIS中与总部地位相关的企业，使用了与同一经济集团内总部相关企业的欧盟经济活动统计分类代码。对于某一总部，欧盟经济活动统计分类代码与总部经济集团内代表不同欧盟经济活动统计分类行业的企业数量成比例分配。最初与欧盟经济活动统计分类代码相关的其他植物新品种权被重新分配给其他行业，与总部相关的有效欧盟经济活动统计分类代码在数据子集中按比例分布，根据上述程序，可以对这些数据进行分配。

最后，对于一些企业，ORBIS数据库中的欧盟经济活动统计分类代码层级高于分析中使用的4位码。通过将与这些企业相关的植物新品种权申请重新分配到NACE的较低级别，解决了这个问题。根据对与最低的欧盟经济活动统计分类行业层级正确关联的一部分企业进行的计算，在大类行业或集团内分配植物新品种权。

表 12 显示了 2013—2017 年申请数量较多的行业，以及每个欧盟经济活动统计分类代码中申请的来源国数量。

表 12　2013—2017 年植物新品种权申请量前 10 位行业

欧盟经济活动统计分类代码	欧盟经济活动统计分类名称	申请量（件）	来源国数（个）
01.30	植物繁殖	923	10
01.19	其他非多年生作物种植	905	8
46.21	谷物、未加工烟草、种子和动物饲料批发	830	9
01.11	谷物（水稻除外）、豆科作物和油籽种植	788	10
72.19	自然科学和工程其他研究与试验发展	657	14
01.64	繁殖种子加工	584	6
01.13	蔬菜、瓜类、根和块茎种植	554	10
46.22	花卉批发	458	7
72.11	生物技术研究与试验发展	432	7
77.40	知识产权和类似产品租赁（版权作品除外）	291	5

如表 12 所示，农业和园艺行业是欧盟植物新品种保护办公室登记系统的主要用户。由于欧盟统计局提供的这些行业的就业数据不够详细，劳动力调查就业数据仅能分析到大类行业（NACE 2 位码）。为了确定哪个农业行业是植物新品种权最密集的产业，根据欧盟统计局农业经济账户（EAA）统计数据，将欧盟植物新品种保护办公室登记的数据分类为物种组，欧洲经济区包含详细的以基本价格计量的产值数据。表 13 为按作物类型划分的植物新品种权密集度的详细信息。

表 13　按作物类型划分的植物新品种权密集度

欧盟统计局代码	作物名称	植物新品种权申请量（件）	占总申请量比重	按基本价格计算的产值（百万欧元）	每 1000 公顷植物新品种权申请量（件）
04220	观赏植物和花卉（包括圣诞树）	3086	38.5%	8523	3.62
04190	其他新鲜蔬菜	1189	14.8%	24459	0.49
01500	谷物玉米	880	11.0%	10600	0.83
01100	小麦和毛毡	436	5.4%	24890	0.18
04120	番茄	337	4.2%	6770	0.50
02200	蛋白质作物（包括种子）	308	3.8%	1279	2.41
05000	土豆（含种子）	255	3.2%	11524	0.22

续表

欧盟统计局代码	作物名称	植物新品种权申请量（件）	占总申请量比重	按基本价格计算的产值（百万欧元）	每1000公顷植物新品种权申请量（件）
02110	油菜和萝卜、油菜种子	213	2.7%	7738	0.28
06190	其他新鲜水果	198	2.5%	8657	0.23
01300	大麦	170	2.1%	8942	0.19
02120	向日葵	155	1.9%	3061	0.51
06130	桃	151	1.9%	1575	0.96
01200	黑麦	143	1.8%	1044	1.37
01900	其他谷物	64	0.8%	1978	0.32
06110	甜苹果	61	0.8%	4259	0.14
01600	大米	53	0.7%	739	0.72
02900	其他工业作物	51	0.6%	4034	0.13
01400	燕麦和夏季谷物混合物	49	0.6%	1406	0.35
03000	饲料植物	41	0.5%	23735	0.02
06400	葡萄	38	0.5%	2958	0.13

分析证实，园艺（包括花卉和观赏植物、蔬菜和苗圃）是欧洲农业中植物新品种权最密集的大类行业。

对于其他欧盟经济活动统计分类行业，可以获得其小类行业的数据，计算每1000名就业人员的植物新品种权申请数，以确定其植物新品种权密集度。

植物新品种权密集型产业是指每1000名就业人员的植物新品种权申请数高于所有行业平均水平（即每1000名就业人员拥有0.16件植物新品种权）的行业。

3.9 数据和方法的局限性

由于数据集的规模、数据限制和分析范围，确定知识产权密集型产业的方法必须基于一些简化假设。

本报告中的知识产权密集型产业是在欧盟层面确定的。这种方法可能掩盖了国家之间在创新水平、在欧洲层面注册知识产权的倾向和国家产业结构方面的重要差异性。

确定为知识产权密集型产业的前提是，一个行业必须密集使用至少一项本报告中涵盖的知识产权。然而，不同知识产权受保护的内容、法律效力和其他方面均有不同。因此，知识产权密集度对于不同的知识产权具有不同的含义。

确定行业知识产权密集度的方法没有考虑到单个知识产权的经济价值分布高度倾斜这一事实。所有申请的知识产权仅按行业汇总，不评估其单独的价值。因此，一些知识产权较少的行业可能不会被确定为知识产权密集型产业，尽管这些行业可能非常有价值。此外，由于受保护内容的特殊性，一些行业可能更倾向于本报告中未包括的其他形式的知识产权保护，例如商业秘密。

考虑到国家知识产权、知识产权密集型产业的国家模式或其他更丰富的数据集（包括未注册的知识产权），关于知识产权密集型产业及其在欧盟以及本报告涉及的 4 个非欧盟国家的重要性，未来的研究可能会得出不同结论。

尽管有这些局限性，本报告对知识产权密集型产业与非知识产权密集型产业之间的差异进行全面和系统的分析。

4 欧盟层面的知识产权密集型产业

本章介绍第 2 章所述分析方法的主要结果：确定了欧盟层面的知识产权密集型产业。具体而言，既针对本研究涉及的 6 项知识产权分别进行确定，又从总体的视角进行确定，并考虑了多项知识产权的同时使用情况❶。

4.1 专利密集型产业

2013—2017 年，在 615 个欧盟经济活动统计分类行业中，有 477 个行业成功申请了专利。其中，150 个是专利密集型产业。表 14 显示了专利密集度前 20 位行业。专利密集型产业的完整列表见表 45。

表 14 专利密集度前 20 位行业*

欧盟经济活动统计分类代码	欧盟经济活动统计分类名称	每 1000 名就业人员专利授权量（件/1000 人）
77.40	知识产权和类似产品租赁（版权作品除外）	107.92
26.30	通信设备制造	41.94
72.11	生物技术研究与试验发展	27.65
23.11	平板玻璃制造	20.61
28.91	冶金机械制造	18.55
28.11	发动机和涡轮制造（飞机、车辆和摩托车发动机除外）	15.86
72.19	自然科学和工程其他研究与试验发展	15.54
26.11	电子元件制造	15.47
27.51	家用电器制造	15.37
20.11	工业气体制造	14.60
28.23	办公室机械和设备制造（计算机及外围设备除外）	14.36
30.99	其他运输设备制造	13.19
22.11	橡胶轮胎和内胎制造；橡胶轮胎翻新与改造	12.88
26.60	放射性、电子医疗和电疗设备制造	12.63

❶ 本报告中确定的知识产权密集型产业占本研究所述期间注册商标授权量的 73%、外观设计专利授权量的 78%、专利授权量的 84% 和植物新品种权授权量的 91%。

续表

欧盟经济活动统计分类代码	欧盟经济活动统计分类名称	每1000名就业人员专利授权量（件/1000人）
26.70	光学仪器和摄影设备制造	12.10
23.43	陶瓷绝缘体和绝缘配件制造	11.30
28.95	纸和纸板生产机械制造	11.29
28.30	农林机械制造	11.01
24.34	冷拔钢丝	10.81
28.94	纺织、服装和皮革生产机械制造	10.41

* 基于2013—2017年提交并获得授权的专利申请。

专利密集型产业以制造业（第二产业）为主，在前20个行业中占了17个。其余3个为服务业（第三产业），包括两个与研究有关的行业和77.40行业[1]，其中包括许可和管理知识产权的活动。

4.2 商标密集型产业

2013—2017年，在615个欧盟经济活动统计分类行业中，有511个行业成功申请了商标。其中，275个是商标密集型产业。表15显示了商标密集度前20位行业。商标密集型产业的完整列表见表46。

表15 商标密集度前20位行业*

欧盟经济活动统计分类代码	欧盟经济活动统计分类名称	每1000名就业人员商标授权量（件/1000人）
77.40	知识产权和类似产品租赁（版权作品除外）	512.41
11.04	其他非蒸馏发酵饮料制造	90.10
58.21	电脑游戏出版	74.67
17.24	墙纸制造	73.92

[1] 欧盟统计局对产业77.40的官方定义如下：该产业包括允许他人使用知识产权产品和类似产品而需要向产品所有者支付使用费或许可费的活动。这些产品的租赁可以采取多种形式，如准许复制、在后续工艺或产品中使用、按照特许授权方式经营企业等。当前的所有者可能已经不再生产这些产品。该产业具体包括：其使用需要收取版费或租赁费的知识产权产品的租赁（版权作品除外，如书籍或软件）；专利实体、商标或服务标志、品牌名称、矿产勘探和评估以及特许经营协议。对欧盟经济活动统计分类产业77.40相关企业的定性分析表明，该产业非常异质。除此之外，它包括大型经济集团内负责管理其知识产权投资组合的特殊实体、教育机构的技术转移办公室、创新开发和商业化的促进机构、为一项创新商业化而设立的小型实体，或者某种程度上活跃于知识产权资产评估和管理领域的独立企业。与该类别相关的企业包括与其他企业没有任何经济联系的独立企业，以及主要活动包括管理其母企业知识产权组合的分支机构。

续表

欧盟经济活动统计分类代码	欧盟经济活动统计分类名称	每1000名就业人员商标授权量（件/1000人）
10.86	均质食品制剂和营养食品制造	65.33
72.11	生物技术研究与试验发展	51.36
26.80	磁性和光学介质制造	48.53
30.99	其他运输设备制造	46.02
11.01	蒸馏、精馏和混合烈酒	45.79
20.42	香水和盥洗用品制造	42.95
11.02	葡萄酒酿造	42.78
21.10	基本医药产品制造	42.53
32.40	游戏和玩具制造	40.68
32.30	体育用品制造	39.84
26.52	钟表制造	37.16
32.99	其他制造业	36.07
63.12	门户网站	36.00
59.20	录音和音乐出版活动	35.73
23.43	陶瓷绝缘体和绝缘配件制造	34.71
10.89	其他食品制造	33.16

* 基于2013—2017年提交并获得授权的商标申请。

与专利一样，制造业（或第二产业）在前20位商标密集型产业中表现突出，其中有15个行业属于制造业，其余5个属于服务业（第三产业）。

4.3 外观设计专利密集型产业

2013—2017年，在615个欧盟经济活动统计分类行业中，有487个行业成功申请了外观设计专利。其中，177个是外观设计专利密集型产业。表16显示了外观设计专利密集度前20位行业。外观设计专利密集型产业的完整列表见附件9.4。

表16 外观设计专利密集度前20位行业*

欧盟经济活动统计分类代码	欧盟经济活动统计分类名称	每1000名就业人员外观设计专利授权量（件/1000人）
77.40	知识产权和类似产品租赁（版权作品除外）	128.00
27.40	电气照明设备制造	47.21

续表

欧盟经济活动统计分类代码	欧盟经济活动统计分类名称	每1000名就业人员外观设计专利授权量（件/1000人）
25.71	餐具制造	46.30
46.47	家具、地毯和照明设备批发	39.81
14.39	其他针织和钩织服装制造	35.37
46.15	家具、家居用品、五金制品代理销售	33.70
46.48	手表和珠宝批发	33.60
27.51	家用电器制造	27.80
30.99	其他运输设备制造	24.25
17.24	墙纸制造	23.91
28.14	其他水龙头和阀门制造	21.71
32.99	其他制造业	21.20
32.40	游戏和玩具制造	21.12
14.14	内衣制造	20.77
23.42	陶瓷卫生洁具制造	20.28
15.20	鞋类制造	19.70
32.30	体育用品制造	19.48
32.12	珠宝及相关物品制造	19.23
32.91	扫帚和刷子制造	18.13
26.52	钟表制造	18.01

注：* 基于2013—2017年提交并获得授权的外观设计专利申请。

外观设计专利密集型产业大多集中在制造业（第二产业），占前20位行业中的16个。其余4个为服务业（第三产业），包括3个批发、零售行业。与专利和商标一样，知识产权和类似产品租赁（70.40）也是外观设计专利密集度较高的行业之一。

4.4 版权密集型产业

表17和表18列出了本报告中包括的版权密集型产业。表18中，“类型”一栏是指根据世界知识产权组织的分类，该行业属于核心版权产业、相互依存的版权产业还是部分版权产业。对于相互依存的版权产业和部分版权产业，“系数”一栏是指该行业活动与版权关联度百分比。

表 17　核心版权产业

欧盟经济活动统计分类代码	欧盟经济活动统计分类名称
18.11	报纸印刷
18.12	其他印刷
18.13	新闻媒体发布服务
18.14	装订及相关服务
18.20	记录媒介复制
47.61	专营店书籍零售
47.62	专营店报纸和文具零售
47.63	专营店音乐和录影带零售
58.11	图书出版
58.13	报纸出版
58.14	期刊出版
58.19	其他出版活动
58.21	电脑游戏出版
58.29	其他软件开发
59.11	电影、视频和电视节目制作活动
59.12	电影、视频和电视节目后期制作活动
59.13	电影、视频和电视节目发行活动
59.14	电影放映活动
59.20	录音和音乐出版活动
60.10	无线电广播
60.20	电视节目和广播活动
61.10	有线电信活动
61.20	无线电信活动
61.30	卫星电信活动
61.90	其他电信活动
62.01	计算机编程活动
62.02	计算机咨询活动
62.03	计算机设施管理活动
62.09	其他信息技术和计算机服务活动
63.11	数据处理、托管和相关活动
63.12	门户网站
63.91	通讯社活动
63.99	其他信息服务活动
73.11	广告业
73.12	媒体代表
74.10	专业设计活动

续表

欧盟经济活动统计分类代码	欧盟经济活动统计分类名称
74.20	摄影活动
74.30	笔译和口译活动
79.90	其他预订服务及相关活动
82.19	复印、文件编制和其他专业办公辅助活动
85.52	文化教育
90.01	表演艺术
90.02	表演艺术辅助活动
90.03	艺术创作
90.04	艺术设施运营
91.01	图书馆和档案馆活动
93.21	游乐园和主题公园活动
93.29	其他娱乐和文娱活动
94.12	专业会员组织活动

表 18 相互依存的版权产业和部分版权产业

欧盟经济活动统计分类代码	欧盟经济活动统计分类名称	类型	系数
17.11	纸浆制造	相互依存	25.0%
17.12	纸和纸板制造	相互依存	25.0%
20.59	其他化学产品制造	相互依存	25.0%
26.20	计算机及周边设备制造	相互依存	30.0%
26.30	通信设备制造	相互依存	30.0%
26.40	消费电子产品制造	相互依存	30.0%
26.70	光学仪器和摄影设备制造	相互依存	30.0%
27.31	光纤电缆制造	相互依存	30.0%
28.23	办公室机械和设备制造（计算机及周边设备除外）	相互依存	30.0%
32.20	乐器制造	相互依存	35.0%
46.43	家用电器批发	相互依存	19.0%
46.51	计算机、计算机周边设备和软件批发	相互依存	30.0%
46.52	电子和电信设备及部件批发	相互依存	25.0%
46.66	其他办公机械和设备批发	相互依存	30.0%
46.76	其他中间产品批发	相互依存	25.0%
47.41	专营店电脑、外围设备和软件零售	相互依存	33.3%
47.43	专营店音像设备零售	相互依存	33.3%
47.78	专营店其他新商品零售	相互依存	33.3%
77.22	录像带和光盘租赁	相互依存	20.0%

续表

欧盟经济活动统计分类代码	欧盟经济活动统计分类名称	类型	系数
77.29	其他私人和家庭用品租赁和出租	相互依存	20.0%
77.33	办公室机器和设备（包括计算机）租赁	相互依存	35.0%
77.39	其他机械、设备和有形动产租赁	相互依存	20.0%
32.11	硬币铸造	部分版权	33.5%
32.12	珠宝及相关物品制造	部分版权	33.5%
32.40	游戏和玩具制造	部分版权	41.0%
91.02	博物馆活动	部分版权	46.0%
91.03	历史遗迹、建筑和类似旅游景点运营	部分版权	50.0%
94.99	其他成员组织活动	部分版权	50.0%

4.5 地理标志密集型产业

用于确定地理标志密集型产业的方法，在某种程度上类似于世界知识产权组织用于确定版权密集型产业的方法。来源于欧盟委员会农业和农村发展总司的数据显示，核心的地理标志密集型产业如表 19 所示。

表 19 地理标志密集型产业

欧盟经济活动统计分类代码	欧盟经济活动统计分类名称
10.51	乳制品厂和奶酪生产运营
11.01	蒸馏、精馏和混合烈酒
11.02	葡萄酒酿造（包括 01.21 葡萄种植）
11.05	啤酒制造

与版权密集型产业类似，上述行业负责地理标志产品的生产，但不负责批发或零售。所有 4 个地理标志密集型产业都属于制造业（第二产业），部分包括第一产业（01.21）的一部分。

4.6 植物新品种权密集型产业

2013—2017 年，41 个行业成功提交了植物新品种权申请。在这些行业中，有 11 个行业是植物新品种权密集型产业。植物新品种权密集型产业如表 20 所示。

表 20 植物新品种权密集型产业*

欧盟经济活动统计分类代码	欧盟经济活动统计分类名称	每 1000 名就业人员植物新品种权授权量（件/1000 人）
77.40	知识产权和类似产品租赁（版权作品除外）	10.76
46.22	花卉批发	5.86
72.11	生物技术研究与试验发展	5.13
46.21	谷物、未加工烟草、种子和动物饲料批发	3.84
72.19	自然科学和工程其他研究与试验发展	1.27
46.11	农业原料、活体动物、纺织原料和半成品代理销售	1.16
01.00（p）	园艺	0.53
77.31	农业机械设备租赁	0.41
10.61	谷物磨坊产品制造	0.24
20.53	精油制造	0.22
13.10	纺织纤维制备和纺纱	0.17

* 基于 2013—2017 年提交并获得授权的植物新品种权申请。

4.7 知识产权密集型产业

从结果中可以看出，许多行业在不止一项知识产权中是密集型的。例如，陶瓷绝缘体和绝缘配件制造（23.43）是商标和专利密集型产业。一些行业，例如其他运输设备制造（30.99），则大量使用了商标、外观设计专利和专利。大多数版权密集型产业也是商标密集型产业，所有 4 个地理标志密集型产业也是商标密集型产业。第 8 章对前面的章节进行了总结，列出了 357 个知识产权密集型产业，并标示了每个行业密集使用的知识产权种类。知识产权类型的重复行业数如表 21 所示。

表 21 知识产权密集型产业重复行业数

知识产权类型	知识产权密集型产业数（个）
商标	58
专利	23
外观设计专利	16
版权	29
植物新品种权	2
商标、植物新品种权	3
商标、专利、版权	2
商标、专利	32

续表

知识产权类型	知识产权密集型产业数（个）
商标、地理标志	1
商标、外观设计专利、专利、植物新品种权	3
商标、外观设计专利、专利、版权	9
商标、外观设计专利、专利	69
商标、外观设计专利、植物新品种权	3
商标、外观设计专利、地理标志	3
商标、外观设计专利、版权	9
商标、外观设计专利	53
商标、版权	30
外观设计专利、专利	12

大多数行业都大量使用商标（357 个行业中有 275 个）。专利往往在制造业得到更广泛的使用。共有 69 个行业是专利、商标和外观设计专利密集型产业。商标和外观设计专利（53 个行业）、商标和专利（32 个行业）以及商标和版权（30 个行业）之间存在较大重复。

相反，一些行业只密集使用一项知识产权。因此，58 个行业仅为商标密集型、23 个行业仅为专利密集型、16 个行业仅为外观设计专利密集型、29 个行业仅为版权密集型，2 个行业仅为植物新品种权密集型产业。

仅在某一项知识产权上被确定为知识产权密集型产业的行业值得进一步观察，因为这些行业可以反映特定类型知识产权的贡献，而不是总体知识产权的贡献。广义上讲，58 个完全属于商标密集型产业，与 217 个同样密集使用其他知识产权的商标密集型产业相比，并无显著不同。

23 个专利密集型产业集中在制造业、能源和技术服务业。例如，铸钢（24.52）以及工程活动和相关技术咨询（71.12）。这些行业的共同点是销售产品和服务给其他行业，而不是最终消费者。品牌和商标对 B2B 的影响比对 B2C 的影响更大。

16 个外观设计专利密集型产业集中在制造业，例如，厨房家具制造（31.02）和家具零售（47.59）。作为一个整体，这些行业同时销售产品和服务给企业和消费者。

29 个版权密集型产业除与印刷和光缆制造相关的两个制造业外，其余行业属于服务业。其中 21 个行业是核心版权产业。

为了避免重复计算，在第 5 章量化产业对就业和增加值的贡献时，也考虑了一些行业同时使用多项知识产权的情况。

5 知识产权密集型产业对欧盟经济的贡献

5.1 知识产权密集型产业对就业、GDP 和贸易的贡献

前一章介绍了如何确定知识产权密集型产业。为了计算这些产业在就业、GDP、工资和对外贸易方面对欧盟整体经济和各成员国经济的贡献，本章将知识产权密集型产业与欧盟统计局（Eurostat）数据，以及必要时与其他来自欧盟或各成员国的统计数据结合起来进行分析❶。

5.1.1 就业

2017—2019 年，欧盟 27 国总就业人员数约 2.07 亿人❷。这些就业岗位中有很大一部分（约 5000 万个）属于欧盟经济活动统计分类 O－Q 门类（公共行政、国防、教育、人类健康和社会工作活动），这些服务主要由公共部门提供❸。

表 22 显示了 6 项知识产权密集型产业就业人员数占欧盟总就业人员数的比重。

表 22 知识产权密集型产业对就业的贡献

知识产权密集型产业	直接就业人员数（人）	直接就业人员数占比（%）	直接和间接就业人员数合计（人）	直接和间接就业人员数占比合计（%）
商标密集型产业	43606597	21.1	59705627	28.9
外观设计专利密集型产业	26768543	12.9	40142839	19.4
专利密集型产业	22824753	11.0	36076680	17.4

---

❶ 特别是，如第 3.7 节和第 3.8 节所述，对于地理标志密集型产业，广泛使用了欧盟委员会农业和农村发展总司发布的农业统计信息。此外，就版权而言，欧盟统计局的数据得到了几个国家统计局数据的补充。

❷ 欧盟统计局和其他统计机构使用的“就业”定义如下：就业人员是指年龄在 15 岁及以上（某些国家的特殊情况除外），在统计周内，为了工资、利润或家庭利益而工作，甚至是每周只工作一个小时，或者由于疾病、假期、劳资纠纷或教育和培训而暂时缺席工作或业务的人。

❸ 如果将此类非市场活动排除在计算范围之外，就业和 GDP 的比重将大大高于本报告所示。然而，普遍认为更恰当的做法是将计算结果建立在总就业和 GDP 的基础上。

续表

知识产权密集型产业	直接就业人员数（人）	直接就业人员数占比（%）	直接和间接就业人员数合计（人）	直接和间接就业人员数占比合计（%）
版权密集型产业	12924552	6.2	16917340	8.2
地理标志密集型产业	不适用	不适用	不适用	不适用
植物新品种权密集型产业	1933519	0.9	2541175	1.2
知识产权密集型产业	61499614	29.7	81592215	39.4
总就业人员数			206899343	

注：由于知识产权的重复使用，单个知识产权的总和超过了知识产权密集型产业的总和。

因此，知识产权密集型产业在欧盟提供了超过6100万个就业岗位，占欧盟总就业岗位的29.7%。其中，超过21%的就业岗位属于商标密集型产业，13%属于外观设计专利密集型产业，11%属于专利密集型产业，6%属于版权密集型产业，植物新品种权密集型产业和地理标志密集型产业的占比较低。

如上所述，许多行业在不止一项知识产权上属于知识产权密集型产业。因此，为了避免重复计算，所有知识产权密集型产业的总就业人员数都小于每个知识产权密集型产业就业人员数之和。换言之，为了计算知识产权密集型产业的就业人员数，每个行业只统计一次，即使该行业属于多项知识产权密集型产业。

5.1.2 间接就业

除上述直接就业外，知识产权密集型产业还为非知识产权密集型产业提供就业岗位，这些行业为知识产权密集型产业提供商品和服务。为了计算对非知识产权密集型产业就业的间接影响，使用了欧盟统计局发布的欧盟层面的投入产出表。该表提供了65个大类行业的信息[1]。

为了计算间接就业，知识产权密集型产业被汇总到投入产出框架提供的65个大类行业中。如果构成这65个大类行业的所有4位码行业（小类）都是知识产权密集型的，那么其中一些大类行业是完全密集型的。例如，基础化学品和化学制品大类行业的所有16个行业都被确定为商标密集型产业，橡胶和塑料制品大类行业的所有6个行业都是专利密集型产业。

然而，其他大类行业只是部分知识产权密集型，因为它们同时包含知

[1] 提供的信息包括供应和使用表以及对称投入产出表（国内和总量）。在这种情况下，“国内”指的是欧盟内部的供应关系。

识产权密集型和非知识产权密集型产业。对于这部分知识产权密集型产业，可以获得该行业总就业人员数以及该行业内知识产权密集型产业就业人员数占总就业人员数的比重。相应地，在投入产出表中计算了每个行业的“密集度系数”，对应于每个行业内知识产权密集型产业就业人员数占总就业人员数的比重。然后，利用这些系数调整投入产出框架中上游产业的就业水平，以确保间接就业真正符合知识产权密集型产业的需求。例如，如果A行业的知识产权密集度为40%，那么其从B行业购买的40%的产品也被视为知识产权密集型产品，因此，B行业向A行业销售产品的40%的就业岗位由被视为知识产权密集型产业的A行业间接提供。

就业数据来自欧盟统计局发布的国民账户[1]。对于每项知识产权（除地理标志，无法计算其就业数据），仅计算非知识产权密集型产业的间接就业效应，以避免重复计算知识产权密集型产业的就业人员数。

分析表明，除了知识产权密集型产业本身提供的6150万个就业岗位，欧盟经济中还有超过2000万个就业岗位是在向其提供商品和服务的非知识产权密集型产业中产生的。如果考虑这些额外的就业岗位，那么知识产权密集型产业直接或间接提供了8160万个就业岗位，占欧盟所有就业岗位的39.4%。

5.1.3 GDP

国内生产总值（GDP）是指某一特定地区在特定时间段内生产的商品和服务的总价值。这是衡量经济活动最常用的指标。在一个国家（或欧盟）的国民账户中，它是通过加总每个行业产生的增加值计算的，包括特定产品的税收，不包括特定产品的补贴。增加值等于该行业的销售额减去从其他行业购买的商品和服务。当这些数量在整个经济体中相加时，行业间的购买相互抵消，剩下的是经济体总的增加值或GDP。2017—2019年，欧盟GDP约为13.5万亿欧元。

估算知识产权密集型产业增加值占欧盟GDP的比重从以下两方面开始。一方面是欧盟统计局结构性商业统计中每个4位码行业的增加值数据，另一方面是国民经济核算中的GDP数据。不过，在将行业数据与欧盟整体数据进行比较之前，需要对行业数据进行调整，以确保在计算知识产权密集型产业在经济中的权重时，分子与分母（即GDP）的数据性质

---

[1] 为了计算知识产权密集型产业的间接就业需求，Leontief矩阵是根据国内对称的投入产出表计算的，以确保只包括欧盟内产生的就业。

保持一致。

结构性商业统计中的行业增加值按要素成本来定义，不包括与生产相关的税费。另外，GDP 是所有经济行业按基本价格计算的总增加值加上税收并减去产品补贴的总和。要素成本和基本价格的区别在于，后者（针对每个行业）包括了其他税收减去生产补贴。

因此，为了获得基于 GDP 的同性质比率，结构性商业统计的数据必须进行转换，以便与 GDP 的定义一致。否则，如果不以相同的方式定义分子和分母，会导致行业增加值占欧盟 GDP 的比重被低估，为了实现这种一致性，结构性商业统计的数据做如下调整。

首先，将一个系数应用于从结构性商业统计中获得的每个知识产权密集型产业的增加值。国民经济核算中的65 个行业（大类行业），每个行业都计算出这样一个系数，作为各行业国民经济核算中按要素成本计算的增加值和按基本价格计算的增加值之间的比率。每个大类行业中的所有行业都除以这一相同的系数。

其次，将整个经济体的 GDP 和增加值之间的比率运用于经过第一步调整后得出的每个增加值数据。

由此产生的调整后的行业增加值数据与 GDP 保持一致。表 23 显示了知识产权密集型产业对欧盟经济的贡献❶。超过 47% 的欧盟经济产出来自知识产权密集型产业。其中，商标密集型产业贡献了欧盟 GDP 的 38.5%，外观设计专利密集型产业和专利密集型产业分别贡献了 15.5% 和 17.4%，版权密集型产业（6.9%）、植物新品种权密集型产业和地理标志密集型产业贡献较小。与上一节所述的就业计算类似，为了计算知识产权密集型产业对 GDP 的总贡献，每个行业只计算一次，即使它密集使用了多项知识产权。

表 23　2017—2019 年知识产权密集型产业对 GDP 的贡献

知识产权密集型产业	增加值/GDP（百万欧元）	GDP 占比
商标密集型产业	5217903	38.5%
外观设计专利密集型产业	2101305	15.5%
专利密集型产业	2361457	17.4%
版权密集型产业	934176	6.9%
地理标志密集型产业	15011	0.1%
植物新品种权密集型产业	187774	1.4%
知识产权密集型产业	6375796	47.1%
GDP	13541581	

注：由于知识产权的重复使用，单个知识产权的总和超过了知识产权密集型产业的总和。

❶ 与就业情况一样，增加值/GDP 数据是 2017—2019 年期间的平均值。

值得注意的是，知识产权密集型产业增加值占欧盟 GDP 的比重明显高于就业人员数占欧盟就业人员数的比重，最有可能反映出知识产权密集型产业创造的增加值更高。这种差异在商标密集型产业表现尤其明显，该产业占就业人员数的 21%，但占 GDP 的 38.5%，在外观设计专利、专利和版权密集型产业上也有类似的差异情况，如第 5.1.5 小节所述，这种差异还反映在知识产权密集型产业就业人员的工资上。

将本版报告结果与 2019 年版的结果进行比较后发现，2017—2019 年，知识产权密集型产业对欧盟经济的贡献高于 2014—2016 年。然而，为了确保这项研究能反映出欧盟当前的经济结构，比较过程变得更加复杂，更新了用于确定知识产权密集型产业的匹配工作，这使得知识产权密集型产业的行业数量从 2019 年的 353 个增加到目前的 357 个。在表 24 中，使用新定义重新计算了之前报告的结果，以说明知识产权密集型产业贡献的真正变化。

表 24 2013 年、2016 年、2019 年与 2022 年报告主要结果比较

知识产权密集型产业的贡献	2013 年报告（2008—2010）	2016 年报告（2011—2013）	2019 年报告（2014—2016）	2022 年报告（2017—2019）
就业（直接）	28.6%	28.5%	28.9%	29.7%
GDP	46.2%	46.1%	46.2%	47.1%
货物及服务贸易总额	76.7%	78.4%	79.1%	80.1%

第二栏显示了 2013 年报告的研究结果（使用 2008—2010 年的经济数据），第三栏显示了 2016 年报告的研究结果（使用 2011—2013 年的经济数据），第四栏显示了 2019 年报告的研究结果（使用 2014—2016 年的经济数据），最后一栏显示了本报告（使用 2017—2019 年的经济数据）的结果。先前研究的所有结果都是根据当前知识产权密集型产业的定义，针对欧盟 27 国重新计算得出的，因此 4 列结果具有可比性。

因此，从 2008 年到 2019 年，无论是以 GDP、就业还是贸易衡量，知识产权密集型产业的贡献在整个 10 年中都有所增加。特别是，在这一期间，这些行业对就业的贡献增加了 1.1 个百分点，而对国内生产总值的贡献则增加了 0.9 个百分点。

5.1.4 贸易

知识产权密集型产业贡献的第三个主要经济变量是欧盟的对外贸易。事实上，欧盟的绝大多数进口和出口都是知识产权密集型产业贡献的。

表 25 根据 2017—2019 年的数据总结了知识产权密集型产业的贸易。

与就业和 GDP 数据一样，6 项知识产权密集型产业的贸易数据加起来超过了知识产权密集型产业的总体数据，因为许多行业涉及多项知识产权。

表 25　2017—2019 年知识产权密集型产业对外贸易

知识产权密集型产业	出口（百万欧元）	进口（百万欧元）	净出口（百万欧元）
商标密集型产业	1547270	1551618	-4348
外观设计专利密集型产业	1232068	1014158	217910
专利密集型产业	1559811	1341864	217947
版权密集型产业	229082	249340	-20258
地理标志密集型产业*	13126	1769	11357
植物新品种权密集型产业*	43248	50743	-7495
知识产权密集型产业	2163517	1939655	223862
欧盟对外贸易总额	2701959	2408212	293747
知识产权密集型产业占比	80.1%	80.5%	

注：由于知识产权的重复使用，单个知识产权的总和超过了知识产权密集型产业的总和。标*者仅包括货物。

知识产权密集型产业占欧盟进口比重如此之高，乍一看可能有点令人惊讶。这是因为即使是生产能源等大宗商品的行业也是知识产权密集型产业，而许多非知识产权密集型产业也不可交易[1]。因此，93%的欧盟商品进口都是知识产权密集型产业的产品。知识产权密集型产业在欧盟商品出口中所占的比重甚至更高，达到了 95.3%。就服务贸易而言，知识产权密集型产业的比重较低，进口占服务进口总额的 48%，出口占服务出口总额的 41%。综合考虑商品和服务贸易，2017—2019 年 80.5%的欧盟进口和 80.1%的欧盟出口来自知识产权密集型产业。

2017—2019 年，欧盟的贸易顺差接近 2940 亿欧元，占 GDP 的 2.2%。知识产权密集型产业的顺差接近 2240 亿欧元，贡献了超过 3/4 的欧盟贸易顺差。这一顺差主要来自专利密集型产业和外观设计专利密集型产业，抵消了来自商标密集型产业、版权密集型产业和植物新品种权密集型产业行业的小逆差。

除了在欧盟与世界其他地区的贸易中占据很大份额，知识产权密集型产业在欧盟成员国之间的贸易中也占据了很高且不断增长的份额。在 2008—2010 年与 2017—2019 年的 10 年，欧盟内部贸易增长了 38%，而知识产权密集型产业的欧盟内部贸易则增长了 46%。因此，知识产权密集型产业是欧盟单一市场运作的一个重要因素。

[1] 原油开采是商标、外观设计专利和专利密集型产业。

知识产权密集型产业是欧盟成员国之间贸易的主要驱动力，产生的欧盟内部贸易总额超过了欧盟对外出口总额。考虑到商品和服务，2017—2019年，75.9%的欧盟内部贸易来自知识产权密集型产业（如表26所示）。这种影响主要是由跨境货物贸易推动的，其中85%是由知识产权密集型产业产生的。相比之下，知识产权密集型产业对欧盟内部服务贸易的影响更为有限，但仍然显著，占欧盟内部服务出口总额的36%，主要由商标密集型产业产生（32%）。

表26　2017—2019年知识产权密集型产业内部贸易

知识产权密集型产业	内部贸易总额（百万欧元）	占内部贸易总额比重（%）
商标密集型产业	1942032	53.0
外观设计专利密集型产业	1802177	49.2
专利密集型产业	2044797	55.8
知识产权密集型产业	2781639	75.9

5.1.5　工资

如上所述，知识产权密集型产业创造了经济活动中47%的增加值并提供了29.7%的就业岗位。这意味着，知识产权密集型产业的就业人员人均增加值高于其他经济领域。因此，有必要研究这种更高的增加值是否反映在知识产权密集型产业的相对工资中。

使用欧盟统计局的结构性商业统计数据，可以计算每个行业向其就业人员支付的平均工资❶。在结构性商业统计中，人工成本定义为由雇主支付给就业人员作为其工作的回报的、以现金或实物形式支付的总报酬。人工成本包括工资、薪金和强制性或自愿性的社会保障缴款。平均人工成本（或单位人工成本）等于人工成本除以就业人员（有工资且签订了就业合同的人员）数量。这是本报告中对“工资”的定义。

结构性商业统计数据库提供了大多数行业的数据。然而，有15个行业没有可用的人工成本数据❷，分析中忽略了这些行业。

如表27所示，知识产权密集型产业的工资确实高于非知识产权密集型产业。知识产权密集型产业的平均每周工资为840欧元，而非知识产权

❶ 由于欧盟结构性商业统计数据库缺少主要公共部门行业的就业和工资数据，因此本节中的分析仅限于私营部门。

❷ 没有人员成本数据的行业包括：01.00（p）园艺；79.11 旅行社活动；85.52 文化教育；90.01 表演艺术；90.02 表演艺术辅助活动；90.03 艺术创作；90.04 艺术设施运营；91.01 图书馆和档案馆活动；91.02 博物馆活动；91.03 历史遗迹、建筑和类似游客景点运营；92.00 赌博和博彩活动；93.21 游乐园和主题公园活动；93.29 其他娱乐和文娱活动；94.12 专业会员组织活动和94.99 其他会员组织活动。

密集型产业的平均每周工资为597欧元，相差40.7%。这一工资溢价在商标密集型产业中为40.4%，外观设计专利密集型产业中为34.4%，专利密集型产业中为65.0%，版权密集型产业中为49.3%。

表27　2017—2019年知识产权密集型产业就业人员平均工资

知识产权密集型产业	就业人员平均工资（欧元/周）	工资溢价（与非知识产权密集型产业对比）
商标密集型产业	838	40.4%
外观设计专利密集型产业	802	34.4%
专利密集型产业	985	65.0%
版权密集型产业	891	49.3%
地理标志密集型产业*	不适用	不适用
植物新品种权密集型产业*	不适用	不适用
知识产权密集型产业	840	40.7%
非知识产权密集型产业	597	

* 由于缺乏农业工资统计数据而未计算。

与2019年报告相比，工资溢价有所下降（2016年的总体工资溢价为47%）。这反映了2014—2016年和2017—2019年期间，非知识产权密集型产业的工资增长更为强劲，以及脱欧的影响（在英国，以欧元计量的非知识产权密集型产业的平均工资在同一时期有所下降，因此从欧盟28国变为欧盟27国降低了与知识产权密集型产业相关的工资溢价，其他条件相同）。尽管如此，早期研究中发现的模式仍然成立，专利密集型产业和版权密集型产业产生的工资溢价最高。

5.2　知识产权密集型产业主要行业分析

到目前为止，本章着重按知识产权类别对知识产权密集型产业的贡献进行了分析。在本节中，我们将按行业进一步细分知识产权密集型产业对就业和GDP的贡献。表28显示了2017—2019年知识产权密集型产业就业人员数前20位行业。

表28　2017—2019年知识产权密集型产业就业人员数前20位行业

欧盟经济活动统计分类代码	欧盟经济活动统计分类名称	类型	就业人员数	密集型产业种类
71.12	工程活动和相关技术咨询	服务业	1890489	专利
94.12	专业会员组织活动	服务业	1838871	版权
62.01	计算机编程活动	服务业	1594888	专利、版权
70.22	商业和其他管理咨询活动	服务业	1505971	商标

续表

欧盟经济活动统计分类代码	欧盟经济活动统计分类名称	类型	就业人员数	密集型产业种类
93.00	体育活动和娱乐休闲活动	服务业	1351118	商标
68.20	自有或租赁房地产的租赁和经营	服务业	1322944	商标
66.00	金融服务和保险活动辅助活动	服务业	1297020	商标
62.02	计算机咨询活动	服务业	1203294	商标、版权
29.10	汽车制造	制造业	1120228	外观设计专利、专利
29.32	汽车其他零部件和附件制造	制造业	1036106	外观设计专利、专利
01.00	园艺	农业	929969	植物新品种权
46.69	其他机械设备批发	服务业	777034	商标、外观设计专利、专利
73.11	广告业	服务业	754872	商标、版权
46.73	木材、建筑材料和卫生设备批发	服务业	743263	商标、外观设计专利
47.59	专营店家具、照明设备和其他家居用品零售	服务业	715424	外观设计专利
47.78	专营店其他新商品零售	服务业	663564	商标、外观设计专利
31.09	其他家具制造	制造业	612952	外观设计专利
46.46	药品批发	服务业	602374	商标、专利
47.91	邮购或互联网零售	服务业	567878	商标、外观设计专利
21.20	药物制剂制造	制造业	557959	商标、专利
前 20			21086215	

这 20 个行业的就业人员数超过 2100 万，占本报告确定的 357 个知识产权密集型产业总就业人员数的 34.3%。该 20 个行业以专利密集型产业和商标密集型产业为主，但外观设计专利也发挥着重要的作用：有 10 个行业属于外观设计专利密集型产业，其中两个是唯一外观设计专利密集型产业。

表 29 显示了 2017—2019 年知识产权密集型产业增加值前 20 位行业。

表 29　2017—2019 年知识产权密集型产业增加值前 20 位行业

欧盟经济活动统计分类代码	欧盟经济活动统计分类名称	类型	增加值（百万欧元，调整后）	密集型产业种类
68.20	自有或租赁房地产的租赁和经营	服务业	1483636	商标
29.10	汽车制造	制造业	165821	外观设计专利、专利
70.22	商业和其他管理咨询活动	服务业	138198	商标
62.01	计算机编程活动	服务业	133535	商标、版权
71.12	工程活动和相关技术咨询	服务业	126736	专利

续表

欧盟经济活动统计分类代码	欧盟经济活动统计分类名称	类型	增加值（百万欧元，调整后）	密集型产业种类
62.02	计算机咨询活动	服务业	122707	商标、版权
35.11	电力生产	制造业	114190	商标、专利
21.20	药物制剂制造	制造业	104870	商标、专利
72.19	自然科学和工程其他研究与试验发展	服务业	103430	商标、外观设计、专利、植物新品种权
66.00	金融服务和保险活动辅助活动	服务业	103394	商标
41.10	建筑项目开发	服务业	101970	商标
61.10	有线电信活动	服务业	88668	版权
46.46	药品批发	服务业	83474	商标、专利
93.00	体育活动和娱乐休闲活动（不包括93.29其他娱乐和文娱活动）	服务业	78949	商标
29.32	汽车其他零部件和附件制造	制造业	73919	外观设计专利、专利
46.69	其他机械设备批发	服务业	72415	商标、外观设计专利、专利
92.00	赌博和博彩活动	服务业	60219	商标
68.10	自有房地产购买和销售	服务业	50392	商标、外观设计专利、专利
61.20	无线电信活动	服务业	48943	商标、版权
20.14	其他有机化学品制造	制造业	47862	专利
前20			3303727	

总的来说，这20个行业占357个知识产权密集型产业增加值的51.8%[1]。两个表中前20个行业有很多重叠之处，有11个行业在两个表上都有出现。然而，有些行业，例如61.20无线电信活动，其对增加值的贡献要高于就业，因此仅出现在知识产权密集型产业增加值前20位行业列表中；还有一些行业，例如73.11广告业，仅出现在知识产权密集型产业就业人员数前20位行业列表中。

[1] 这个份额很高，部分原因在于排名第一的行业在欧盟经济活动统计分类“68.20自有或租赁房地产的租赁和经营”中包括7928亿欧元的业主自有房屋的估算租金。这符合欧盟统计局和其他统计局应用的国家会计标准。如果没有这笔估算租金，前20行业（相对于所有知识产权密集型产业）占国内生产总值的份额将与占就业量份额相近，即36%。因为估算租金包含在国民经济核算里的总体国内生产总值数据中，所以我们决定保留估算租金，以确保在计算国内生产总值份额时分子和分母之间的兼容性。

5.3 成员国分析

本节介绍知识产权密集型产业对每个成员国就业和GDP的贡献。这部分分析具有挑战性，因为成员国的数据可用性比欧盟层面更为有限。因此，分析需要更多的估计和推算，所以本节中的一些结果可能不如第5.1节与第5.2节。同样需要重申的是，知识产权密集型产业的确定是在欧盟层面进行的，而不是在成员国层面。如前文所述，本项研究的假设是，如果一个行业在一个成员国是知识产权密集型产业，那么该行业在每个其他的成员国也是知识产权密集型产业，因为知识产权密集度被认为是每个行业的固有特性。本节所示结果的准确性依赖于该假设的成立。

每个行业对成员国经济的贡献是根据该行业在该成员国提供的就业岗位和创造的增加值来衡量的。例如，如果成员国A的一家汽车企业在成员国B建立一个组装厂，则因此产生的就业岗位和增加值就归于B国的经济。换言之，对知识产权密集度的计算与知识产权的来源地无关，只与知识产权的实施地有关。因此，不能根据本项研究而得出结论：如果A国专利密集型产业对就业和增加值的贡献比B国大，那么A国就更具创新性。专利密集型产业对A国就业或国内生产总值的贡献更大，也可能是因为在C国作出的有关生产选址的决定。知识产权的来源问题及其与经济福利的关系是第6章的主题，也是潜在的有待进一步研究的领域。

本研究也包括了欧洲自由贸易联盟成员国冰岛、挪威和瑞士的数据，以及英国的数据❶。本节也展示了欧盟27国平均值数据供参考。

由于数据缺失，未计算成员国地理标志密集型产业的就业贡献。然而，由于这些行业在其他知识产权中也是密集型产业，这一限制不会影响知识产权密集型产业对就业贡献的总体结果。

5.3.1 专利密集型产业

专利密集型产业贡献了欧盟11.0%的就业和17.4%的GDP。奥地利、捷克、德国、匈牙利、斯洛伐克、斯洛文尼亚和瑞典的就业贡献高于欧盟平均水平。从专利密集型产业对增加值的贡献看，捷克、丹麦、德国、芬兰、匈牙利、爱尔兰、罗马尼亚、斯洛伐克、斯洛文尼亚和瑞典的增加值贡献高于欧盟平均水平。在欧盟大型经济体中，德国专利密集型产业对就业和GDP的贡献最高，反映出制造业（在专利密集型产业中占主导地位）

❶ 由于缺乏数据，无法计算地理标志密集型产业和植物新品种权密集型产业对这些国家的贡献。

在德国经济中的高比重。2004 年和 2007 年加入欧盟的几个成员国的专利密集型产业对就业和 GDP 的贡献较高也可能与制造业在其经济中的比重较高有关（见表 30）。

表 30 2017—2019 年各成员国专利密集型产业对 GDP 和就业的贡献

国　家	占 GDP 比重（%）	占总就业人员数比重（%）
奥地利	17.0	11.8
比利时	15.5	8.9
保加利亚	16.2	9.4
塞浦路斯	6.1	5.1
捷克	25.6	18.8
德国	23.7	15.4
丹麦	19.9	9.9
爱沙尼亚	13.5	9.1
西班牙	11.5	7.8
芬兰	17.6	10.3
法国	13.8	8.9
希腊	12.0	5.9
克罗地亚	11.6	8.4
匈牙利	23.2	13.1
爱尔兰	20.3	8.7
意大利	15.7	10.0
立陶宛	12.0	8.2
卢森堡	10.0	6.5
拉脱维亚	9.7	6.7
马耳他	8.5	6.5
荷兰	14.7	8.2
波兰	15.6	9.9
葡萄牙	15.0	8.5
罗马尼亚	18.2	8.7
瑞典	17.7	12.5
斯洛文尼亚	22.5	15.0
斯洛伐克	19.4	15.0
欧盟 27 国	17.4	11.0
瑞士	22.2	11.7
冰岛	8.9	6.3
挪威	25.4	9.4
英国	12.3	8.1

在欧洲自由贸易联盟国家中，挪威和瑞士专利密集型产业增加值占比高于欧盟平均水平，瑞士专利密集型产业就业贡献高于欧盟平均水平。冰岛和英国专利密集型产业对就业和GDP的贡献低于欧盟平均水平。

5.3.2 商标密集型产业

商标密集型产业贡献了欧盟21.1%的就业和38.5%的GDP。商标密集型产业就业人员数占比高于欧盟平均水平的国家包括保加利亚、捷克、丹麦、德国、爱沙尼亚、匈牙利、爱尔兰、立陶宛、拉脱维亚、马耳他、葡萄牙、斯洛伐克、斯洛文尼亚和瑞典。保加利亚、捷克、丹麦、芬兰、法国、匈牙利、爱尔兰、意大利、马耳他、罗马尼亚、斯洛伐克和斯洛文尼亚等国的商标密集型产业增加值占欧盟GDP比重高于欧盟平均水平（见表31）。

表31 2017—2019年各成员国商标密集型产业对GDP和就业的贡献

国 家	占GDP比重（%）	占总就业人员数比重（%）
奥地利	36.2	20.7
比利时	37.1	20.5
保加利亚	47.3	22.5
塞浦路斯	38.4	19.4
捷克	41.4	24.8
德国	36.2	22.6
丹麦	41.3	22.0
爱沙尼亚	32.6	23.1
西班牙	36.5	19.6
芬兰	41.3	18.8
法国	40.0	18.1
希腊	38.5	17.2
克罗地亚	37.3	20.7
匈牙利	41.0	22.1
爱尔兰	46.6	23.5
意大利	45.2	20.9
立陶宛	33.1	23.5
卢森堡	37.8	18.2
拉脱维亚	35.8	22.6
马耳他	40.0	22.9
荷兰	35.0	21.0
波兰	33.8	20.9

续表

国　家	占 GDP 比重（%）	占总就业人员数比重（%）
葡萄牙	37.2	22.1
罗马尼亚	41.7	15.9
瑞典	30.5	21.5
斯洛文尼亚	39.5	23.1
斯洛伐克	41.8	25.5
欧盟 27 国	38.5	21.1
瑞士	33.8	20.8
冰岛	32.9	23.3
挪威	43.9	19.1
英国	41.4	21.6

在非欧盟国家中，挪威和英国的商标密集型产业增加值占欧盟 GDP 比重高于欧盟平均水平，而冰岛和英国商标密集型产业就业人员数占欧盟总就业人员数比重高于欧盟平均水平。

5.3.3　外观设计专利密集型产业

外观设计专利密集型产业贡献了欧盟 12.9% 的就业和 15.5% 的 GDP。保加利亚、捷克、爱沙尼亚、德国、匈牙利、意大利、立陶宛、波兰、葡萄牙、斯洛伐克和斯洛文尼亚的外观设计专利密集型产业就业人员数所占比重高于欧盟平均水平，在 GDP 上也表现出了类似结果（见表 32）。

表 32　2017—2019 年各成员国外观设计专利密集型产业对 GDP 和就业的贡献

国　家	占 GDP 比重（%）	占总就业人员数比重（%）
奥地利	15.3	12.8
比利时	11.5	10.0
保加利亚	15.9	14.3
塞浦路斯	7.1	8.2
捷克	23.1	20.9
德国	20.1	15.3
丹麦	15.9	11.8
爱沙尼亚	15.2	14.4
西班牙	10.5	9.7
芬兰	14.4	10.3
法国	11.1	8.9
希腊	10.4	7.8

续表

国　家	占 GDP 比重（%）	占总就业人员数比重（%）
克罗地亚	12.8	12.6
匈牙利	20.6	14.7
爱尔兰	11.5	9.9
意大利	17.3	13.9
立陶宛	15.8	15.1
卢森堡	11.5	7.2
拉脱维亚	11.8	11.3
马耳他	10.1	10.2
荷兰	13.8	9.6
波兰	17.6	14.9
葡萄牙	17.2	15.4
罗马尼亚	19.0	11.4
瑞典	14.4	12.4
斯洛文尼亚	20.1	16.4
斯洛伐克	17.9	18.4
欧盟 27 国	15.5	12.9
瑞士	18.8	11.4
冰岛	7.8	8.5
挪威	6.7	7.7
英国	10.1	9.2

在非欧洲国家中，瑞士外观设计专利密集型产业增加值占欧盟 GDP 比重高于欧盟平均水平，而从外观设计专利密集型产业的就业人员数占比情况看，4 个国家全部低于欧盟平均水平。

5.3.4 版权密集型产业

版权密集型产业占欧盟总就业人员数的 6.2%，占欧盟 GDP 的 6.9%（见表 33）。

表 33　2014—2016 年各成员国版权密集型产业对 GDP 和就业的贡献

国　家	占 GDP 比重（%）	占总就业人员数比重（%）
奥地利	5.9	6.1
比利时	6.1	5.9
保加利亚	8.9	5.5
塞浦路斯	8.3	5.9
捷克	8.4	5.9

续表

国　家	占 GDP 比重（%）	占总就业人员数比重（%）
德国	6.7	7.1
丹麦	7.2	7.7
爱沙尼亚	8.2	8.1
西班牙	5.6	6.1
芬兰	8.1	8.0
法国	7.4	6.6
希腊	4.6	4.5
克罗地亚	7.1	5.8
匈牙利	7.1	6.2
爱尔兰	14.0	8.0
意大利	5.5	4.7
立陶宛	6.0	6.6
卢森堡	6.8	6.7
拉脱维亚	8.1	8.0
马耳他	15.7	9.8
荷兰	6.9	6.8
波兰	6.3	5.0
葡萄牙	5.4	5.1
罗马尼亚	8.1	4.4
瑞典	10.2	8.4
斯洛文尼亚	6.4	5.7
斯洛伐克	7.7	6.1
欧盟 27 国	6.9	6.2
瑞士	6.2	6.2
冰岛	6.3	8.7
挪威	5.5	6.5
英国	8.8	7.6

版权密集型产业就业人员数占比高于欧盟平均水平的国家包括丹麦、爱沙尼亚、芬兰、法国、德国、爱尔兰、卢森堡、拉脱维亚、立陶宛、马耳他、荷兰和瑞典。

保加利亚、克罗地亚、塞浦路斯、捷克、丹麦、爱沙尼亚、芬兰、法国、匈牙利、爱尔兰、拉脱维亚、马耳他、罗马尼亚、斯洛伐克和瑞典的版权密集型产业增加值占欧盟 GDP 比重均高于欧盟平均水平，属于版权密集型产业。4 个非欧盟国家在就业贡献方面均高于欧盟平均水平，但只有英国在 GDP 贡献方面高于欧盟平均值。

5.3.5 植物新品种权密集型产业

植物新品种权密集型产业为欧盟贡献了0.9%的就业和1.4%的GDP。在成员国中，奥地利、克罗地亚、荷兰、葡萄牙、罗马尼亚、斯洛文尼亚和西班牙拥有植物新品种权密集型产业，在就业贡献上高于欧盟平均水平（见表34）。

表34 2017—2019年各成员国植物新品种权密集型产业对GDP和就业的贡献

国家	占GDP比重（%）	占总就业人员数比重（%）
奥地利	0.9	1.2
比利时	0.9	0.7
保加利亚	1.3	0.8
塞浦路斯	0.4	0.4
捷克	1.0	0.7
德国	1.3	0.8
丹麦	1.8	0.8
爱沙尼亚	1.5	0.5
西班牙	1.1	1.2
芬兰	1.0	0.6
法国	2.2	0.7
希腊	0.7	0.8
克罗地亚	1.1	1.2
匈牙利	2.0	0.8
爱尔兰	0.8	0.7
意大利	1.5	0.8
立陶宛	0.9	0.7
卢森堡	1.9	0.6
拉脱维亚	0.9	0.4
马耳他	0.8	0.2
荷兰	1.8	2.6
波兰	0.9	0.5
葡萄牙	0.8	2.3
罗马尼亚	1.0	1.0
瑞典	0.4	0.6
斯洛文尼亚	1.4	1.2
斯洛伐克	0.5	0.3
欧盟27国	1.4	0.9
瑞士	1.4	0.9
冰岛	0.9	0.5
挪威	0.7	0.6
英国	0.9	0.6

植物新品种权密集型产业增加值占比高于欧盟平均水平的国家包括丹麦、爱沙尼亚、法国、匈牙利、意大利、卢森堡和荷兰。瑞士的就业人员数占比和GDP占比均与欧盟平均水平相当，而其他3个非欧盟国家则低于欧盟平均水平。

5.3.6 地理标志密集型产业

由于葡萄酒行业就业数据有限，欧盟和成员国仅计算了地理标志密集型产业增加值占GDP比重。虽然欧盟地理标志密集型产业增加值占GDP比重平均值仅为0.1%，但这些产业主要集中在成员国的特定地区，斯洛文尼亚、法国、葡萄牙和希腊的贡献相对较高，意大利、罗马尼亚和西班牙的贡献略高于欧盟平均水平（见表35）。

表35 2017—2019年各成员国地理标志密集型产业对GDP的贡献

国家	占GDP比重（%）
奥地利	0.1
比利时	0.0
保加利亚	0.0
塞浦路斯	0.0
捷克	0.0
德国	0.1
丹麦	0.0
爱沙尼亚	0.0
西班牙	0.1
芬兰	0.0
法国	0.3
希腊	0.2
克罗地亚	0.1
匈牙利	0.1
爱尔兰	0.0
意大利	0.1
立陶宛	0.0
卢森堡	0.0
拉脱维亚	0.0
马耳他	0.0
荷兰	0.0
波兰	0.0
葡萄牙	0.3

续表

国 家	占 GDP 比重（%）
罗马尼亚	0.1
瑞典	0.0
斯洛文尼亚	0.4
斯洛伐克	0.0
欧盟 27 国	0.1
瑞士	—
冰岛	—
挪威	—
英国	0.1

正如前文提到的，地理标志密集型产业增加值和就业人员数的估算值，是利用生产地理标志产品相关行业占比来计算的。而其他知识产权密集型产业的估算值是假设知识产权密集度是一个行业的固有特征，不考虑其地理位置。

5.3.7 知识产权密集型产业

如果综合考虑所有 6 项知识产权并排除重复情况，知识产权密集型产业对成员国经济的总体贡献如表 36 所示。在欧盟层面，知识产权密集型产业贡献了 29.7% 的就业和 47.1% 的 GDP（见表 36）。

表 36 2017—2019 年各成员国全部知识产权密集型产业对 GDP 和就业的贡献

国 家	占 GDP 比重（%）	占总就业人员数比重（%）
奥地利	44.2	29.8
比利时	44.0	26.9
保加利亚	53.7	29.2
塞浦路斯	42.4	25.2
捷克	54.4	36.6
德国	48.2	33.4
丹麦	47.4	29.3
爱沙尼亚	41.3	33.0
西班牙	43.2	27.5
芬兰	48.9	27.6
法国	46.9	25.7
希腊	43.2	22.7
克罗地亚	44.4	29.1

续表

国　家	占 GDP 比重（%）	占总就业人员数比重（%）
匈牙利	51.5	31.1
爱尔兰	50.9	29.3
意大利	52.3	28.1
立陶宛	41.6	32.5
卢森堡	44.4	23.4
拉脱维亚	42.5	30.1
马耳他	49.3	31.0
荷兰	41.9	28.7
波兰	42.5	28.8
葡萄牙	43.6	31.0
罗马尼亚	53.3	23.9
瑞典	40.3	31.6
斯洛文尼亚	50.2	32.9
斯洛伐克	53.8	36.0
欧盟 27 国	47.1	29.7
瑞士	40.1	28.2
冰岛	37.2	29.7
挪威	48.8	26.2
英国	46.8	28.4

总体而言，在奥地利、捷克、爱沙尼亚、德国、匈牙利、拉脱维亚、立陶宛、马耳他、葡萄牙、斯洛伐克、斯洛文尼亚和瑞典，知识产权密集型产业就业人员数占欧盟总就业人员数比重高于欧盟平均水平。

保加利亚、捷克、丹麦、德国、芬兰、匈牙利、爱尔兰、意大利、马耳他、罗马尼亚、斯洛伐克和斯洛文尼亚的增加值占欧盟总 GDP 比重高于欧盟平均水平。

在 4 个非欧盟国家中，挪威知识产权密集型产业对其 GDP 的贡献高于欧盟平均水平（可能反映了其大型石油大类行业的重要性），其他 3 个国家知识产权密集型产业对就业和 GDP 的贡献都处于或低于欧盟平均水平。

6　内部市场中知识产权来源和提供的就业岗位

需要注意的是，本报告中显示的知识产权密集型产业占国内生产总值和就业的比重，并不一定反映一个国家的经济创新程度。例如，由于成本低、商业氛围好或者自然资源丰富等因素，某个国家可以成为专利密集型产业的优良场所。这样，该国的专利密集型产业可创造更多的就业岗位，但创造这些就业岗位的企业其总部可能位于该国境外，并在境外进行研发（与生产相反）。

正如本章所述，未来研究的重要领域是在更精细的层面分析知识产权的影响。相应地，本章对知识产权来源地进行了初步分析，并分析了知识产权对欧盟及其成员国经济的贡献。

6.1　欧盟知识产权的来源

到目前为止，本报告讨论了知识产权密集型产业提供就业岗位和经济活动的地点。如前所述，这不一定是各成员国相对“知识产权创造力”的真实反映。在欧洲内部市场（欧盟地区），企业可能将总部设在一个国家，但创造知识产权在其他国家，制造最终产品又在另一个国家。事实上，企业在何处选址生产取决于许多因素，包括拥有必要技能劳动力的成本、土地的成本、原材料和其他资源、各个国家的商业环境和税制等。

本章探究了两个基本问题：

① 本报告分析的知识产权是由哪些欧盟成员国创造的？

② 各成员国知识产权密集型产业提供的就业岗位中，来自其他成员国的占比如何？

本节和下一节为这两个问题提供初步答案。

利用申请量和就业数据，可以确定在欧盟知识产权局和欧洲专利局申请的商标、外观设计专利、专利以及在欧盟植物新品种保护办公室申请的植物新品种权的来源情况（比如指明知识产权权利人的国籍）。表37 显示了2017—2019 年源自各成员国的专利、商标、外观设计专利和植物新品种权的数量。应该指出的是，为了全面了解每个国家知识产权的创造活动，所有行业的企业提交的知识产权申请均包含在表 37 内。因此，这些数据不能与之前章节中的数据进行直接比较，之前章节仅分析了知识产权密集型产业❶。

表 37 2017—2019 年各成员国行业知识产权申请量

国家	专利（件）	专利排名	商标（件）	商标排名	外观设计专利（件）	外观设计专利排名	植物新品种权（件）	植物新品种权排名	就业人员数（1000 人）	每 1000 就业人员专利申请量（件/1000 人）	每 1000 就业人员商标申请量（件/1000 人）	每 1000 就业人员外观设计申请量（件/1000 人）	每 1000 就业人员植物新品种权申请量（件/1000 人）
奥地利	2279	8	3532	7	2238	7	20	8	4236	0.54	0.83	0.53	0
比利时	2307	6	2623	9	1097	10	69	5	4686	0.49	0.56	0.23	0.01
保加利亚	33	24	777	18	581	14	不适用	不适用	3093	0.01	0.25	0.19	不适用
塞浦路斯	49	21	694	19	64	26	不适用	不适用	388	0.13	1.79	0.16	不适用
捷克	219	14	1229	13	1014	11	18	9	5131	0.04	0.24	0.2	0
德国	26321	1	22177	1	18665	1	308	3	40727	0.65	0.54	0.46	0.01
丹麦	2296	7	2216	10	1715	8	84	4	2739	0.84	0.81	0.63	0.03
爱沙尼亚	50	20	614	22	182	21	不适用	不适用	622	0.08	0.99	0.29	不适用
西班牙	1779	9	10352	3	3455	5	45	7	19118	0.09	0.54	0.18	0
芬兰	1743	10	1641	12	741	13	2	14	2451	0.71	0.67	0.3	0
法国	10440	2	8797	4	6068	3	340	2	26646	0.39	0.33	0.23	0.01
希腊	121	16	1031	16	198	19	2	17	3753	0.03	0.27	0.05	0
克罗地亚	14	27	198	27	58	27	不适用	不适用	1628	0.01	0.12	0.04	不适用
匈牙利	103	18	693	20	238	18	7	11	4407	0.02	0.16	0.05	0
爱尔兰	789	11	1189	14	462	16	4	13	2181	0.36	0.55	0.21	0
意大利	4411	4	12467	2	10319	2	51	6	22572	0.2	0.55	0.46	0
立陶宛	30	25	464	23	99	24	不适用	不适用	1318	0.02	0.35	0.08	不适用
卢森堡	460	13	1138	15	322	17	1	18	279	1.65	4.08	1.15	0
拉脱维亚	16	26	238	26	66	25	1	19	868	0.02	0.27	0.08	0
马耳他	59	19	671	21	126	23	不适用	不适用	234	0.25	2.87	0.54	不适用
荷兰	7042	3	5183	5	2760	6	871	1	8536	0.82	0.61	0.32	0.1
波兰	476	12	4011	6	4389	4	17	10	16102	0.03	0.25	0.27	0
葡萄牙	214	15	1871	11	864	12	不适用	不适用	4594	0.05	0.41	0.19	不适用
罗马尼亚	47	22	929	17	467	15	不适用	不适用	8384	0.01	0.11	0.06	不适用
瑞典	4078	5	3444	8	1637	9	5	12	4894	0.83	0.7	0.33	0
斯洛文尼亚	107	17	414	25	134	22	2	15	958	0.11	0.43	0.14	0
斯洛伐克	45	23	449	24	195	20	2	16	2526	0.02	0.18	0.08	0
欧盟 27 国	65528		89042		58154		1849		193071	0.34	0.46	0.30	0.01

注：该表显示了根据 2017—2019 年提交的所有申请的数据集计算的申请人每个来源国每年提交知识产权申请的平均数量。申请人根据申请中显示的所在国与来源国相联系。本表中的计算考虑了各知识产权局收到的所有申请，而不仅仅是与 ORBIS 匹配的申请。

❶ 与本报告中的情况一样，分析基于欧盟层面的申请。未来的研究可能还包括国家备案，以提供更完整的情况。

就绝对数量而言，德国在专利、商标和外观设计专利方面排名第一，其次是法国、荷兰、意大利和西班牙。各种知识产权之间存在一些差异，例如，西班牙的商标申请量排名第三，外观设计专利排名第五，而专利排名第九。其次是一些较小的国家，主要是北欧国家，包括奥地利、比利时、丹麦和瑞典。在从2004年起陆续加入欧盟的13个国家中，排名最高的是波兰（商标排名第六，外观设计专利排名第四，专利排名第十二），也是这一组中面积最大的国家。植物新品种权不同于其他知识产权：荷兰排在首位，其次是法国、德国和丹麦。

当然，在所有其他条件相同的情况下，大国往往会有更多的知识产权申请。因此，表37还显示了每1000名就业人员的知识产权申请量。这是本报告通篇采用的知识产权密集度的测量指标。欧盟总体平均值为每1000名就业人员拥有0.46个商标、0.31个专利、0.30个外观设计专利和0.01个植物新品种权。从这个角度来看，在人均知识产权创造方面高于欧盟平均水平的国家包括奥地利、丹麦、芬兰、德国、卢森堡、马耳他、荷兰和瑞典。丹麦和荷兰是所有4项知识产权均高于欧盟平均水平的成员国。奥地利、德国、卢森堡和瑞典在4项知识产权中有3项高于欧盟平均水平。

一些国家在某些领域具有特殊优势。例如，塞浦路斯和爱沙尼亚的商标密集型产业上高于欧盟平均水平，但其他知识产权低于欧盟平均水平。

6.2 在欧盟内部市场提供就业岗位

本报告第5章显示，许多新成员国知识产权密集型产业占就业和国内生产总值的比重相对较高。但是第2.1节已经指出，在欧盟知识产权局和欧洲专利局申请的知识产权大部分来源于较早加入的欧盟成员国。因此，尽管许多企业继续在国内开发其知识产权，但最终的生产却常常位于其他成员国，尤其是会选择那些2004年以后陆续加入欧盟的国家。事实上，提供跨境就业岗位被认为是欧盟内部市场的积极表现。

通过检查每个成员国的就业岗位中有多少由其他成员国或非欧盟国家的企业所创造，可以对这种在欧盟内部市场提供就业岗位的模式进行进一步阐述。

欧盟统计局的外国附属机构（FATS）统计数据❶提供了每个成员国的

❶ 更详细的说明见 http：//ec. europa. eu/eurostat/web/structural - business - statistics/global - value - chains/foreign - affiliates。

外资数据。在表38中，这些信息与匹配数据库相结合，以确定每个成员国的知识产权密集型产业中有多少就业岗位是由位于该国以外的企业提供的。应当指出，由于数据有限，无法对所有27个成员国进行这项分析。由于英国在2017—2019年仍然是成员国，英国企业在其他成员国提供的就业岗位以及欧盟27国在英国创造的就业是数据的组成部分。因此，与本报告其余部分相反，本小节中的数字指的是英国脱欧前存在的欧盟28国。

总体而言，欧盟28国知识产权密集型产业中21.60%的就业岗位由其他国家的企业提供——12.30%由其他欧盟成员国的企业提供，9.30%由欧盟以外的企业提供。总的来说，2004年和2007年加入欧盟的成员国获得了跨国企业提供的许多就业岗位。

因此，罗马尼亚知识产权密集型产业提供的就业岗位中，40.80%由非罗马尼亚企业提供。在这些就业岗位中，28.60%由来自其他欧盟国家的企业提供，12.20%由来自非欧盟国家的企业提供。知识产权密集型产业提供的就业岗位中30%以上来自国外的其他成员国，包括捷克、爱沙尼亚、匈牙利、卢森堡、波兰和斯洛伐克。

知识产权密集型产业提供的就业岗位中，爱尔兰非欧盟国家企业提供的占比最高，为17.30%。欧盟成员国中，爱尔兰、塞浦路斯、马耳他和荷兰是仅有的几个由第三国企业提供的就业岗位多于设在其他欧盟成员国的企业的成员国。

表38 2017—2019年各成员国知识产权密集型产业外国企业就业人员数

国家	就业岗位归属企业总部位于：					
	其他欧盟成员国	非欧盟国家	知识产权密集型产业	其他欧盟成员国占比	非欧盟国家占比	外国企业占比
奥地利	213020	128074	1206794	17.70%	10.60%	28.30%
比利时	84786	69018	1146655	7.40%	6.00%	13.40%
保加利亚	144007	83401	937989	15.40%	8.90%	24.20%
塞浦路斯	1304	2581	93724	1.40%	2.80%	4.10%
捷克	451021	238857	1866080	24.20%	12.80%	37.00%
德国	1213767	1156802	13529936	9.00%	8.50%	17.50%
丹麦	113038	72279	768166	14.70%	9.40%	24.10%
爱沙尼亚	30119	12210	110269	27.30%	11.10%	38.40%
西班牙	633125	267763	4684686	13.50%	5.70%	19.20%
芬兰	79388	62070	619200	12.80%	10.00%	22.80%
法国	631004	522361	6894944	9.20%	7.60%	16.70%
希腊	47776	10446	862969	5.50%	1.20%	6.70%

续表

国家	就业岗位归属企业总部位于：					
	其他欧盟成员国	非欧盟国家	知识产权密集型产业	其他欧盟成员国占比	非欧盟国家占比	外国企业占比
克罗地亚	75192	26535	426998	17.60%	6.20%	23.80%
匈牙利	298946	175936	1327542	22.50%	13.30%	35.80%
爱尔兰	50876	78115	452064	11.30%	17.30%	28.50%
意大利	448506	320167	6462899	6.90%	5.00%	11.90%
立陶宛	56353	36137	404768	13.90%	8.90%	22.90%
卢森堡	15081	5548	62834	24.00%	8.80%	32.80%
拉脱维亚	52559	16249	259125	20.30%	6.30%	26.60%
马耳他	779	1183	61659	1.30%	1.90%	3.20%
荷兰	223559	250919	2168852	10.30%	11.60%	21.90%
波兰	782633	353879	3136412	25.00%	11.30%	36.20%
葡萄牙	160169	64887	1362636	11.80%	4.80%	16.50%
罗马尼亚	552911	235147	1930356	28.60%	12.20%	40.80%
瑞典	238328	197663	1456539	16.40%	13.60%	29.90%
斯洛文尼亚	52805	18079	300993	17.50%	6.00%	23.50%
斯洛伐克	192852	88238	784241	24.60%	11.30%	35.80%
英国	634325	1175624	7688177	8.30%	15.30%	23.50%
欧盟 28 国	7478228	5670167	61007506	12.30%	9.30%	21.60%

FATS 中包括知识产权密集型产业。

这些数字表明，在欧盟成员国之间，以及欧盟和非欧盟国家之间提供了大量就业岗位。然而，从某种角度来看，即使是在知识产权密集型产业由非国内企业中提供的就业岗位所占比例最高的国家罗马尼亚，非罗马尼亚企业提供的就业岗位比例也仅为 40.80%，这表明有近 60% 的就业岗位仍然由本土企业创造。欧盟最大的几个经济体中，知识产权密集型产业的大部分就业岗位由本国企业提供：法国 83.30%，德国 82.50%，西班牙 80.80%，意大利 88.10%

表 39 显示了商标、专利和外观设计专利密集型产业中由非本国企业提供的就业岗位占比。与欧盟 6 项知识产权密集型产业总体平均水平 21.60% 相比，专利和外观设计专利密集型产业由外国企业提供的就业岗位占比更高。在匈牙利、罗马尼亚和斯洛伐克等国，这一比例超过 50%。由于可用数据有限，无法准确计算本报告研究的其他类型知识产权密集型产业中由外国企业提供的就业岗位占比。然而，从现有结果可以推断，版

权、地理标志和植物新品种权的比重低于知识产权密集型产业的总体平均水平（21.60%）。

表 39　2017—2019 年各成员国知识产权密集型产业外国企业就业人员数占比（%）*

国家	知识产权			专利			商标			外观设计专利		
	其他欧盟占比	非欧盟占比	总占比	其他欧盟占比	非欧盟占比	总占比	其他欧盟占比	非欧盟占比	总占比	其他欧盟占比	非欧盟占比	总占比
奥地利	20%	15%	36%	18%	10%	28%	20%	12%	32%	20%	15%	36%
比利时	12%	11%	23%	6%	5%	12%	10%	9%	19%	12%	11%	23%
保加利亚	17%	13%	30%	15%	8%	23%	15%	9%	25%	17%	13%	30%
塞浦路斯	1%	1%	1%	2%	3%	5%	1%	1%	2%	1%	1%	1%
捷克	32%	17%	49%	20%	11%	32%	29%	14%	43%	32%	17%	49%
德国	10%	11%	21%	9%	9%	17%	9%	10%	19%	10%	11%	21%
丹麦	18%	11%	29%	15%	10%	25%	18%	10%	28%	18%	11%	29%
爱沙尼亚	32%	12%	44%	30%	12%	42%	33%	10%	42%	32%	12%	44%
西班牙	15%	13%	28%	12%	11%	22%	13%	11%	24%	15%	13%	28%
芬兰	13%	11%	24%	9%	8%	17%	12%	10%	22%	13%	11%	24%
法国	6%	2%	8%	6%	1%	7%	6%	2%	7%	6%	2%	8%
希腊	17%	7%	24%	18%	6%	24%	18%	6%	24%	17%	7%	24%
克罗地亚	33%	20%	53%	19%	12%	31%	29%	17%	46%	33%	20%	53%
匈牙利	11%	14%	25%	11%	19%	30%	11%	14%	25%	11%	14%	25%
爱尔兰	9%	8%	16%	7%	5%	12%	7%	5%	12%	9%	8%	16%
意大利	14%	12%	26%	13%	9%	22%	14%	10%	24%	14%	12%	26%
立陶宛	26%	6%	32%	26%	11%	37%	35%	8%	43%	26%	6%	32%
卢森堡	20%	6%	26%	21%	7%	28%	20%	6%	26%	20%	6%	26%
拉脱维亚	0%	0%	0%	2%	2%	4%	0%	0%	0%	0%	0%	0%
马耳他	13%	18%	31%	10%	12%	22%	12%	13%	25%	13%	18%	31%
荷兰	30%	14%	44%	21%	10%	32%	27%	11%	38%	30%	14%	44%
波兰	18%	8%	26%	10%	5%	15%	13%	4%	17%	18%	8%	26%
葡萄牙	38%	18%	56%	25%	10%	35%	32%	13%	45%	38%	18%	56%
罗马尼亚	19%	18%	37%	16%	12%	28%	20%	17%	36%	19%	18%	37%
瑞典	20%	15%	36%	18%	10%	28%	20%	12%	32%	20%	15%	36%
斯洛文尼亚	23%	8%	31%	15%	6%	21%	21%	7%	28%	23%	8%	31%
斯洛伐克	38%	19%	57%	20%	8%	29%	30%	14%	43%	38%	19%	57%
英国	11%	18%	30%	8%	15%	23%	10%	16%	26%	11%	18%	30%
欧盟 28 国	16%	13%	28%	11%	9%	20%	14%	10%	25%	16%	13%	28%

*　原文表头中欧盟后省去了成员国。——译者注

表40从不同的角度显示了欧盟内部市场中就业岗位的跨境流动，即可以查看其他成员国企业在欧盟成员国提供的500多万个工作岗位中哪个国家的企业最多。例如，德国企业在其他成员国提供了近170万个就业岗位——约占总数的33%。法国企业在欧盟其他成员国提供了120多万个就业岗位。虽然来自奥地利和斯堪的纳维亚的企业在其他成员国也提供了大量就业岗位，但还是较大的成员国占主导地位。

表40 2017—2019年各成员国知识产权密集型产业其他成员国企业就业人员数

成员国	其他成员国（个）	其他成员国企业占比
奥地利	194094	3.80%
比利时	55049	1.10%
保加利亚	不适用	不适用
塞浦路斯	1245	0.00%
捷克	15479	0.30%
德国	1673488	32.70%
丹麦	219657	4.30%
爱沙尼亚	不适用	不适用
西班牙	109547	2.10%
芬兰	121036	2.40%
法国	1238780	24.20%
希腊	3692	0.10%
克罗地亚	7619	0.10%
匈牙利	3094	0.10%
爱尔兰	12438	0.20%
意大利	358788	7.00%
立陶宛	14046	0.30%
卢森堡	33781	0.70%
拉脱维亚	2724	0.10%
马耳他	不适用	不适用
荷兰	不适用	不适用
波兰	16255	0.30%
葡萄牙	38014	0.70%
罗马尼亚	2925	0.10%
瑞典	354339	6.90%
斯洛文尼亚	7420	0.10%
斯洛伐克	3565	0.10%
英国	636279	12.40%
欧盟28国	5123356	100%

7 重点技术领域：气候变化减缓技术专利和绿色商标

本章侧重于对欧盟未来经济特别重要的两个技术领域：有助于气候变化减缓的技术和绿色的、可持续的或与环境保护相关的产品。

气候变化显然是一个规模和复杂性都无与伦比的挑战。这就是欧盟及其成员国将气候变化作为欧盟内外政策核心要素的原因。2020年，欧盟委员会制定了《可持续欧洲投资计划》，旨在在未来10年吸引至少1万亿欧元的公共和私人投资，为绿色转型提供资金。随着2021年具有法律约束力的《欧洲绿色协议》的签订，欧盟还制定了实现欧洲气候中立的路线图，并为未来几十年设定了雄心勃勃的目标[1]。

要实现这一目标，就需要新的、意义深远的发明和产品来控制二氧化碳等的排放，使其对经济发展产生负面影响。此外，环境友好型创新为欧洲经济更具可持续性和包容性提供了机会，同时为未来经济增长和贸易提供了可观的机会。根据最近的估计，2020年，绿色和可持续技术领域的全球市场容量超过4万亿欧元，预计到2030年，环境技术和资源效率收入将增长至接近10万亿欧元，相当于7.3%的年增长率。在这种背景下，气候变化减缓技术和绿色产品预计将在未来几年改变一大批企业，事实上这已经在欧盟的许多行业中广泛应用。

7.1 气候变化减缓技术专利及绿色商标的定义和分析

几项研究表明，欧洲属于可持续技术不同领域的领先发明活动中心，例如低碳能源技术（见EPO/IEA，2021：专利和能源转型）、塑料回收（EPO，2021：未来塑料专利）或电池（EPO/EEA 2020，电池和储能创新）。在气候变化减缓技术和相关业务领域运营的企业经常依赖知识产权来保护其创新的价值。欧盟知识产权局最近的一项研究（2021，绿色欧盟商标：商品和服务规范分析，1996—2020）表明，欧洲企业对可持续性的

[1] 见 europarl. europa. eu/news/en/headlines/society/20180703STO07129/eu - responses - to - climate - change。

兴趣日益增长，这也反映在绿色欧盟商标中。本章分别概述了用于确定绿色专利和商标的方法。

7.1.1 气候变化减缓技术专利

为了便于确定包括控制、减轻或防止温室气体相关技术在内的发明，欧洲专利局制定了“Y02/Y04S”参照关系。该关系是由欧洲专利局专利审查人员在该领域的外部专家的协助下制订的，允许对300多万件专利文件[1]进行结构化访问，披露了与建筑物、温室气体回收和储存、可再生能源发电、传输或配送、工业生产活动和运输、废物和废水处理和智能电网技术相关的CCMT技术信息。

欧洲专利局Y02/Y04S CCMTs参照关系：

Y02B	与建筑物相关的气候变化减缓技术
Y02C	温室气体回收和储存
Y02D	利用信息通信技术减少能源使用
Y02E	能源的生产、储存和配送
Y02P	与生产相关的气候变化减缓技术
Y02T	与运输相关的气候变化减缓技术
Y02W	与废物和废水处理相关的气候变化减缓技术
Y04S	智能电网

7.1.2 绿色商标

欧盟知识产权局开发了一种方法，其使用欧盟知识产权局登记册中提供的信息来确定那些声称对与环境保护和可持续性相关的产品进行保护的专利。特别是，他们分析了欧盟商标的货物和服务规格，以确定存在大约900个被确定为“绿色”的术语。这些术语分为35类，进一步分为9组：

能源生产
运输
节能
再利用/再循环
污染控制
废物管理
农业

[1] 该信息可通过欧洲专利局的Espacenet在线数据库免费获取。它可用于了解气候变化减缓技术的最新技术发展，并生成用于循证决策的统计数据。

环境意识

气候变化

图4基于“Y02/Y04S”参照编制，描述了欧盟申请人提交给欧洲专利局的气候变化减缓技术相关专利申请量。它表明，自21世纪初以来，此类申请量增长强劲，从2001年的约2000件增加到2014年的6300件。气候变化减缓技术专利申请量的增长大大超过了欧洲专利局专利申请量总数的增长，因此气候变化减缓技术专利申请量占比达到了10.3%，即占欧洲专利局超过1/10的专利申请，气候变化减缓技术专利申请量在2017年之前持续下降，之后又恢复增长，并在2019年达到历史新高。

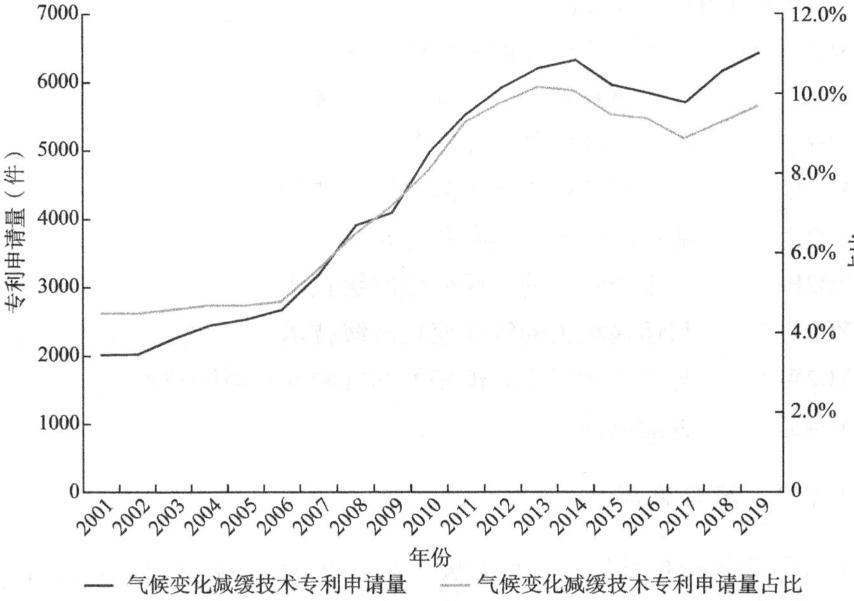

图4　2001—2019年欧盟内部气候变化减缓技术专利申请量及占比

数据来源：欧洲专利局。

如图5所示，2015—2019年气候变化减缓技术专利申请量的分布非常不平衡。德国占欧盟成员国所有气候变化减缓技术专利申请量的41.7%，显然是主导国家。法国以17.3%位居第二，其后是荷兰（8.5%）、丹麦（6.5%）和瑞典（5.9%）。对于气候变化减缓技术专利申请在每个国家专利组合中的占比来说，丹麦的占比最高：可持续发明的专利申请量占丹麦企业专利申请量的18.5%。在许多其他较大的专利申请国，如德国、法国、奥地利或西班牙，这一比例接近10%。在意大利（6.9%）和荷兰（7.3%），气候变化减缓技术专利申请的占比较低。

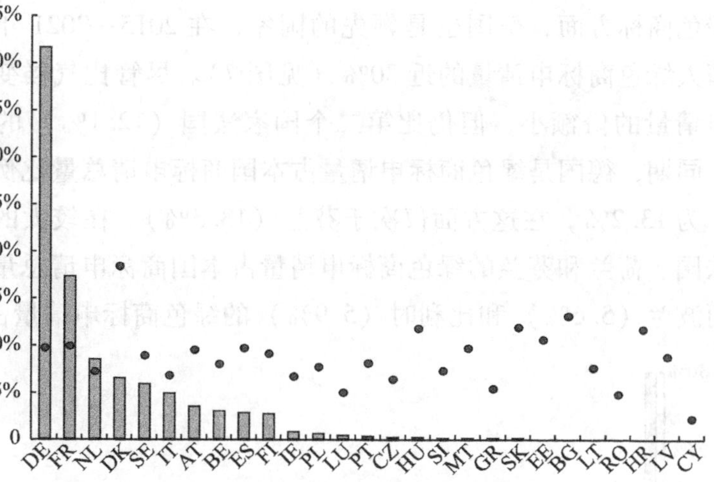

图 5　2015—2019 年各成员国气候变化减缓技术专利申请量分布

来源：欧洲专利局。

如图 6 所示，在欧盟申请人的绿色商标中也可以观察到类似的趋势。绝对数量从 21 世纪初的不到 2000 份稳步增加到 2011 年的超过 6600 份申请量，然后连续两年下降。绿色商标在所有申请中的份额也从不到 5% 增加到 2011 年的近 13%，但随后下降到 2018 年的不到 9%。然而，近年来，随着绿色商标申请量及其份额分别增加到近 10000 个和 11%，增长再次回升。总的来说，商标申请量的趋势似乎比专利申请量的趋势早 3 年，这可能是因为商标申请比专利申请对市场变化的反应更快，而专利申请在很大程度上取决于研发投资。

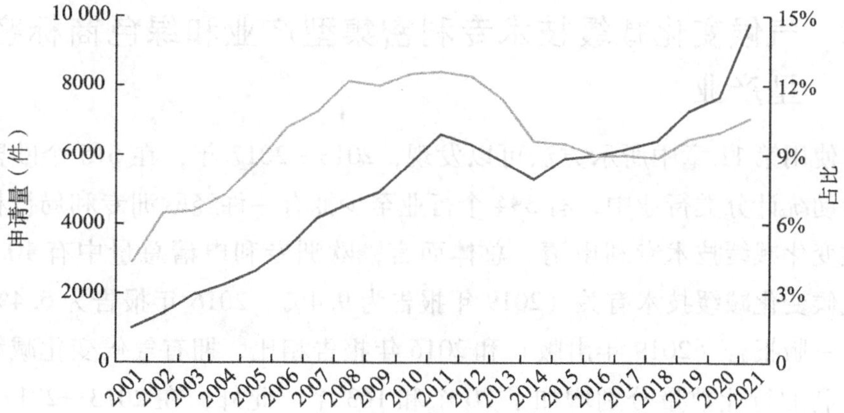

图 6　2001—2021 年绿色商标申请量及占比

数据来源：欧盟知识产权局。

在绿色商标方面，德国也是领先的国家，在2015—2021年，德国占欧盟申请人绿色商标申请量的近30%（见图7）。尽管比气候变化减缓技术专利申请量的份额小，但仍比第二个国家法国（12.1%）的份额高出近3倍。同期，德国是绿色商标申请量占本国商标申请总量比例最高的国家之一，为13.2%，在这方面仅次于芬兰（13.3%）。在较大的商标申请国中，法国、荷兰和芬兰的绿色商标申请量占本国商标申请总量比例超过10%，而波兰（5.6%）和比利时（5.9%）的绿色商标申请量占比最低。

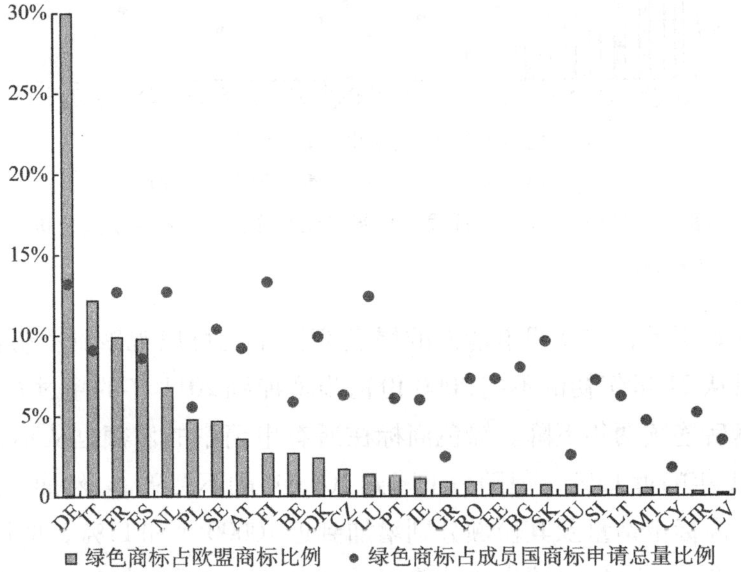

图7　2015—2021年各成员国绿色商标申请量分布

数据来源：欧盟知识产权局。

7.2　气候变化减缓技术专利密集型产业和绿色商标密集型产业

使用第11章中所示方法可以发现，2013—2017年，在615个欧盟经济活动统计分类行业中，有394个行业至少拥有一件经欧洲专利局授权的气候变化减缓技术专利申请。总体而言，欧洲专利申请总量中有10.4%与气候变化减缓技术有关（2019年报告为9.4%，2016年报告为6.4%）。与上一版报告（2019年出版）和2016年报告相比，拥有气候变化减缓技术专利的行业数量分别增加了20个和163个。此外，在2013—2017年，有492个行业至少提交了一份绿色商标申请。总的来说，欧盟商标中有7.2%是绿色商标。这些数字支持可持续技术和产品具有横向影响的观点，并对许多行业广泛的经济活动具有重要意义。

为了确定气候变化减缓技术密集型产业和绿色商标密集型产业，本报告采用以下标准。首先，只选择专利/商标密集型产业。之后，为了说明气候变化减缓技术专利在相关行业专利和商标总量中的重要性，计算每个欧盟经济活动统计分类行业的气候变化减缓技术专利和绿色商标占总体比重。最后，将气候变化减缓技术密集型产业定义为CCMT相对密集度和气候变化减缓技术专利占全部专利比重高于至少拥有一项气候变化减缓技术专利的所有行业整体平均水平的产业[1]，将绿色商标密集型产业定义为绿色商标相对密集度和绿色商标数量占全部商标申请数量比重高于至少拥有一项绿色商标的所有行业整体平均水平的产业。结果显示，虽然气候变化减缓技术专利应用于许多行业，但大多数集中在较少的领域。例如，超过23%的气候变化减缓技术专利仅属于3个欧盟经济活动统计分类行业。绿色商标的分布不那么偏斜，前三大绿色商标密集型产业绿色商标申请量占所有绿色商标申请量比重不到10%。

有43个行业为气候变化减缓技术专利密集型产业，且其气候变化减缓技术专利占比高于欧盟平均水平（10.3%），它们占匹配样本中所有气候变化减缓技术专利的61.1%。90个商标密集型产业的绿色商标占比至少为11.0%，占绿色商标申请总量的35.7%。由于其中23个行业在气候变化减缓技术专利和绿色商标方面都是密集型的，因此总共有110个行业密集使用专利或商标来保护可持续创新（如图8所示）。在匹配样本中，这些行业共占所有气候变化减缓技术专利的77.3%，占所有绿色商标的43.4%。

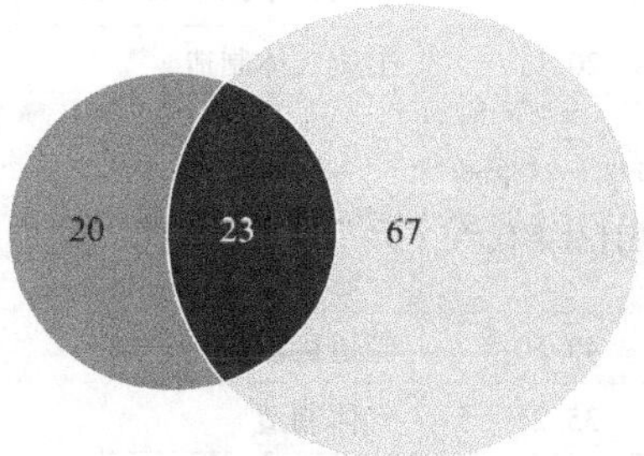

图8 气候变化减缓技术专利密集型产业和绿色商标密集型产业分布

表41显示了10个气候变化减缓技术专利和绿色商标占比较高的专利密集型和商标密集型产业。在这10个行业中，气候变化减缓技术专利和绿色商标占行业专利和商标总量的比重较高。行业27.20电池和蓄电池制造的气候变化减缓技术专利占比接近85%，是所有行业中气候变化减缓技术专利占比最高的。而49.50管道运输绿色商标占比近89%，是绿色商标占比最高的行业。表中所示的大多数行业都是绿色商标密集型产业和气候变化减缓技术专利密集型产业，因此许多行业在两者前10名的列表中均有出现。出

[1] CCMT鉴定方法的中间步骤，以及符合鉴定标准的欧盟经济活动统计分类行业列表，见第11章。

人意料的是，大多数占比高的行业属于污染最严重的行业——能源和交通。然而，这些行业也是缓解气候变化和减少温室气体潜力的最大的行业。

表 41 气候变化减缓技术专利密集型产业和绿色商标密集型产业前 10 位行业

欧盟经济活动统计分类代码	欧盟经济活动统计分类名称	气候变化减缓技术专利占比	专利密集度排名	是否为绿色商标密集型产业
27.20	电池和蓄电池制造	84.70%	79	是
7.29	其他有色金属矿石开采	78.50%	146	否
35.11	电力生产	63.70%	120	是
35.12	电力传输	58.90%	148	是
33.16	飞机和航天器的维修和保养	52.70%	123	否
35.21	气体制造	49.80%	84	是
45.19	其他机动车辆销售	36.30%	65	否
25.21	集中供暖散热器和锅炉制造	30.40%	139	是
28.11	发动机和涡轮制造（飞机、车辆和摩托车发动机除外）	29.40%	6	是
20.11	工业气体制造	27.90%	10	是
欧盟经济活动统计分类代码	欧盟经济活动统计分类名称	绿色商标占比	商标密集度排名	是否为气候变化减缓技术专利密集型产业
49.50	管道运输	88.50%	262	否
35.21	气体制造	68.90%	113	是
27.20	电池和蓄电池制造	62.50%	167	是
35.11	电力生产	54.00%	250	是
25.21	集中供暖散热器和锅炉制造	49.80%	143	是
27.51	家用电器制造	44.50%	94	否
28.21	烤炉、熔炉和炉燃烧器制造	40.90%	165	是
47.43	专营店音像设备零售	39.00%	216	否
35.12	电力传输	35.00%	170	是
30.91	摩托车制造	33.00%	44	是

7.3 气候变化减缓技术专利密集型产业和绿色商标密集型产业对欧盟经济的贡献

如表 42 所示，2017—2019 年，气候变化减缓技术专利密集型产业和绿色商标密集型产业占欧盟总就业人员数的 9.30%。与之前的研究相比，这些产业的贡献在过去几年中缓慢而稳定地增长，从 2008 年至 2013 年的 8.90%，到 2014 年至 2016 年的 9.00%，再到 2017 年至 2019 年的

9.30%。从绝对值来看，相关产业的就业增长超过了整体欧盟劳动力发展，比之前的研究增长了8.90%。与绿色商标密集型产业相比，气候变化减缓技术专利密集型产业的就业发展更具活力。捷克2017—2019年的气候变化减缓技术专利密集型产业对就业的贡献为15.8%，其次是德国（12.8%）和斯洛伐克（12.0%），根据对气候变化减缓技术专利的所有权衡量，这些国家投资于可持续创新方面的行业贡献最高。

表42　气候变化减缓技术专利密集型产业和绿色商标密集型产业对就业和GDP的贡献及工资溢价

	2008—2010年	2011—2013年	2014—2016年	2017—2019年
占就业比重（直接就业）	8.90%	8.90%	9.00%	9.30%
占GDP比重	13.70%	13.60%	13.70%	14.00%
就业人员平均工资（欧元/每周）	未计算	未计算	未计算	959

2017—2019年，气候变化减缓技术专利密集型产业对GDP的贡献为14.00%，远高于它们对就业的贡献。这表明欧盟投资于可持续创新的行业生产力水平很高。这些行业也增加了它们在欧洲经济中的重要性，因为它们在欧盟GDP中的份额从早期13.60%增加到13.70%。与就业情况一样，气候变化减缓技术专利密集型产业的GDP增长在最近几年比绿色商标密集型产业更具活力。在国家层面，捷克（2017—2019年为21.2%）、德国（19.4%）和匈牙利（18.9%）是这些行业对GDP贡献较大的成员国。

2017—2019年，气候变化减缓技术专利密集型产业和绿色商标密集型产业就业人员平均工资为每周959欧元，高于知识产权密集型产业平均工资14.2%，高于非知识产权密集型产业平均工资60.7%。这一数字高于与商标密集型产业相关的工资溢价。

表43显示了气候变化减缓技术专利密集型产业和绿色商标密集型产业对货物和服务对外贸易的贡献。这些行业在出口中所占份额接近40%，在进口中所占份额为43.30%，远远高于它们对GDP或就业的贡献。在过去10年中，欧盟气候变化减缓技术专利密集型产业和绿色商标密集型产业已从严重贸易逆差转变为最近一段时期超过360亿欧元的贸易顺差。这再次表明，这些行业是欧盟经济竞争优势的重要来源。

表43　气候变化减缓技术专利密集型产业和绿色商标密集型产业对贸易的贡献

	2008—2010年	2011—2013年	2014—2016年	2017—2019年
进口占比	43.90%	45.40%	45.60%	43.30%
出口占比	39.40%	40.90%	40.20%	39.90%
净出口（百万欧元）	-68423	-21397	23000	36539

8 附件：357 个知识产权密集型产业

表 44 357 个知识产权密集型产业

NACE 代码	行业名称	商标密集型产业	外观设计专利密集型产业	专利密集型产业	版权密集型产业	地理标志密集型产业	植物新品种权密集型产业
01.00	作物和动物生产、狩猎及相关服务活动						•
06.10	原油开采	•		•			
07.10	铁矿石开采	•	•	•			
07.29	其他有色金属矿石开采			•			
08.11	装饰石和建筑石、石灰石、石膏、粉笔和板岩开采	•					
08.91	化学和化肥矿物开采	•		•			
08.99	其他采矿和采石业	•					
09.10	石油和天然气开采辅助活动	•		•			
10.20	鱼类、甲壳动物和软体动物加工和保存	•					
10.31	马铃薯加工与保鲜	•					
10.32	果蔬汁生产	•	•				
10.39	水果和蔬菜其他加工和保存	•					
10.41	油脂制造	•	•				
10.42	人造黄油和类似食用油脂制造	•	•	•			
10.51	乳品厂和奶酪生产运营	•	•			•	
10.52	冰激凌制造	•					
10.61	谷物磨坊产品制造	•					•
10.62	淀粉和淀粉制品制造	•		•			
10.72	拉斯克饼干和饼干制造；腌制糕点和蛋糕制造	•	•				
10.73	通心粉、面条、蒸粗麦粉及类似粉状产品制造	•	•				
10.81	糖制造	•					
10.82	可可、巧克力和糖果制造	•	•				

续表

NACE 代码	行业名称	商标密集型产业	外观设计专利密集型产业	专利密集型产业	版权密集型产业	地理标志密集型产业	植物新品种权密集型产业
10.83	茶叶和咖啡加工	•	•	•			
10.84	调味品和调味料制造	•					
10.85	预制的饭菜和菜肴制造	•					
10.86	均质食品制剂和营养食品制造	•	•	•			
10.89	其他食品制造	•	•				
10.91	农场动物饲料制造	•					
10.92	宠物食品制造	•	•				
11.01	蒸馏、精馏和混合烈酒	•	•			•	
11.02	葡萄酒酿造	•				•	
11.03	苹果酒和其他果酒制造	•	•				
11.04	其他非蒸馏发酵饮料制造	•	•				
11.05	啤酒制造	•	•			•	
11.06	麦芽制造	•					
11.07	软饮料制造；矿泉水和其他瓶装水生产	•	•				
12.00	烟草制品制造	•	•	•			
13.10	纺织纤维制备和纺丝	•	•				•
13.20	纺织	•	•				
13.30	纺织品制造	•					
13.91	针织和钩编织物制造	•					
13.92	制成品纺织品制造（服装除外）	•	•				
13.93	地毯和挂毯制造	•	•	•			
13.94	索具、绳子、合股线和网具制造	•	•	•			
13.95	非织物和非织物制品制造（服装除外）	•	•	•			
13.96	其他技术和工业用纺织品制造	•	•	•			
13.99	其他纺织品制造	•	•	•			
14.11	皮革服装制造	•	•				
14.12	工作服制造	•	•				
14.13	其他外套制造	•	•				
14.14	内衣制造		•				
14.19	其他服装和配件制造	•	•				
14.20	毛皮制品制造	•					
14.31	针织和钩编袜制造	•	•				
14.39	其他针织和钩编服装制造	•	•				

续表

NACE代码	行业名称	商标密集型产业	外观设计专利密集型产业	专利密集型产业	版权密集型产业	地理标志密集型产业	植物新品种权密集型产业
15.12	箱包、手袋、马鞍和马具制造	•	•				
15.20	鞋类制造	•	•				
16.21	单板和人造板制造		•				
16.22	装配式拼花地板制造		•				
16.23	其他建筑工人木工和细木工制造		•				
16.29	其他木制品制造；软木、稻草和编织材料制品制造	•	•				
17.11	纸浆制造				•		
17.12	纸和纸板制造	•	•	•	•		
17.21	瓦楞纸和纸板以及纸和纸板容器制造		•				
17.22	家用卫生用品及卫生间必需品制造	•	•	•			
17.23	纸制文具制造	•	•				
17.24	墙纸制造	•	•	•			
17.29	其他纸和纸板制品制造	•	•	•			
18.11	报纸印刷	•			•		
18.12	其他印刷				•		
18.13	新闻媒体发布服务	•			•		
18.14	装订及相关服务				•		
18.20	记录媒介复制	•			•		
19.20	精炼石油产品制造	•					
20.11	工业气体制造	•	•	•			
20.12	染料和颜料制造	•		•			
20.13	其他无机基本化学品制造	•		•			
20.14	其他有机基本化学品制造			•			
20.15	肥料和氮化合物制造	•					
20.16	初级形状塑料制造	•		•			
20.17	初级合成橡胶制造	•		•			
20.20	农药和其他农用化学品制造	•	•	•			
20.30	油漆、清漆和类似涂料、油墨和胶泥制造	•		•			
20.41	肥皂和洗涤剂、清洁剂和抛光剂制造	•	•	•			
20.42	香水和盥洗用品制造	•	•	•			
20.51	炸药制造		•	•			

续表

NACE代码	行业名称	商标密集型产业	外观设计专利密集型产业	专利密集型产业	版权密集型产业	地理标志密集型产业	植物新品种权密集型产业
20.52	胶水制造	●		●			
20.53	精油制造	●	●				●
20.59	其他化学产品制造	●	●	●	●		
20.60	人造纤维制造	●	●	●			
21.10	基本医药产品制造	●	●	●			
21.20	药物制剂制造	●		●			
22.11	橡胶轮胎和内胎制造；橡胶轮胎翻新与改造	●	●	●			
22.19	其他橡胶制品制造		●	●			
22.21	塑料板材、薄板、管材和型材制造	●	●	●			
22.22	塑料包装制品制造	●	●	●			
22.23	塑料建筑器具制造	●	●	●			
22.29	其他塑料制品制造	●	●	●			
23.11	平板玻璃制造	●	●	●			
23.13	中空玻璃制造	●	●				
23.14	玻璃纤维制造	●		●			
23.19	其他玻璃制造和加工（包括技术玻璃器皿）	●	●	●			
23.20	耐火制品制造	●		●			
23.31	瓷砖和陶瓷贴面砖制造	●	●				
23.32	黏土砖瓦及建筑砌块制造		●				
23.41	陶瓷家居和装饰用品制造	●	●				
23.42	陶瓷卫生洁具制造	●	●				
23.43	陶瓷绝缘体和绝缘配件制造	●		●			
23.44	其他技术陶瓷产品制造	●		●			
23.49	其他陶瓷产品制造	●	●	●			
23.52	石灰和灰泥制造	●					
23.61	建筑用混凝土产品制造		●				
23.62	建筑用石膏制品制造	●	●				
23.64	灰浆制造	●					
23.65	纤维水泥制造	●					
23.69	其他混凝土、灰泥和水泥制品制造	●	●	●			
23.70	石材切割、成型和精加工		●				

续表

NACE代码	行业名称	商标密集型产业	外观设计专利密集型产业	专利密集型产业	版权密集型产业	地理标志密集型产业	植物新品种权密集型产业
23.91	研磨产品制造	•		•			
23.99	其他非金属矿产品制造	•		•			
24.20	钢管、管道、空心型材和相关配件制造			•			
24.31	棒材冷拔			•			
24.32	窄带钢冷轧	•		•			
24.33	冷成型或折叠		•				
24.34	冷拔钢丝	•		•			
24.41	贵金属制造	•	•	•			
24.42	铝的制造		•	•			
24.43	铅、锌和锡制造		•				
24.45	其他有色金属的制造	•	•	•			
24.46	核燃料加工			•			
24.52	铸钢			•			
25.12	金属门窗制造		•	•			
25.21	集中供暖散热器和锅炉制造	•	•	•			
25.30	蒸汽发生器制造（中央供暖热水锅炉除外）			•			
25.40	武器弹药制造	•	•	•			
25.71	餐具制造	•	•	•			
25.72	锁和铰链制造	•	•	•			
25.73	工具制造	•	•	•			
25.91	钢桶和类似容器制造	•	•				
25.92	轻金属包装制造		•				
25.93	电线产品、链条和弹簧制造		•	•			
25.94	紧固件和螺丝机产品制造	•	•	•			
25.99	其他金属制品制造	•	•	•			
26.11	电子元件制造	•	•	•			
26.12	电子板制造			•			
26.20	计算机及周边设备制造	•	•	•	•		
26.30	通信设备制造	•	•	•	•		
26.40	消费电子产品制造	•	•	•	•		
26.51	测量、测试、导航用仪器和器具制造	•	•	•			

续表

NACE 代码	行业名称	商标密集型产业	外观设计专利密集型产业	专利密集型产业	版权密集型产业	地理标志密集型产业	植物新品种权密集型产业
26.52	钟表制造	•	•	•			
26.60	放射性、电子医疗和电疗设备制造	•	•	•			
26.70	光学仪器和摄影设备制造	•	•	•	•		
26.80	磁性和光学介质制造	•	•	•			
27.11	电机、发电机和变压器制造			•			
27.12	配电及控制装置制造		•	•			
27.20	电池和蓄电池制造	•	•	•			
27.31	光纤电缆制造				•		
27.32	其他电子和电线电缆制造			•			
27.33	布线设备制造		•	•			
27.40	电气照明设备制造	•	•	•			
27.51	家用电器制造	•	•	•			
27.52	非电动家用电器制造	•	•				
27.90	其他电气设备制造	•	•	•			
28.11	发动机和涡轮制造（飞机、车辆和摩托车发动机除外）	•	•	•			
28.12	流体动力设备制造		•	•			
28.13	其他泵和压缩机制造	•	•	•			
28.14	其他水龙头和阀门制造	•	•	•			
28.15	轴承、齿轮、传动装置和驱动元件制造			•			
28.21	烤箱、熔炉和熔炉燃烧器制造	•	•	•			
28.22	起重和搬运设备制造			•			
28.23	办公室机械和设备制造（计算机及周边设备除外）	•	•	•	•		
28.24	电动手动工具制造		•	•			
28.25	非家用冷却通风设备制造	•		•			
28.29	其他通用机械制造	•	•	•			
28.30	农林机械制造	•	•				
28.41	金属成型机械制造	•		•			
28.49	其他机床制造	•	•	•			
28.91	冶金机械制造	•		•			
28.92	采矿、采石和建筑机械制造	•	•	•			
28.93	食品、饮料和烟草加工机械制造	•	•	•			

续表

NACE代码	行业名称	商标密集型产业	外观设计专利密集型产业	专利密集型产业	版权密集型产业	地理标志密集型产业	植物新品种权密集型产业
28.94	纺织、服装和皮革生产机械制造	●	●	●			
28.95	纸和纸板生产机械制造	●		●			
28.96	塑料和橡胶机械制造	●		●			
28.99	其他特殊用途机械制造	●	●	●			
29.10	汽车制造		●	●			
29.20	汽车车身（车厢）制造；拖车和半拖车制造		●	●			
29.31	汽车电气和电子设备制造			●			
29.32	汽车其他零部件和附件制造		●	●			
30.11	船舶和浮式结构物建造			●			
30.12	娱乐和运动船只制造	●	●				
30.20	铁路机车车辆制造			●			
30.30	航空、航天器及相关机械制造			●			
30.40	军用战车制造			●			
30.91	摩托车制造	●	●	●			
30.92	自行车和残疾人座车制造	●	●	●			
30.99	其他运输设备制造	●	●	●			
31.01	办公室和商店家具制造	●	●				
31.02	厨房家具制造		●				
31.03	床垫制造	●	●				
31.09	其他家具制造		●				
32.11	硬币铸造	●	●		●		
32.12	珠宝及相关物品制造	●	●		●		
32.13	仿制珠宝及相关物品制造	●	●				
32.20	乐器制造	●	●		●		
32.30	体育用品制造	●	●	●			
32.40	游戏和玩具制造	●	●		●		
32.50	医疗和牙科器械及用品制造	●	●	●			
32.91	扫帚和刷子制造	●	●	●			
32.99	其他制造业	●	●	●			
33.16	飞机和航天器的维修和保养			●			
33.19	其他设备修理	●					
33.20	工业机械和设备安装			●			

续表

NACE代码	行业名称	商标密集型产业	外观设计专利密集型产业	专利密集型产业	版权密集型产业	地理标志密集型产业	植物新品种权密集型产业
35.11	电力生产	●		●			
35.12	输电	●		●			
35.21	煤气制造	●		●			
41.10	建筑项目开发	●					
42.91	水利工程建设			●			
45.19	其他机动车辆销售			●			
45.31	汽车零部件批发贸易	●		●			
45.40	摩托车及相关零部件销售、维护和维修	●	●				
46.11	农业原料、活体动物、纺织原料和半成品代理销售	●	●				●
46.12	燃料、矿石、金属和工业化学品代理销售	●					
46.13	木材和建筑材料代理销售	●					
46.14	机械、工业设备、船舶和飞机代理销售	●	●	●			
46.15	家具、家居用品、五金制品代理销售	●	●				
46.16	纺织品、服装、毛皮、鞋类和皮革制品代理销售	●	●				
46.17	食品、饮料和烟草代理销售	●					
46.18	其他特定产品代理销售	●	●				
46.19	各种商品代理销售	●	●				
46.21	谷物、未加工烟草、种子和动物饲料批发	●					●
46.22	花卉批发	●					●
46.24	皮革批发	●					
46.31	水果和蔬菜批发	●					
46.32	肉类及肉制品批发	●					
46.33	乳制品、蛋类和食用油脂批发	●					
46.34	饮料批发	●					
46.35	烟草制品批发	●					
46.36	糖、巧克力和糖果批发	●	●				
46.37	咖啡、茶、可可和香料批发	●					
46.38	其他食品批发（包括鱼类、甲壳动物和软体动物）	●					

续表

NACE代码	行业名称	商标密集型产业	外观设计专利密集型产业	专利密集型产业	版权密集型产业	地理标志密集型产业	植物新品种权密集型产业
46.39	食品、饮料和烟草非专业批发	•					
46.41	纺织品批发	•	•				
46.42	服装和鞋类批发	•	•				
46.43	家用电器批发	•	•	•	•		
46.44	瓷器、玻璃器皿和清洁材料批发	•	•				
46.45	香水和化妆品批发	•	•				
46.46	药品批发	•		•			
46.47	家具、地毯和照明设备批发	•	•				
46.48	手表和珠宝批发	•	•				
46.49	其他家居用品批发	•	•				
46.51	计算机、计算机周边设备和软件批发	•			•		
46.52	电子和电信设备及部件批发	•	•	•	•		
46.62	机床批发	•					
46.64	纺织及缝纫机批发	•		•			
46.65	办公家具批发	•	•				
46.66	其他办公机械和设备批发	•			•		
46.69	其他机械设备批发	•	•	•			
46.71	固体、液体和气体燃料及相关产品批发	•					
46.72	金属和金属矿石批发		•				
46.73	木材、建筑材料和卫生设备批发	•	•				
46.74	五金、管道和供暖设备及用品批发	•	•				
46.75	化学产品批发	•		•			
46.76	其他中间产品批发	•	•		•		
46.90	非专业批发贸易	•	•				
47.29	专营店其他食品零售	•					
47.41	专营店电脑、外围设备和软件零售	•			•		
47.42	专营店电信设备零售			•			
47.43	专营店音像设备零售	•			•		
47.51	专营店纺织品零售	•	•				
47.59	专营店家具、照明设备和其他家居用品零售		•				
47.61	专营店书籍零售				•		
47.62	专营店报纸和文具零售				•		

续表

NACE 代码	行业名称	商标密集型产业	外观设计专利密集型产业	专利密集型产业	版权密集型产业	地理标志密集型产业	植物新品种权密集型产业
47.63	专营店音乐和录影带零售				●		
47.64	专营店体育器材零售	●					
47.65	专营店游戏和玩具零售	●					
47.72	专营店鞋类和皮革制品零售	●					
47.74	专营店医疗和骨科产品零售	●					
47.75	专营店化妆品和盥洗用品零售	●					
47.77	专营店手表和珠宝零售		●				
47.78	专营店其他新商品零售	●	●		●		
47.91	邮购或互联网零售	●	●				
47.99	其他非店铺、摊位或市场零售	●					
49.50	管道运输	●					
50.10	海运和沿海水上客运	●					
50.30	内陆水上客运	●					
55.90	其他住宿	●					
58.11	图书出版	●			●		
58.12	目录和邮件列表发布	●			●		
58.13	报纸出版				●		
58.14	期刊出版	●			●		
58.19	其他出版活动	●			●		
58.21	电脑游戏出版	●	●		●		
58.29	其他软件开发	●		●	●		
59.11	电影、视频和电视节目制作活动	●			●		
59.12	电影、视频和电视节目后期制作活动	●			●		
59.13	电影、视频和电视节目发行活动	●			●		
59.14	电影放映活动				●		
59.20	录音和音乐出版活动	●	●		●		
60.10	无线电广播	●			●		
60.20	电视节目和广播活动	●			●		
61.10	有线电信活动				●		
61.20	无线电信活动	●			●		
61.30	卫星电信活动	●			●		
61.90	其他电信活动	●		●	●		
62.01	计算机编程活动	●			●		

续表

NACE 代码	行业名称	商标密集型产业	外观设计专利密集型产业	专利密集型产业	版权密集型产业	地理标志密集型产业	植物新品种权密集型产业
62.02	计算机咨询活动	●			●		
62.03	计算机设施管理活动	●			●		
62.09	其他信息技术和计算机服务活动	●			●		
63.11	数据处理、托管和相关活动	●			●		
63.12	门户网站	●			●		
63.91	通讯社活动				●		
63.99	其他信息服务活动	●			●		
66.00	金融服务和保险活动辅助活动	●					
68.10	自有房地产交易	●	●	●			
68.20	自有或租赁房地产的租赁和经营	●					
70.21	公共关系和传播活动	●			●		
70.22	商业和其他管理咨询活动	●					
71.12	工程活动和相关技术咨询			●			
72.11	生物技术研究与试验发展	●	●	●			●
72.19	自然科学和工程其他研究与试验发展	●	●	●			●
72.20	社会科学和人文学科研究与试验发展	●		●			
73.11	广告业	●			●		
73.12	媒体代表	●			●		
73.20	市场调查和民意调查	●		●			
74.10	专业设计活动	●	●		●		
74.20	摄影活动				●		
74.30	笔译和口译活动				●		
74.90	其他专业、科学和技术活动	●	●	●			
77.12	卡车租赁	●					
77.21	娱乐和体育用品租赁	●					
77.22	录像带和光盘租赁				●		
77.29	其他私人和家庭用品租赁				●		
77.31	农业机械设备租赁						●
77.33	办公室机器和设备（包括计算机）租赁				●		
77.35	航空运输设备租赁	●					
77.39	其他机械、设备和有形动产租赁	●			●		

续表

NACE代码	行业名称	商标密集型产业	外观设计专利密集型产业	专利密集型产业	版权密集型产业	地理标志密集型产业	植物新品种权密集型产业
77.40	知识产权和类似产品租赁（版权作品除外）	•	•	•			•
79.11	旅行社活动	•					
79.12	旅行社经营者活动	•					
79.90	其他预订服务及相关活动	•			•		
82.11	综合办公室行政服务活动	•	•				
82.19	复印、文件编制和其他专业办公辅助活动				•		
82.30	会议和贸易展览组织	•					
82.91	催收机构和信用局活动	•					
85.52	文化教育				•		
90.01	表演艺术				•		
90.02	表演艺术辅助活动				•		
90.03	艺术创作				•		
90.04	艺术设施运营				•		
91.01	图书馆和档案馆活动				•		
91.02	博物馆活动				•		
91.03	历史遗迹、建筑和类似旅游景点运营				•		
92.00	赌博和博彩活动	•					
93.00	体育活动和娱乐休闲活动（不包括93.29其他娱乐和文娱活动）	•					
93.21	游乐园和主题公园活动				•		
93.29	其他娱乐和文娱活动				•		
94.12	专业会员组织活动				•		
94.99	其他成员组织活动				•		

9 附件：方法和数据

9.1 数据匹配方法：详细说明

知识产权数据库是分析某一企业、行业或国家情况的重要数据来源。然而，使用这些数据存在很多问题。最重要的问题是：

① 缺失知识产权申请人的统一名称。

对于同一个申请者，知识产权登记表中往往拥有多个条目，因为在申报时申请人并不总是使用其现有的识别号而是重新建立一个新的识别号去申报，新的识别号在后续的申请中其数据基本保持相同。在这种情况下，按申请量来对申请人进行排序就非常困难，因为一家企业可能利用了许多识别号来申请。由于不同的注册途径，也可能导致重复。在欧盟知识产权局(EUIPO)，申请人可以在直接申请和国际途径（马德里议定）之间选择申请方式。

② 缺失知识产权申请人的综合信息。

知识产权登记表中提供的申请人信息是非常有限的。知识产权申请人仅仅提交了用于确认其身份的部分信息，如姓名、地址和联系方式等，并不包括对知识产权进行相关经济研究所需的信息，甚至连计算某一行业知识产权密集度所需的基本描述性统计信息都无法从知识产权登记表中获得。

最近几年，欧盟已进行各种努力统一知识产权登记表（主要是专利登记表）中的姓名/名称，使之与企业注册数据一致[1]。本研究受益于参加之前各项研究的研究人员和组织的经验和知识。尽管如此，随着欧盟地理区域的扩大（28 个欧盟成员国）及知识产权范围的扩大（专利、商标及外观设计专利），以前的结果不能直接使用。因此，必须开发和实施一种全新的统一申请人名称和数据匹配的方法。

第一阶段名称统一中使用的算法在很大程度上基于比利时鲁汶大学、

[1] 例如，比利时鲁汶大学（KUL Leuven）/欧盟统计局对 PATSTAT 数据库统一人名的方法、经济合作与发展组织的 HAN 数据库，或英国知识产权局 OFLIP 数据库，里贝罗等人（2010），多纳和哈霍夫（2018）。

欧盟统计局的方法[1]。

第二阶段将清洗统一的欧盟知识产权局、欧盟植物新品种保护办公室和 PATSTAT 数据库中的数据与 ORBIS 数据库中的数据进行匹配。ORBIS 数据库是从各国申请表中收集到的综合性人口统计和金融企业数据。该数据通常用来分析企业实体的经济表现。ORBIS 数据库中的可用信息来自各个国家的各个信息提供者，这些信息都是各个国家或地方机构按照相关法律或行政要求收集的数据。

名称统一和数据匹配过程包括以下阶段：

① 名称的大写化和清理（双空格，无可打印字符）；

② 使用 NFKD[2] 和音译对照（希腊语）对特殊字符进行规范化；

③ 提取各国法律信息；

④ 清理各国非特色的不常使用的词汇；

⑤ 更正邮政编码。

欧盟知识产权局、欧盟植物新品种保护办公室、PATSTAT 数据库和 ORBIS 数据库中的知识产权权利人均适用该匹配过程。

9.1.1 数据预处理

在进行名称统一和数据匹配之前，首先必须对数据进行预处理，即必须清除名称中大小写不同的相关问题。即使在各种数据集中名称字符串的内容是相同的，如果使用的大小写不同，也不能将其视为相同的名称。为了解决这个问题，必须将欧盟知识产权局和欧洲专利局数据集中的申请人姓名转换为大写。

默认情况下，知识产权注册可以使用其官方国家语言（如拉丁语、希腊语、保加利亚语和西里尔语等）的字母表记录申请人姓名。在拉丁字母表的情况下，使用几个特定的扩展来表示国家特色，带有声调的字符和其他区分标志。尽管如此，申请人或其法定代表人有时会提交新的申请，其名称已经转换为基本的拉丁语词源，没有任何特定的国家特色。在这种情况下，自动算法无法将该名称的基本拉丁形式识别为与原始名称相同，可以通过应用 Unicode 规范化转换过程来处理此问题，该转换过程允许将名称自动转换为标准化的基本 Unicode 形式。

希腊语名称必须进行专门的处理，以确保在不同的登记表中以不同方

---

[1] 《产生统一后的专利统计数据的方法：专利权人名称统一》，2006 年欧盟统计局。

[2] 规范化表单兼容性组合，Unicode 等价规范。

式翻译的名称能够表示一致。例如，“αυ”（alpha upsilon）可能已被转换为“av”“af”“au”或“ay”。

在进一步的预处理步骤中，除了 a - zA - Z0 - 9&@ $ + 的所有字符都被替换为空格，并且句号等标点被删除。前导和尾随的空格也被删除，将多个空格合并为一个。

9.1.2 企业法律形式清理

在初始数据预处理之后，开始对名称进行处理，以消除可能妨碍单个申请人信息的正确分组以及与外部数据源匹配的非唯一信息。名称处理的关键部分是对名称字段进行标准化以及划分出基本的法律形式的名称。由于涉及对来自 28 个不同国家的申请人数据进行处理，必须避免错误删除那些在某些国家或地区表明了法律形式但属于其他国家语言的独特字母。这也是法律形式要逐个进行处理的原因。通过创建一个包含 540 个正则表达式（regex）的字典，允许识别和删除每个欧盟成员国典型的法律形式[1]。正则表达式是一种非常强大的方式，可以在一行中捕获描述相同的法律形式的字符串的多个变体。通过这些正则表达式，就有可能获取、删除并将每个欧盟成员国使用的几乎所有法律形式的标准化版本指定到一个单独的列中。

通过仅过滤与给定国家相关的法律形式的正则表达式，并在每一个正则表达式上循环遍历在同一国家拥有知识产权申请的申请人姓名，以此完成法律形式清理。

对于一些国家（比利时、德国、波兰）来说，增加了第二步的法律形式清理。对比利时而言，目的主要是寻找同时以法语和荷兰语标注法律形式的情况。在这种情况下，只清理一种语言的法律形式显然是无效的，因为同一法律形式可用第二种官方语言标注，并依然是经过清理后名称字段的一部分。对于德国和波兰，第二步的法律形式清理被用来处理复合法律形式，例如 GMBH CO KG 或 Spółkaz Ograniczoną odpowiedzialno ś cią Spółka Komandytowo - akcyjna，它们由两种或多种法律形式组成，在法律背景下用作独立法律形式。在某些国家，法律形式表述被其他字词隔开，而这些字词是企业名称中的区别性信息。在这种情况下，法律形式清理前的第一步，是对法律形式进行标准化，将其作为字符串的最后一部分，而

[1] 由于弗拉芒和瓦隆大区将比利时等一部分双语国家列入了存在特有的法律形式，因此每个名称字段都会进行两次处理，检查是否在弗拉芒和瓦隆存在特有的法律形式。

将剩下其他所有字词作为规范化名称的组成部分。

法律形式的清理程序针对4个数据集（EUIPO、EPO、CPVO和ORBIS）分别进行。

完成这一步骤后，形成了单独的表（每一个国家有4个表，对应4个数据源），包含EUIPO、EPO、CPVO和ORBIS原始数据集内每家企业的规范化名称字段，不含法律形式信息。此外，添加一个新的列，含有来自原始名称字段中因规范化名称而清理掉的标准化法律形式。

9.1.3 匹配算法的数据准备

与法律形式清理类似，匹配操作和各匹配阶段的数据准备也按国别进行。每个国家从包含前一步骤（法律形式清理）所得结果的表格开始。

第一步，为每个国家/地区分配了特定于该国家/地区的代码，并从标准化名称中删除了非区分词。非区分词的列表基于企业名称中存在的单词计算，例如爱尔兰的单词“The”“of”或“Irish”。

欧盟知识产权局和欧洲专利局数据集中的大量申请人是自然人。如果ORBIS中有相应的ID，则决定不将它们从相应的数据集中过滤出来以进行匹配。但是，PATSTAT中没有单独的领域来表明申请人是否是自然人。此外，PATSTAT中的自然人姓名格式与ORBIS中的格式不同。为了解决此问题，数据库中的所有申请人名称和实体名称的单独单词在匹配之前都会按字母顺序进行排序。

下一步，检查3个数据集中每个数据集中的“trading as”名称。“trading as”指示也是针对具体国家/语言的。如果名称包含“trading as”类型，则会创建两个附加字段，NormCompany_short是“交易”字符串之前的部分，trading是trading as之后的表达部分。例如，“欧盟知识产权局交易为欧盟知识产权局”的名称将转换为3个领域：作为欧盟知识产权局交易的规范化领域欧盟知识产权局，NormCompany_short - field欧盟知识产权局和TradingAs领域欧盟知识产权局。在创建这两个附加字段之后进行检查，以确定基于标准化名称无法匹配/分组的企业是否与基于NormCompany/NormCompany_short比较的其他ID匹配。

在处理“trading as”表达式之后，删除单词之间的所有空格，形成标准化名称，从而创建一个由前一阶段处理后从名称中留下的所有单词组成的字符串。

数据准备过程中的最后一步包括通过标准化名称对欧洲专利局、欧盟知识产权局和 ORBIS 中的每个数据集进行分组并最终匹配。在此过程中，个人记录 ID 号、地址和法律形式信息以串联格式保留。

9.1.4 将欧盟知识产权局、PATSTAT 和 CPVO 数据集与 ORBIS 进行匹配

该程序的目的是将知识产权权利人的数据集与 ORBIS 数据库进行匹配。在第一次迭代中，使用 ORBIS 的 NormCompany 知识产权权利人的数据集和 NormCompany 字段检查可能的匹配。所有匹配都被分配给一个单独的数据集，然后使用最初来自 4 个数据集中的每一个 TradingAs 和 NormCompany_short 字段对匹配执行后续的搜索迭代。这是通过首先从 ORBIS 数据库中获取 NormCompany_short 字段并检查是否与 NormCompany 知识产权权利人的数据集相匹配来完成的。如果匹配，则将匹配的记录分配给匹配的数据集。然后，将 TradingAs 字段与知识产权权利人数据集中的 NormCompany 进行匹配，以查找在前几个阶段没有匹配的记录。

9.1.5 匹配后数据处理（消歧处理）

在上述初始匹配阶段之后，过滤掉一对一匹配（一个知识产权权利人的数据集记录与一个 ORBIS 记录匹配），选择一对多匹配（一个知识产权权利人的数据集记录与多个 ORBIS 记录匹配）进行进一步处理。在这个阶段，使用了额外的信息（企业名称除外）。这些信息要么可以在最初的 4 个数据集中获得，要么是在法律形式清理过程中创建的。

ORBIS 数据集包含一个被称为 DUO（国内最终权利人）的字段。第一步，将 ORBIS 数据集中的所有企业都按其标准化名称分组，并进行检查，以确定每个分组对应多少个唯一的 DUO 编号。如果只有一个 DUO 号码与 ORBIS 中具有相同规范化名称的企业相关联，那么与该企业相关的记录将被视为潜在的匹配。在对数据进行匹配之前，根据营业收入和就业情况，将 DUO 字段内企业信息的完整性与组内其他企业进行比较。这一步是至关重要的，因为不知道 DUO 企业是否合并其子公司账户的信息。因此，知识产权权利人的数据集记录只与一个相关的 ORBIS 记录（DUO 或子公司）匹配，即该组中拥有最多营业收入和就业人员数的记录。

下一步，识别具有相同规范化名称和相同的 Bureau van Dijk76（BvD）ID 号的 ORBIS 记录组。有时 ORBIS 分支机构或子公司与母公司拥有相同的号码，并用连字符从根号码中分离出额外的数字。去掉这个连字符和连字符后面的所有数字，以检查具有相同规范化名称的

所有 ORBIS 企业是否具有相同的 ID 号。如果具备相同 ID 号，知识产权权利人的数据集记录将与 BvD ID 号中 ORBIS 所有具备相同规范化名称的母公司相关联。

随后，该算法检查了在具有相同标准化名称的 ORBIS 企业中，是否只有一家企业与知识产权权利人数据集中的至少一家企业具有相同的法律形式。

在最后一次匹配时，将知识产权权利人数据集中的邮政编码和与其匹配的各种 ORBIS 记录中的邮政编码进行比较。如果只有一个 ORBIS 记录与知识产权权利人的数据集记录中的邮政编码匹配，则将其添加到匹配的数据集中。

消歧处理的最后阶段包括将初始匹配的数据集（知识产权权利人的数据集和 ORBIS 记录之间的一对一匹配）与在上述消歧处理的各个阶段创建的数据集进行合并。生成的数据集包含知识产权权利人的数据集与 ORBIS 表之间具有一对一关系的所有记录。经过消歧处理后仍然有太多关系的匹配记录将被忽略。

总的来说，在 ORBIS 中发现了近 47 万家独特的企业匹配数据（每个 ORBIS 企业都有几个知识产权权利人匹配），在验证了最佳匹配的质量（使用邮政编码、相同的法律表格等标准）后，按照保守的标准，只保留了 35 万多家最有可能是同一家企业的匹配数据。

对于一些国家（BG、CY、GR、IE、RO）和特定的知识产权，匹配后的企业数量不足，在此基础上进行了额外的人工匹配。对匹配结果的随机人工检查证实了结果的可靠性。

9.1.6 编制最终对照表

在完成消歧处理和人工检查后，创建了各种对照表，作为知识产权经济分析所需的各种数据库数据之间的桥梁。对照表中知识产权信息和 ORBIS 企业信息之间是一一对应的。

共有 3 个主要对照表：

ORBIS - EPO 对照表：主要关键字是 PATSTAT 的 tls206_person 表中的 person_id 号和 ORBIS 数据集中的 BvD ID 号。该表用于将 PATSTAT 中的专利信息与 ORBIS 数据集中欧洲企业的人口统计和财务数据对应起来。

ORBIS - EUIPO 对照表：主要关键字是欧盟知识产权局数据仓库 dim_owner 表中的 owner_代码和 ORBIS 数据集中的 BvD ID 号。该表用于将欧盟知识产权局中的注册商标和注册外观设计专利信息与 ORBIS 数据集中欧洲企业人口统计和财务数据对应起来。

ORBIS－CPVO 对照表：主要关键字是来自 CPVO 登记的植物新品种权和 ORBIS 数据集的 BvD ID 号。该表用于将在欧盟植物新品种保护办公室登记的植物品种与 ORBIS 数据集中欧洲企业人口统计和财务数据对应起来。

9.2 专利密集型产业

表 45 专利密集型产业

欧盟经济活动统计分类代码	欧盟经济活动统计分类名称	每 1000 名就业人员专利授权量（件/1000 人）
77.40	知识产权和类似产品租赁（版权作品除外）	107.92
26.30	通信设备制造	41.94
72.11	生物技术研究与试验发展	27.65
23.11	平板玻璃制造	20.61
28.91	冶金机械制造	18.55
28.11	发动机和涡轮制造（飞机、车辆和摩托车发动机除外）	15.86
72.19	自然科学和工程其他研究与试验发展	15.54
26.11	电子元件制造	15.47
27.51	家用电器制造	15.37
20.11	工业气体制造	14.60
28.23	办公室机械和设备制造（计算机及周边设备除外）	14.36
30.99	其他运输设备制造	13.19
22.11	橡胶轮胎和内胎制造；橡胶轮胎翻新与改造	12.88
26.60	放射性、电子医疗、电疗设备制造	12.63
26.70	光学仪器和摄影设备制造	12.10
23.43	陶瓷绝缘体和绝缘配件制造	11.30
28.95	纸和纸板生产机械制造	11.29
28.30	农林机械制造	11.01
24.34	冷拔钢丝	10.81
28.94	纺织、服装和皮革生产机械制造	10.41
25.72	锁和铰链制造	10.17
24.45	其他有色金属的制造	9.91
21.10	基本医药产品制造	9.87
28.99	其他特殊用途机械制造	9.61
30.40	军用战车制造	9.39
26.20	计算机及周边设备制造	9.33

续表

欧盟经济活动统计分类代码	欧盟经济活动统计分类名称	每1000名就业人员专利授权量（件/1000人）
28.93	食品、饮料和烟草加工机械制造	8.97
46.52	电子和电信设备及部件批发	8.84
27.40	电气照明设备制造	8.72
06.10	原油开采	8.59
30.30	航空、航天器及相关机械制造	8.52
20.59	其他化学产品制造	8.44
28.15	轴承、齿轮、传动装置和驱动元件制造	7.09
26.51	测量、测试、导航用仪器和器具制造	6.95
28.49	其他机床制造	6.51
23.44	其他技术陶瓷产品制造	6.29
29.32	汽车其他零部件和附件制造	6.03
20.16	初级形状塑料制造	5.99
28.13	其他泵和压缩机制造	5.97
21.20	药物制剂制造	5.82
20.51	炸药制造	5.80
32.99	其他制造业	5.61
27.90	其他电气设备制造	5.59
28.14	其他水龙头和阀门制造	5.45
32.50	医疗和牙科器械及用品制造	5.34
10.62	淀粉和淀粉制品制造	5.23
20.42	香水和盥洗用品制造	5.18
23.14	玻璃纤维制造	5.15
23.19	其他玻璃制造和加工（包括技术玻璃器皿）	5.14
09.10	石油和天然气开采辅助活动	5.14
28.92	采矿、采石和建筑机械制造	5.03
29.31	汽车电气和电子设备制造	5.02
28.29	其他通用机械制造	4.96
32.30	体育用品制造	4.76
26.40	消费电子产品制造	4.60
30.91	摩托车制造	4.39
30.92	自行车和残疾人座车制造	4.02
12.00	烟草制品制造	4.01
28.96	塑料和橡胶机械制造	3.99
47.42	专营店电信设备零售	3.82

续表

欧盟经济活动统计分类代码	欧盟经济活动统计分类名称	每1000名就业人员专利授权量（件/1000人）
28.41	金属成型机械制造	3.76
28.22	起重和搬运设备制造	3.74
10.86	均质食品制剂和营养食品制造	3.69
30.20	铁路机车车辆制造	3.65
45.19	其他机动车辆销售	3.58
28.21	烤箱、熔炉和熔炉燃烧器制造	3.47
20.60	人造纤维制造	3.45
20.20	农药和其他农用化学品制造	3.44
20.52	胶水制造	3.39
74.90	其他专业、科学和技术活动	3.26
25.30	蒸汽发生器制造（中央供暖热水锅炉除外）	3.19
20.17	初级合成橡胶制造	3.16
73.20	市场调查和民意调查	3.15
17.24	墙纸制造	3.13
46.43	家用电器批发	3.08
20.13	其他无机基本化学品制造	3.01
25.73	工具制造	3.00
20.14	其他有机基本化学品制造	2.94
27.20	电池和蓄电池制造	2.85
27.12	配电及控制装置制造	2.72
33.20	工业机械和设备安装	2.54
13.95	非织物和非织物制品制造（服装除外）	2.53
22.22	塑料包装制品制造	2.45
35.21	煤气制造	2.45
10.42	人造黄油和类似食用油脂制造	2.44
71.12	工程活动和相关技术咨询	2.40
27.11	电机、发电机和变压器制造	2.39
23.69	其他混凝土、灰泥和水泥制品制造	2.38
72.20	社会科学和人文学科研究与试验发展	2.34
28.12	流体动力设备制造	2.34
27.33	布线设备制造	2.32
25.40	武器弹药制造	2.25
61.90	其他电信活动	2.24
26.52	钟表制造	2.24

续表

欧盟经济活动统计分类代码	欧盟经济活动统计分类名称	每1000名就业人员专利授权量（件/1000人）
25.93	电线产品、链条和弹簧制造	2.22
17.12	纸和纸板制造	2.19
23.49	其他陶瓷产品制造	2.14
25.94	紧固件和螺丝机产品制造	2.10
23.99	其他非金属矿产品制造	2.09
46.64	纺织及缝纫机批发	1.95
46.46	药品批发	1.95
23.20	耐火制品制造	1.94
28.25	非家用冷却通风设备制造	1.93
25.71	餐具制造	1.93
22.29	其他塑料制品制造	1.90
29.10	汽车制造	1.87
20.30	油漆、清漆和类似涂料、油墨和胶泥制造	1.85
27.32	其他电子和电线电缆制造	1.85
24.41	贵金属制造	1.84
24.52	铸钢	1.81
25.99	其他金属制品制造	1.73
22.19	其他橡胶制品制造	1.71
26.80	磁性和光学介质制造	1.67
20.12	染料和颜料制造	1.63
08.91	化学和化肥矿物开采	1.62
22.21	塑料板材、薄板、管材和型材制造	1.59
46.14	机械、工业设备、船舶和飞机代理销售	1.53
24.42	铝的制造	1.49
28.24	电动手动工具制造	1.46
35.11	电力生产	1.42
45.31	汽车零部件批发贸易	1.41
20.41	肥皂和洗涤剂、清洁剂和抛光剂制造	1.39
33.16	飞机和航天器维修和保养	1.37
46.69	其他机械设备批发	1.35
10.83	茶和咖啡加工	1.35
17.22	家用卫生用品及卫生间必需品制造	1.33
42.91	水利工程建设	1.27
46.75	化学产品批发	1.26

续表

欧盟经济活动统计分类代码	欧盟经济活动统计分类名称	每1000名就业人员专利授权量（件/1000人）
30.11	船舶和浮式结构物建造	1.24
13.96	其他技术和工业用纺织品制造	1.24
13.99	其他纺织品制造	1.22
13.94	索具、绳子、合股线和网具制造	1.18
32.91	扫帚和刷子制造	1.16
29.20	汽车车身（车厢）制造；拖车和半拖车制造	1.14
23.91	研磨产品生产	1.13
24.32	窄带钢冷轧	1.12
24.20	钢管、管道、空心型材和相关配件制造	1.08
24.46	核燃料加工	1.08
25.21	集中供暖散热器和锅炉制造	1.07
22.23	塑料建筑器具制造	1.06
24.31	棒材冷拔	1.06
07.10	铁矿石开采	1.05
58.29	其他软件开发	1.02
13.93	地毯和挂毯制造	1.01
26.12	装载的电子板制造	0.99
07.29	其他有色金属矿石开采	0.98
25.12	金属门窗制造	0.97
35.12	输电	0.96
17.29	其他纸和纸板制品制造	0.96
68.10	自有房地产交易	0.95

9.3 商标密集型产业

表46 商标密集型产业

欧盟经济活动统计分类代码	欧盟经济活动统计分类名称	每1000名就业人员商标授权量（件/1000人）
77.40	知识产权和类似产品租赁（版权作品除外）	512.41
11.04	其他非蒸馏发酵饮料制造	90.10
58.21	电脑游戏出版	74.67
17.24	墙纸制造	73.92

续表

欧盟经济活动统计分类代码	欧盟经济活动统计分类名称	每1000名就业人员商标授权量（件/1000人）
10.86	均质食品制剂和营养食品制造	65.33
72.11	生物技术研究与试验发展	51.36
26.80	磁性和光学介质制造	48.53
30.99	其他运输设备制造	46.02
11.01	蒸馏、精馏和混合烈酒	45.79
20.42	香水和盥洗用品制造	42.95
11.02	葡萄酒酿造	42.78
21.10	基本医药产品制造	42.53
32.40	游戏和玩具制造	40.68
32.30	体育用品制造	39.84
26.52	钟表制造	37.16
32.99	其他制造业	36.07
63.12	门户网站	36.00
59.20	录音和音乐出版活动	35.73
23.43	陶瓷绝缘体和绝缘配件制造	34.71
10.89	其他食品制造	33.16
59.13	电影、视频和电视节目发行活动	33.15
58.19	其他出版活动	33.12
58.29	其他软件开发	32.13
10.42	人造黄油和类似食用油脂制造	31.52
14.19	其他服装和配件制造	31.15
20.20	农药和其他农用化学品制造	30.85
46.41	纺织品批发	29.03
18.11	报纸印刷	27.88
20.59	其他化学产品制造	27.82
46.49	其他家居用品批发	27.75
08.99	其他采矿和采石业	27.68
46.45	香水和化妆品批发	27.57
46.42	服装和鞋类批发	27.53
30.92	自行车和残疾人座车制造	27.35
11.03	苹果酒和其他果酒制造	26.38
47.91	邮购或互联网零售	26.23
12.00	烟草制品制造	25.63
06.10	原油开采	25.58

续表

欧盟经济活动统计分类代码	欧盟经济活动统计分类名称	每1000名就业人员商标授权量（件/1000人）
46.37	咖啡、茶、可可和香料批发	25.57
10.92	宠物食品制造	25.52
20.41	肥皂和洗涤剂、清洁剂和抛光剂制造	24.86
63.99	其他信息服务活动	24.66
11.06	麦芽制造	24.10
30.91	摩托车制造	23.82
14.11	皮革服装制造	23.42
46.48	手表和珠宝批发	22.96
11.05	啤酒制造	22.27
59.11	电影、视频和电视节目制作活动	22.08
10.83	茶和咖啡加工	21.94
46.16	纺织品、服装、毛皮、鞋类和皮革制品代理销售	21.60
26.60	放射性、电子医疗、电疗设备制造	21.00
10.73	通心粉、面条、蒸粗麦粉及类似粉状产品制造	20.79
26.40	消费电子产品制造	20.77
62.09	其他信息技术和计算机服务活动	20.76
46.34	饮料批发	20.48
20.52	胶水制造	20.33
13.99	其他纺织品制造	20.29
72.19	自然科学和工程其他研究与试验发展	19.86
20.30	油漆、清漆和类似涂料、油墨和胶泥制造	19.73
11.07	软饮料制造；矿泉水和其他瓶装水生产	19.67
46.38	其他食品批发（包括鱼类、甲壳动物和软体动物）	19.45
58.11	图书出版	19.43
46.75	化学产品批发	19.15
77.35	航空运输设备租赁	19.04
26.70	光学仪器和摄影设备制造	19.00
24.41	贵金属制造	18.85
10.32	果蔬汁生产	18.85
62.01	计算机编程活动	18.73
82.30	会议和贸易展览组织	18.70
68.10	自有房地产交易	18.63
08.91	化学和化肥矿物开采	18.50
25.71	餐具制造	18.12

续表

欧盟经济活动统计分类代码	欧盟经济活动统计分类名称	每1000名就业人员商标授权量（件/1000人）
26.20	计算机及周边设备制造	17.86
13.95	非织物和非织物制品制造（服装除外）	17.78
20.15	肥料和氮化合物制造	17.58
18.20	记录媒介复制	17.56
46.90	非专业批发贸易	17.54
21.20	药物制剂制造	17.34
46.14	机械、工业设备、船舶和飞机代理销售	16.95
74.90	其他专业、科学和技术活动	16.84
46.47	家具、地毯和照明设备批发	16.66
20.11	工业气体制造	16.43
28.93	食品、饮料和烟草加工机械制造	16.36
46.11	农业原料、活体动物、纺织原料和半成品代理销售	16.13
10.91	农场动物饲料制造	15.95
46.43	家用电器批发	15.83
20.53	精油制造	15.73
72.20	社会科学和人文学科研究与试验发展	15.51
07.10	铁矿石开采	15.48
74.10	专业设计活动	15.45
31.03	床垫制造	15.44
70.21	公共关系和传播活动	15.23
27.40	电气照明设备制造	15.20
27.51	家用电器制造	15.17
28.99	其他特殊用途机械制造	14.97
46.46	药品批发	14.95
13.94	索具、绳子、合股线和网具制造	14.91
46.18	其他特定产品代理销售	14.72
46.17	食品、饮料和烟草代理销售	14.20
10.84	调味品和调味料制造	14.17
26.30	通信设备制造	14.12
20.60	人造纤维制造	14.03
46.52	电子和电信设备及部件批发	13.91
46.44	瓷器、玻璃器皿和清洁材料批发	13.76
23.11	平板玻璃制造	13.67
61.90	其他电信活动	13.63

续表

欧盟经济活动统计分类代码	欧盟经济活动统计分类名称	每1000名就业人员商标授权量（件/1000人）
10.82	可可、巧克力和糖果制造	13.54
09.10	石油和天然气开采辅助活动	13.45
58.14	期刊出版	13.27
28.91	冶金机械制造	13.14
14.12	工作服制造	13.12
46.76	其他中间产品批发	12.67
35.21	煤气制造	12.64
27.90	其他电气设备制造	12.53
63.11	数据处理、托管和相关活动	12.21
10.41	油脂制造	12.15
70.22	商业和其他管理咨询活动	12.05
46.15	家具、家居用品、五金制品代理销售	12.05
32.12	珠宝及相关物品制造	12.03
58.12	目录和邮件列表发布	11.96
23.49	其他陶瓷产品制造	11.96
13.20	纺织	11.80
79.90	其他预订服务及相关活动	11.71
46.35	烟草制品批发	11.66
32.20	乐器制造	11.61
23.69	其他混凝土、灰泥和水泥制品制造	11.56
10.72	拉斯克饼干和饼干制造；腌制糕点和蛋糕制造	11.54
32.50	医疗和牙科器械及用品制造	11.52
46.33	乳制品、蛋类和食用油脂批发	11.41
26.11	电子元件制造	11.41
24.45	其他有色金属的制造	11.08
10.52	冰激凌制造	10.99
32.11	硬币铸造	10.94
92.00	赌博和博彩活动	10.94
26.51	测量、测试、导航用仪器和器具制造	10.81
59.12	电影、视频和电视节目后期制作活动	10.78
32.91	扫帚和刷子制造	10.75
46.22	花卉批发	10.73
10.61	谷物磨坊产品制造	10.70
13.93	地毯和挂毯制造	10.57

续表

欧盟经济活动统计分类代码	欧盟经济活动统计分类名称	每1000名就业人员商标授权量（件/1000人）
15.12	箱包、手袋、马鞍和马具制造	10.51
46.39	食品、饮料和烟草非专业批发	10.29
25.21	集中供暖散热器和锅炉制造	10.28
17.22	家用卫生用品及卫生间必需品制造	10.23
28.14	其他水龙头和阀门制造	10.16
28.23	办公室机械和设备制造（计算机及周边设备除外）	10.13
23.99	其他非金属矿产品制造	10.07
25.72	锁和铰链制造	10.06
46.19	各种商品代理销售	9.94
46.13	木材和建筑材料代理销售	9.94
17.29	其他纸和纸板制品制造	9.75
46.36	糖、巧克力和糖果批发	9.72
23.41	陶瓷家居和装饰用品制造	9.63
46.12	燃料、矿石、金属和工业化学品代理销售	9.47
46.74	五金、管道和供暖设备及用品批发	9.38
73.11	广告业	9.31
13.92	制成品纺织品制造（服装除外）	9.25
46.65	办公家具批发	9.24
28.95	纸和纸板生产机械制造	9.07
32.13	仿制珠宝及相关物品制造	9.02
23.19	其他玻璃制造和加工（包括技术玻璃器皿）	8.95
60.10	无线电广播	8.94
13.10	纺织纤维制备和纺丝	8.94
13.96	其他技术和工业用纺织品制造	8.93
28.21	烤箱、熔炉和熔炉燃烧器制造	8.91
45.31	汽车零部件批发贸易	8.89
27.20	电池和蓄电池制造	8.86
46.64	纺织及缝纫机批发	8.82
28.29	其他通用机械制造	8.71
35.12	输电	8.60
14.31	针织和钩编袜制造	8.60
15.20	鞋类制造	8.58
46.69	其他机械设备批发	8.51
23.14	玻璃纤维制造	8.49

续表

欧盟经济活动统计分类代码	欧盟经济活动统计分类名称	每1000名就业人员商标授权量（件/1000人）
47.29	专营店其他食品零售	8.43
47.51	专营店纺织品零售	8.38
24.34	冷拔钢丝	8.31
23.44	其他技术陶瓷产品制造	8.30
20.12	染料和颜料制造	8.27
23.62	建筑用石膏制品制造	8.21
10.39	水果和蔬菜其他加工和保存	8.19
20.17	初级合成橡胶制造	8.13
20.16	初级形状塑料制造	8.10
22.11	橡胶轮胎和内胎制造；橡胶轮胎翻新与改造	8.09
45.40	摩托车及相关零部件销售、维护和维修	8.06
10.62	淀粉和淀粉制品制造	8.05
25.99	其他金属制品制造	8.05
14.20	毛皮制品制造	8.03
08.11	装饰石和建筑石、石灰石、石膏、粉笔和板岩开采	8.02
50.10	海运和沿海水上客运	7.96
82.91	催收机构和信用局活动	7.94
79.12	旅行社经营者活动	7.92
46.21	谷物、未加工烟草、种子和动物饲料批发	7.91
46.31	水果和蔬菜批发	7.91
22.29	其他塑料制品制造	7.87
79.11	旅行社活动	7.82
28.30	农林机械制造	7.75
23.91	研磨产品制造	7.75
73.12	媒体代表	7.72
30.12	娱乐和运动船只制造	7.71
46.71	固体、液体和气体燃料及相关产品批发	7.66
28.49	其他机床制造	7.62
73.20	市场调查和民意调查	7.57
25.73	工具制造	7.57
17.12	纸和纸板制造	7.55
13.91	针织和钩编织物制造	7.47
14.39	其他针织和钩编服装制造	7.45
22.21	塑料板材、薄板、管材和型材制造	7.40

续表

欧盟经济活动统计分类代码	欧盟经济活动统计分类名称	每1000名就业人员商标授权量（件/1000人）
28.13	其他泵和压缩机制造	7.36
46.32	肉类及肉制品批发	7.31
47.75	专营店化妆品和盥洗用品零售	7.31
23.65	纤维水泥制造	7.23
61.30	卫星电信活动	7.21
19.20	精炼石油产品制造	7.19
23.42	陶瓷卫生洁具制造	7.13
47.43	专营店音像设备零售	7.13
62.03	计算机设施管理活动	7.10
68.20	自有或租赁房地产的租赁和经营	7.09
10.51	乳品厂和奶酪生产运营	7.08
10.31	马铃薯加工与保鲜	6.96
23.31	瓷砖和陶瓷贴面砖制造	6.94
60.20	电视节目和广播活动	6.88
10.20	鱼类、甲壳动物和软体动物加工和保存	6.86
46.51	计算机、计算机周边设备和软件批发	6.82
41.10	建筑项目开发	6.78
27.52	非电动家用电器制造	6.77
47.64	专营店体育器材零售	6.76
82.11	综合办公室行政服务活动	6.75
25.94	紧固件和螺丝机产品制造	6.74
66.00	金融服务和保险活动辅助活动	6.74
47.99	其他非店铺、摊位或市场零售	6.72
47.65	专营店游戏和玩具零售	6.72
23.20	耐火制品制造	6.66
93.00	体育活动和娱乐休闲活动（不包括93.29其他娱乐和文娱活动）	6.61
22.22	塑料包装制品制造	6.57
46.24	皮革批发	6.57
20.13	其他无机基本化学品制造	6.56
28.41	金属成型机械制造	6.43
46.62	机床批发	6.38
24.32	窄带钢冷轧	6.36
47.41	专营店电脑、外围设备和软件零售	6.32
23.64	灰浆制造	6.16

续表

欧盟经济活动统计分类代码	欧盟经济活动统计分类名称	每1000名就业人员商标授权量（件/1000人）
17.23	纸制文具制造	6.13
31.01	办公室和商店家具制造	6.09
28.25	非家用冷却通风设备制造	6.03
28.96	塑料和橡胶机械制造	6.02
46.73	木材、建筑材料和卫生设备批发	6.00
25.91	钢桶和类似容器制造	5.98
62.02	计算机咨询活动	5.96
35.11	电力生产	5.94
14.13	其他外套制造	5.94
47.78	专营店其他新商品零售	5.92
18.13	新闻媒体发布服务	5.91
77.39	其他机械、设备和有形动产租赁	5.88
23.52	石灰和灰泥制造	5.77
47.74	专营店医疗和骨科产品零售	5.74
77.21	娱乐和体育用品租赁	5.73
61.20	无线电信活动	5.71
22.23	塑料建筑器具制造	5.71
10.81	糖制造	5.68
28.92	采矿、采石和建筑机械制造	5.68
49.50	管道运输	5.67
28.94	纺织、服装和皮革生产机械制造	5.61
33.19	其他设备修理	5.60
10.85	预制饭菜和菜肴制造	5.57
25.40	武器弹药制造	5.48
16.29	其他木制品制造；软木、稻草和编织材料制品制造	5.43
47.72	专营店鞋类和皮革制品零售	5.42
50.30	内陆水上客运	5.39
77.12	卡车租赁	5.34
46.66	其他办公机械和设备批发	5.32
13.30	纺织品制造	5.28
23.13	中空玻璃制造	5.23
28.11	发动机和涡轮制造（飞机、车辆和摩托车发动机除外）	5.19
55.90	其他住宿	5.13

9.4 外观设计专利密集型产业

表47 外观设计专利密集型产业

欧盟经济活动统计分类代码	欧盟经济活动统计分类名称	每1000名就业人员外观设计专利授权量（件/1000人）
77.40	知识产权和类似产品租赁（版权作品除外）	128.00
27.40	电气照明设备制造	47.21
25.71	餐具制造	46.30
46.47	家具、地毯和照明设备批发	39.81
14.39	其他针织和钩编服装制造	35.37
46.15	家具、家居用品、五金制品代理销售	33.70
46.48	手表和珠宝批发	33.60
27.51	家用电器制造	27.80
30.99	其他运输设备制造	24.25
17.24	墙纸制造	23.91
28.14	其他水龙头和阀门制造	21.71
32.99	其他制造业	21.20
32.40	游戏和玩具制造	21.12
14.14	内衣制造	20.77
23.42	陶瓷卫生洁具制造	20.28
15.20	鞋类制造	19.70
32.30	体育用品制造	19.48
32.12	珠宝及相关物品制造	19.23
32.91	扫帚和刷子制造	18.13
26.52	钟表制造	18.01
25.72	锁和铰链制造	18.00
46.49	其他家居用品批发	17.50
46.42	服装和鞋类批发	15.76
31.09	其他家具制造	14.71
30.92	自行车和残疾人座车制造	14.04
74.10	专业设计活动	13.44
46.44	瓷器、玻璃器皿和清洁材料批发	13.15
14.12	工作服制造	13.12
11.04	其他非蒸馏发酵饮料制造	13.06
14.11	皮革服装制造	12.65
12.00	烟草制品制造	12.34

续表

欧盟经济活动统计分类代码	欧盟经济活动统计分类名称	每1000名就业人员外观设计专利授权量（件/1000人）
26.40	消费电子产品制造	12.12
23.19	其他玻璃制造和加工（包括技术玻璃器皿）	11.96
30.91	摩托车制造	11.90
26.80	磁性和光学介质制造	11.89
23.41	陶瓷家居和装饰用品制造	11.47
14.19	其他服装和配件制造	11.31
25.99	其他金属制品制造	11.20
31.01	办公室和商店家具制造	11.19
20.41	肥皂和洗涤剂、清洁剂和抛光剂制造	10.80
46.43	家用电器批发	10.71
31.02	厨房家具制造	9.95
23.13	中空玻璃制造	9.48
14.31	针织和钩编袜制造	9.42
25.21	集中供暖散热器和锅炉制造	9.42
15.12	箱包、手袋、马鞍和马具制造	9.17
07.10	铁矿石开采	9.16
32.11	硬币铸造	9.02
46.65	办公家具批发	8.68
24.42	铝的制造	8.41
22.29	其他塑料制品制造	8.11
11.07	软饮料制造；矿泉水和其他瓶装水生产	7.98
28.24	电动手动工具制造	7.83
24.45	其他有色金属的制造	7.80
47.91	邮购或互联网零售	7.41
46.90	非专业批发贸易	7.19
28.30	农林机械制造	6.90
22.22	塑料包装制品制造	6.78
32.13	仿制珠宝及相关物品制造	6.76
20.42	香水和盥洗用品制造	6.74
46.52	电子和电信设备及部件批发	6.71
10.42	人造黄油和类似食用油脂制造	6.38
46.41	纺织品批发	6.29
13.92	制成品纺织品制造（服装除外）	6.28
28.93	食品、饮料和烟草加工机械制造	6.28

续表

欧盟经济活动统计分类代码	欧盟经济活动统计分类名称	每1000名就业人员外观设计专利授权量（件/1000人）
27.90	其他电气设备制造	6.26
26.70	光学仪器和摄影设备制造	6.25
13.99	其他纺织品制造	6.04
26.60	放射性、电子医疗、电疗设备制造	6.02
20.51	炸药制造	6.00
22.19	其他橡胶制品制造	5.93
17.22	家用卫生用品及卫生间必需品制造	5.84
32.50	医疗和牙科器械及用品制造	5.80
28.23	办公室机械和设备制造（计算机及周边设备除外）	5.73
27.52	非电动家用电器制造	5.63
26.11	电子元件制造	5.62
32.20	乐器制造	5.45
26.30	通信设备制造	5.44
16.29	其他木制品制造；软木、稻草和编织材料制品制造	5.35
22.11	橡胶轮胎和内胎制造；橡胶轮胎翻新与改造	5.23
23.31	瓷砖和陶瓷贴面砖制造	5.16
29.32	汽车其他零部件和附件制造	4.60
11.03	苹果酒和其他果酒制造	4.59
23.69	其他混凝土、灰泥和水泥制品制造	4.57
26.20	计算机及周边设备制造	4.56
46.74	五金、管道和供暖设备及用品批发	4.51
10.32	果蔬汁生产	4.47
21.10	基本医药产品制造	4.46
10.83	茶和咖啡加工	4.45
25.73	工具制造	4.44
23.49	其他陶瓷产品制造	4.29
10.82	可可、巧克力和糖果制造	4.27
27.33	布线设备制造	4.22
72.19	自然科学和工程其他研究与试验发展	4.16
46.45	香水和化妆品批发	4.15
11.01	蒸馏、精馏和混合烈酒	4.07
23.70	石材切割、成型和精加工	4.06
22.23	塑料建筑器具制造	4.04
23.11	平板玻璃制造	4.02

续表

欧盟经济活动统计分类代码	欧盟经济活动统计分类名称	每1000名就业人员外观设计专利授权量（件/1000人）
20.59	其他化学产品制造	3.75
28.92	采矿、采石和建筑机械制造	3.64
74.90	其他专业、科学和技术活动	3.58
28.99	其他特殊用途机械制造	3.55
20.11	工业气体制造	3.53
68.10	自有房地产交易	3.48
24.33	冷成型或折叠	3.44
26.51	测量、测试、导航用仪器和器具制造	3.34
13.94	索具、索子、合股线和网具制造	3.33
46.11	农业原料、活体动物、纺织原料和半成品代理销售	3.28
47.77	专营店手表和珠宝零售	3.28
46.16	纺织品、服装、毛皮、鞋类和皮革制品代理销售	3.18
27.12	配电及控制装置制造	3.15
10.92	宠物食品制造	3.14
46.76	其他中间产品批发	3.00
10.73	通心粉、面条、蒸粗麦粉及类似粉状产品制造	2.99
46.18	其他特定产品代理销售	2.98
82.11	综合办公室行政服务活动	2.92
10.51	乳品厂和奶酪生产运营	2.92
13.93	地毯和挂毯制造	2.92
46.14	机械、工业设备、船舶和飞机代理销售	2.90
13.96	其他技术和工业用纺织品制造	2.89
14.13	其他外套制造	2.81
20.60	人造纤维制造	2.78
22.21	塑料板材、薄板、管材和型材制造	2.77
23.32	黏土砖瓦及建筑砌块制造	2.75
10.72	拉斯克饼干和饼干制造；腌制糕点和蛋糕制造	2.74
13.95	非织物和非织物制品制造（服装除外）	2.73
13.20	纺织	2.73
16.22	装配式拼花地板制造	2.72
24.41	贵金属制造	2.71
47.59	专营店家具、照明设备和其他家居用品零售	2.71
10.41	油脂制造	2.66
29.10	汽车制造	2.64

续表

欧盟经济活动统计分类代码	欧盟经济活动统计分类名称	每1000名就业人员外观设计专利授权量（件/1000人）
17.12	纸和纸板制造	2.61
72.11	生物技术研究与试验发展	2.54
25.93	电线产品、链条和弹簧制造	2.52
25.12	金属门窗制造	2.49
30.12	娱乐和运动船只制造	2.48
28.21	烤箱、熔炉和熔炉燃烧器制造	2.46
46.73	木材、建筑材料和卫生设备批发	2.42
17.23	纸制文具制造	2.41
28.91	冶金机械制造	2.41
25.92	轻金属包装制造	2.38
58.21	电脑游戏出版	2.38
47.51	专营店纺织品零售	2.37
10.89	其他食品制造	2.31
28.13	其他泵和压缩机制造	2.31
27.20	电池和蓄电池制造	2.30
28.29	其他通用机械制造	2.29
10.86	均质食品制剂和营养食品制造	2.26
46.19	各种商品代理销售	2.24
17.21	瓦楞纸和纸板以及纸和纸板容器制造	2.23
59.20	录音和音乐出版活动	2.20
45.40	摩托车及相关零部件销售、维护和维修	2.17
47.78	专营店其他新商品零售	2.13
46.69	其他机械设备批发	2.07
46.72	金属和金属矿石批发	2.04
17.29	其他纸和纸板制品制造	2.03
16.23	其他建筑工人木工和细木工制造	1.99
31.03	床垫制造	1.97
28.49	其他机床制造	1.96
16.21	单板和人造板制造	1.95
13.10	纺织纤维制备和纺丝	1.94
28.11	发动机和涡轮制造（飞机、车辆和摩托车发动机除外）	1.94
25.91	钢桶和类似容器制造	1.93
28.12	流体动力设备制造	1.92
24.43	铅、锌和锡的制造	1.90

续表

欧盟经济活动统计分类代码	欧盟经济活动统计分类名称	每1000名就业人员外观设计专利授权量（件/1000人）
11.05	啤酒制造	1.88
20.20	农药和其他农用化学品制造	1.87
20.53	精油制造	1.86
28.94	纺织、服装和皮革生产机械制造	1.83
25.40	武器弹药制造	1.80
29.20	汽车车身（车厢）制造；拖车和半拖车制造	1.75
23.61	建筑用混凝土产品制造	1.75
25.94	紧固件和螺丝机产品制造	1.74
46.36	糖、巧克力和糖果批发	1.69
23.62	建筑用石膏制品制造	1.65

9.5 植物新品种权密集型产业

表48 植物新品种权密集型产业

欧盟经济活动统计分类代码	欧盟经济活动统计分类名称	每1000名就业人员植物新品种权授权量（件/1000人）
77.40	知识产权和类似产品租赁（版权作品除外）	10.76
46.22	花卉批发	5.86
72.11	生物技术研究与试验发展	5.31
46.21	谷物、未加工烟草、种子和动物饲料批发	3.84
72.19	自然科学和工程其他研究与试验发展	1.27
46.11	农业原料、活体动物、纺织原料和半成品代理销售	1.16
01.00（p）	园艺	0.53
77.31	农业机械设备租赁	0.41
10.61	谷物磨坊产品制造	0.24
20.53	精油制造	0.22
13.10	纺织纤维制备和纺丝	0.17

10 附件：根据世界知识产权组织（WIPO）方法确定的版权密集型产业

如第3章所述，这里介绍的版权密集型产业是在世界知识产权组织方法的基础上选择的。本附录更详细地介绍了世界知识产权组织（2015）中概述的标准方法。

世界知识产权组织将版权密集型产业划分为4大类：

① 核心版权产业；

② 相互依存的版权产业；

③ 部分版权产业；

④ 非专用支持产业。

10.1 核心版权产业

世界知识产权组织定义的核心版权产业，是完全从事作品和其他受保护内容的创作、生产、制造、表演、广播、交流、展览或发行及销售的行业。

根据世界知识产权组织的定义，核心版权产业是指“如果没有版权或其他附属内容就不会存在或将会有显著不同”的行业。因此，这些行业创造的增加值和就业岗位都应视为版权对经济的贡献。

因此，世界知识产权组织将表49列出的49个行业定义为核心版权产业。

表49 世界知识产权组织核心版权产业

欧盟经济活动统计分类代码	欧盟经济活动统计分类名称
58.11	图书出版
58.13	报纸出版
58.14	期刊和期刊的出版
58.19	其他出版活动
58.21	电脑游戏的出版
58.29	其他软件开发
59.11	电影、视频和电视节目制作活动

续表

欧盟经济活动统计分类代码	欧盟经济活动统计分类名称
59.12	电影、视频和电视节目后期制作活动
59.13	电影、视频和电视节目发行活动
59.14	电影放映活动
59.20	录音和音乐出版活动
60.10	无线电广播
60.20	电视节目和广播活动
61.20	无线电信活动
62.01	计算机编程活动
62.02	计算机咨询活动
62.03	计算机设施管理活动
62.09	其他信息技术和计算机服务活动
63.12	门户网站
63.91	通讯社活动
63.99	其他信息服务活动
73.11	广告业
73.12	媒体代表
74.10	专业设计活动
74.20	摄影活动
74.30	笔译和口译活动
90.01	表演艺术
90.02	表演艺术辅助活动
90.03	艺术创作
91.01	图书馆和档案馆活动
93.29	其他娱乐和文娱活动
18.11	报纸的印刷
18.12	其他印刷
18.13	新闻媒体发布服务
18.14	装订及相关服务
18.20	记录媒介复制
47.61	专营店书籍零售
47.62	专营店报纸和文具零售
47.63	专营店音乐和录影带零售
61.10	有线电信活动
61.30	卫星电信活动
61.90	其他电信活动

续表

欧盟经济活动统计分类代码	欧盟经济活动统计分类名称
63.11	数据处理、托管和相关活动
79.90	其他预订服务及相关活动
82.19	复印、文件编制和其他专业办公辅助活动
85.52	文化教育
90.04	艺术设施运营
93.21	游乐园和主题公园活动
94.12	专业会员组织活动

10.2 非核心版权产业

除了核心版权产业，世界知识产权组织还定义了3组与版权产业有一定相关度的行业：相互依存的版权产业、部分版权产业和非专用支持产业。由于这些产业都只是部分从事与版权相关的活动，因此只有部分对就业和增加值的贡献属于版权密集型产业。这3组产业的定义如下。

相互依存的版权产业是指从事生产、制造和销售某种设备的行业，这种设备的全部或主要功能是促进作品和其他受保护内容的创造、生产或使用。

部分版权产业是指部分活动与作品和其他受保护内容有关，并可能涉及创作、生产和制造、表演、广播、传播和展览或发行和销售的行业。

非专用支持产业是指部分活动与促进作品和其他受保护内容的播放、传播、发行或销售有关的行业，并且这些活动尚未纳入核心版权产业中。

每个非核心版权产业的活动仅有一部分与版权相关，针对这一情况，我们为每个行业都分配了一个系数。该系数用于在分析非核心版权产业对经济的总体贡献时，对某一具体行业的就业和增加值贡献进行估计。分配给每个相互依存的版权产业、部分版权产业和非专用支持产业的系数，均引用来自荷兰的研究《荷兰版权产业的经济贡献》[1]和来自芬兰的研究《2005—2008年芬兰版权产业的经济贡献》[2]，这两份研究报告都发表于2011年，被许多人认为具有权威性，可从世界知识产权组织官网上获取这两份报告。

表50显示了相互依存的版权产业和分配给每个行业的系数。

---

[1] http://www.wipo.int/export/sites/www/copyright/en/performance/pdf/econ_contribution_cr_nl.pdf.

[2] http://www.wipo.int/export/sites/www/copyright/en/performance/pdf/econ_contribution_cr_fi.pdf.

表 50　相互依存的版权产业

欧盟经济活动统计分类代码	欧盟经济活动统计分类名称	系数
17.11	纸浆制造	25.0%
17.12	纸和纸板制造	25.0%
20.59	其他化学产品制造	25.0%
28.23	办公室机械和设备制造（计算机及周边设备除外）	30.0%
26.20	计算机及周边设备制造	30.0%
26.30	通信设备制造	30.0%
26.40	消费电子产品制造	30.0%
26.70	光学仪器和摄影设备制造	30.0%
27.31	光纤电缆制造	30.0%
32.20	乐器制造	35.0%
46.43	家用电器批发	19.0%
46.76	其他中间产品批发	25.0%
46.51	计算机、计算机周边设备和软件批发	30.0%
46.52	电子和电信设备及部件批发	25.0%
46.66	其他办公机械和设备批发	30.0%
47.43	专营店音像设备零售	33.3%
47.41	专营店电脑、外围设备和软件零售	33.3%
47.78	专营店其他新商品零售	33.3%
77.33	办公室机器和设备（包括计算机）租赁	35.0%
77.39	其他机械、设备和有形动产租赁	20.0%
77.22	录像带和光盘租赁	20.0%
77.29	其他私人和家庭用品租赁	20.0%

基于这 22 个行业系数的平均值可以得出结论，相互依存的版权产业 28% 的就业和增加值可视为与版权相关。

表 51 显示了 WIPO 界定的 42 个部分版权产业及其系数。

表 51　部分版权产业

欧盟经济活动统计分类代码	欧盟经济活动统计分类名称	系数
13.91	针织和钩编织物制造	0.55%
14.31	针织和钩编袜制造	0.55%
14.39	其他针织和钩编服装制造	0.55%
16.29	其他木制品制造；软木、稻草和编织材料制品制造	0.55%
23.11	平板玻璃制造	0.55%
23.13	中空玻璃制造	0.55%
23.19	其他玻璃制造和加工（包括技术玻璃器皿）	0.55%

续表

欧盟经济活动统计分类代码	欧盟经济活动统计分类名称	系数
25.71	餐具制造	0.55%
25.99	其他金属制品制造	0.55%
47.53	专营店地毯、墙面和地板覆盖物零售	0.55%
47.59	专营店家具、照明设备和其他家居用品零售	0.55%
13.93	地毯和挂毯制造	1.90%
17.23	纸制文具制造	1.90%
17.24	墙纸制造	1.90%
13.92	制成品纺织品制造（服装除外）	2.70%
14.11	皮革服装制造	2.70%
14.12	工作服制造	2.70%
14.13	其他外套制造	2.70%
14.14	内衣制造	2.70%
14.19	其他服装和配件制造	2.70%
15.20	鞋类制造	2.70%
46.41	纺织品批发	2.70%
46.42	服装和鞋类批发	2.70%
47.51	专营店纺织品零售	2.70%
47.71	专营店服装零售	2.70%
47.72	专营店鞋类和皮革制品零售	2.70%
46.44	瓷器、玻璃器皿和清洁材料批发	5.00%
46.47	家具、地毯和照明设备批发	5.00%
46.48	手表和珠宝批发	5.00%
46.49	其他家居用品批发	5.00%
31.01	办公室和商店家具制造	6.70%
31.02	厨房家具制造	6.70%
31.03	床垫制造	6.70%
31.09	其他家具制造	6.70%
71.11	建筑活动	9.00%
71.12	工程活动和相关技术咨询	9.00%
32.11	硬币铸造	33.50%
32.12	珠宝及相关物品制造	33.50%
94.99	其他会员组织活动	41.00%
32.40	游戏和玩具制造	46.00%
91.02	博物馆活动	50.00%
91.03	历史遗迹、建筑和类似旅游景点运营	50.00%

这些行业活动中，只有可归于版权作品和其他受保护内容的部分（比例从0.55%到50%不等），应计入部分版权产业对就业和增加值的贡献。例如，博物馆活动以及游戏和玩具制造都涉及相当多的版权成分，但对于像地毯制造或家具批发这样一些行业，就业和增加值中只有很小一部分与版权活动或受版权保护材料直接相关。

最后，非专用支持产业如表52所示。

表52 非专用支持产业

欧盟经济活动统计分类代码	欧盟经济活动统计分类名称	系数
46.1	按费用或合同批发	6%
46.4	家庭用品批发	6%
46.6	其他机械、设备和用品批发	6%
46.9	非专业批发贸易	6%
47.1	非专营店零售销售	6%
47.4	专营店信息和通信设备零售	6%
47.5	专营店其他家用设备零售	6%
47.7	专营店其他商品零售	6%
47.8	通过摊位和市场进行零售	6%
47.9	其他非店铺、摊位或市场零售	6%
49.1	城际铁路客运	6%
49.2	铁路货运	6%
49.3	其他陆路客运	6%
49.4	公路货运和搬运服务	6%
50.1	海上和沿海水上客运	6%
50.2	海上和沿海货物水上运输	6%
50.3	内陆水上客运	6%
50.4	内陆货物水运	6%
51.1	航空客运	6%
51.2	货运航空运输和航天运输	6%
52.1	仓储和储存	6%
52.2	运输支持活动	6%
53.1	普遍服务义务下邮政活动	6%
53.2	其他邮政和快递活动	6%
79.1	旅行社和旅行社活动	6%
79.9	其他预订服务及相关活动	6%

上述行业通常与商业服务和交付有关。例如，邮政和速递服务中6%的就业和增加值是由杂志、手稿或音像制品等版权材料的交付而产生的。

本研究中，只有系数不低于20%的核心版权产业和非核心版权产业才算为版权密集型产业。

11 附件：气候变化减缓技术专利密集型产业和绿色商标密集型产业的确定

11.1 专利数据

气候变化减缓技术专利密集度的计算基于第 3.3 节所述的 166358 项获得授权的专利数据集。

下一步，将该数据集缩减为仅包括 17310 项气候变化减缓技术相关专利的数据集❶。

然后将该数据集与一致性表相合并，将专利申请人的数据与 ORBIS 中的企业信息进行匹配。其中，共有 14583 项独特的气候变化减缓技术相关专利匹配成功，占气候变化减缓技术专利申请量的 84.25%。

如果一项专利有多个权利人，其中一些权利人不在欧盟范围内，那么与这些权利人相关的专利数会从所有专利总数中减去。与 ORBIS 数据匹配的气候变化减缓技术相关专利对应的专利数总和为 14221.93，占了数据集中欧洲专利总数的 10.2%。在 615 个欧盟经济活动统计分类行业中，有 394 个行业（上一版报告为 375 个）申请了气候变化减缓技术相关专利并获得了授权。

按照第 9 章中所述的方式，将企业单位与欧盟经济活动统计分类行业进行匹配和分配。

11.2 商标数据

绿色商标密集度的计算基于第 3.4 节所述的 387917 项获得授权的专利数据集（1146224 个商标等级）。

第二步，将该数据集缩减为仅包括 27828 项绿色商标相关专利的数据集❷。

---

❶ 定义为与以下 IPC 类别相关的专利：Y02B、Y02C、Y02E、Y02P、Y02T、Y02W、Y04S。

❷ 见 EUIPO（2021），《绿色欧盟商标：商品和服务规格分析》，1996—2020。

然后将该数据集与一致性表相合并，将专利申请人的数据与 ORBIS 中的企业信息进行匹配。其中，共有 22244 项绿色商标相关专利匹配成功，占了绿色商标相关专利申请总量的 79.93%。

如果一项专利有多个权利人，其中一些权利人不在欧盟范围内，那么与这些权利人相关的专利数会从所有专利总数中减去。与 ORBIS 数据进行匹配的绿色商标相关专利对应的专利数总和为 22235.83，占了数据集中欧洲专利总数的 7.53%。在 615 个欧盟经济活动统计分类行业中，492 个行业申请了绿色商标相关的专利并获得授权。

按照第 9 章中所述的方式，将企业单位与欧盟经济活动统计分类行业进行匹配和分配。

参考文献

[1] Addor, F., Thumm, N. and Grazioli, A. (2003), "Geographical indications: important issues for industrialized and developing countries", The IPTS Report No. 74, Joint Research Centre.

[2] Amara, N., Landry, R., Traore, N. (2008), "Managing the protection of innovations in knowledge – intensive business services", Research Policy, 37 (9): 1530 – 1547.

[3] BMUB (2014), GreenTech made in Germany 4.0: "UmwelttechnologieAtlas für Deutschland", BMUB: Berlin, 2014.

[4] Chever, T., Renault, C., Renault, S., Romieu, V. (2012), "Value of production of agricultural products and foodstuffs, wines, aromatised wines and spirits protected by a geographical indication (GI)", report commissioned by European Commission, DG Agriculture and Rural Development, October 2012.

[5] Directive 2001/29/EC of the European Parliament and of the Council of 22 May 2001 on the harmonisation of certain aspects of copyright and related rights in the information society. http://eurlex.europa.eu/LexUriServ/LexUriServ.do?uri=CELEX:32001L0029:EN:NOT.

[6] Dorner, M. and Harhoff, D. (2018), "A novel technology – industry concordance table based on linked inventor – establishment data", Research Policy 47 (4), pp. 768 – 781.

[7] Economides, N. S. (1988), "The economics of trademarks". Trademark Rep. (78): 523 – 533.

[8] EPO and OHIM (2013), "Intellectual property rights intensive industries: contribution to economic performance and employment in European Union". https://euipo.europa.eu/tunnel – web/secure/webdav/guest/document_library/observatory/documents/IPContributionStudy/full_report/joint_report_epo_ohim.pdf.

[9] EPO and EUIPO (2016), "Intellectual property rights intensive industries and economic performance in the European Union". https://euipo.europa.eu/tunnel – web/secure/webdav/guest/document_library/observatory/docu – ments/IPContributionStudy/performance_in_the_European_Union/performance_in_the_European_ Union_full.pdf.

[10] EPO and EUIPO (2019), "Intellectual property rights intensive industries and economic performance in the European Union". https://euipo.europa.eu/ohimportal/en/web/observatory/ip – contribution#ip – contribution_1.

[11] EPO and EUIPO (2019), "High – growth firms and intellectual property rights". https://euipo.europa.eu/tunnelweb/secure/webdav/guest/document_library/observato-

ry/documents/reports/2019_High_growth_firms_and_intellectual_property_rights/2019_High - growth_firms_ and_intellectual_property_rights. pdf.

[12] EPO and EUIPO (2021), Intellectual property rights and firm performance in the European Union. https: //euipo. europa. eu/ohimportal/en/web/observatory/ip - contribution#ip - contribution_feb - 2021.

[13] EPO and UNEP (2015), "Climate change mitigation technologies in Europe - evidence from patent and economic data". http: //documents. epo. org/projects/babylon/eponet. nsf/0/6A5 1029C350D3C8EC1257F110056B93F/ $ File/climate_change_mitigation_technologies_europe_en. pdf.

[14] EPO (2021), Patents for tomorrow's plastics: Global innovation trends in recycling, circular design and alternative sources.

[15] EPO and IEA (2020), Innovation in batteries and electricity storage. A global analysis based on patent data. epo. org/rends - batteries; iea. li/battery - innovation.

[16] EPO and IEA (2021), "Patents and the energy transition - Global trends in clean energy technology innovation". epo. org/trends - energy; http: //iea. li/patents - in - transitions.

[17] Ernst, H., (2001), "Patent applications and subsequent changes of performance: evidence from time - series cross - section analyses on the firm level", Research Policy 30 (2001), 143 - 157.

[18] EUIPO (2016), "Infringement of Protected Geographical Indications for Wine, Spirits, Agricultural Products and Foodstuffs in the European Union, https: //euipo. europa. eu/tunnel - web/secure/webdav/guest/document_library/observatory/documents/Geographical_indications_report/geographical_indications_report_en. pdf.

[19] EUIPO (2021), "Green EU trade marks. Analysis of goods and services specifications, 1996—2020", https: //euipo. europa. eu/tunnel - web/secure/webdav/guest/document_library/observatory/documents/reports/2021_Green_EU_trade_marks/2021_Green_EU_trade_marks_FullR_en. pdf.

[20] European Commission (2010), "Europe 2020: A strategy for smart, sustainable and inclusive growth". Communication from the Commission, ec. europa. eu/europe2020/europe - 2020 - in - a - nutshell/index_en. htm.

[21] European Commission (2021), Directorate - General for Agriculture and Rural Development, "Study on economic value of EU quality schemes, geographical indications (GIs) and traditional specialities guaranteed (TSGs): final report", Publications Office, data. europa. eu/doi/10. 2762/396490.

[22] Eurostat (2006), "Data Production Methods for Harmonised Patent Statistics: Patentee Name Harmonisation". http: //epp. eurostat. ec. europa. eu/portal/page/portal/product_details/publication? p_product_code = KS - AV - 06 - 002.

[23] Eurostat (2008), "Eurostat Manual of Supply, Use and Input - Output Tables".

http：//epp. eurostat. ec. europa. eu/cache/ITY_OFFPUB/KS – RA – 07 – 013/EN/KS – RA – 07 – 013 – EN. PDF.

[24] Eurostat (2008), "NACE Rev. 2: Statistical classification of economic activities in the European Community". https：//ec. europa. eu/eurostat/documents/3859598/5902521/KS – RA – 07 – 015 – EN. PDF.

[25] Eurostat (2010), NACE Rev. 2 – US NAICS 2007 "Correspondence Table at Two – Digit Level". http：//ec. europa. eu/eurostat/ramon/miscellaneous/index. cfm? TargetUrl = DSP_NACE_2_US_NA – ICS_2007.

[26] Fink, C. and Smarzynska, B. (2002), "Trademarks, Geographical Indications and Developing Countries, in Development, Trade and the WTO: A Handbook", eds. B. Hoekman, A. Mattoo and P. English, The World Bank. https：//documents1. worldbank. org/curated/en/805981468763835259/text/297990018213149971x. txt.

[27] Greenhalgh C. and Rogers M. (2010), "Innovation, Intellectual Property, and Economic Growth", Princeton University Press.

[28] Greenhalgh C., Rogers M., Schautschick P., Sena V. (2011), "Trade Mark Incentives", study for UK IPO, July 2011. https：//www. gov. uk/government/publications/trade – mark – incentives.

[29] Hall B., Harhoff D. (2012), Recent Research on the Economics of Patents, NBER Working Paper 17773.

[30] Handke, C. (2011), "The Economic Effects of Copyright – The Empirical Evidence So Far". Report for the National Academies of the Sciences, Washington DC. https：//sites. nationalacademies. org/cs/groups/pgasitc/documents/webpage/pga_063399. pdf.

[31] Landes, W., Posner, R. (2003), "The Economic Structure of Intellectual Property Law". Harvard University Press, Cambridge, MA.

[32] Munari, F., Santoni, S. (2010), "Exploiting complementarities in IPR mechanisms: the joint use of patents, trademarks and designs by SMEs", Paper presented at the Strategic Management Society Annual Conference, Rome, IT, September 9 – 12, 2010.

[33] Munari, F. (2012), "Literature Review of the Economics and Management of IPRs: patents, trade marks and designs", unpublished manuscript.

[34] OHIM (2015), Intellectual property rights and firm performance in Europe: an economic analysis. https：//euipo. europa. eu/tunnel – web/secure/webdav/guest/document_library/observatory/documents/IPContributionStudy/phase2/OHIM_study_report_en. pdf.

[35] Pinto Ribeiro, S., Menghinello, S. and Backer, K. D. (2010), The OECD ORBIS Database: "Respond – ing to the Need for Firm – Level Micro – Data in the OECD", OECD Statistics Working Papers, 2010/01. http：//www. oecd – ilibrary. org/economics/the – oecd – orbis – database_5kmhds8mzj8w – en.

[36] Schmoch, U. (2003), "Linking Technology Areas to Industrial Sectors: Final Report to the European Commission", DG Research.

[37] Schwiebacher, F. (2010), "How companies use different forms of IPR protection: are patents and trademarks complements or substitutes?", Paper presented at the DRUID - DIME Academy, Aalborg, Denmark, January 21 - 23, 2010.

[38] UKIPO (2022), "Use of Intellectual Property rights across UK industries, 2017 to 2019", June 2022. https://www.gov.uk/government/publications/use - of - intellectual - property - rights - across - uk - industries/use - ofintellectual - property - rights - across - uk - industries - 2017 - to - 2019.

[39] USPTO (2012), "Intellectual Property and the U.S. Economy: Industries in Focus", March 2012. https://www.uspto.gov/sites/default/files/news/publications/IP _ Report _ March_2012.pdf.

[40] WIPO (2003), "Guide on Surveying the Economic Contribution of the Copyright - Based Industries". http://www.wipo.int/export/sites/www/freepublications/en/copyright/893/wipo_pub_893.pdf.

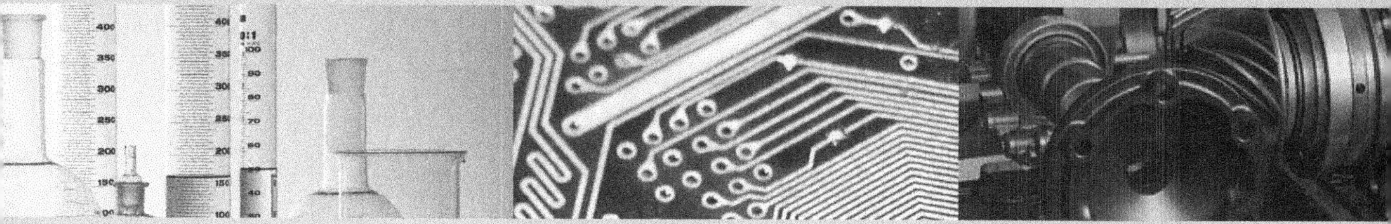

英国各行业知识产权运用分析（2017—2019 年）

2022 年 6 月 9 日更新

本报告原文参见：

https：//www. gov. uk/government/publications/use – of – intellectual – property – rights – across – uk – industries/use – of – intellectual – property – rights – across – uk – industries – 2017 – to – 2019

目 录

执行摘要*

本报告研究确定了2017—2019年英国发明专利、商标、外观设计专利和版权等知识产权密集型产业，并分析了这些产业在就业、产出和出口商品方面对英国经济的贡献。

报告参考了欧盟知识产权局（EUIPO）和欧洲专利局（EPO）[1]以及美国专利商标局（USPTO）[2]的研究方法。如果每千名就业人员的知识产权密集度高于行业平均水平，则将该行业确定为知识产权密集型产业。

将上述方法应用于英国企业被授权的注册知识产权（发明专利、商标和外观设计专利），并确定知识产权密集度明显较高的行业，有助于增强对英国行业知识产权运用情况的理解，便于国内政策的制定。报告还包括了与版权（即未经注册的知识产权）相关的行业的经济贡献，并遵循了欧盟知识产权局和欧洲专利局的方法。

2017—2019年，3项注册知识产权中的任意一项密集度高于平均水平的行业[3]占非金融企业增加值的比重为33.2%（4147亿英镑，比2014—2016年增加了1662亿英镑），占总就业人员数的比重为19.2%（580万人，增加了130万人）[4]，占商品出口额的比重为58.2%（164亿英镑，增长了6.1%）（表1）。

知识产权密集度高于平均水平的行业[6]占非金融增加值的比重为26.9%（2985亿英镑）[5]，占总就业人员数的比重为15.5%（450万人），占商品出口额的比重为52.1%（1597亿英镑）。

---

* 中文版严格遵从原文，出现的数据均与原文保持一致，未做任何修改。——译者注

[1] https：//euipo. europa. eu/tunnel_web/secure/webdav/guest/document_library/observatory/documents/ipcontribution-study/ipr_ internation _ industries _ and _ economicin _ eu/web _ ipr _ internation _ report _ 2019. pdf（https：//euipo. europa. eu/tunnel_web/secure/web_ipr_internation_report_2019. pdf）.

[2] https：//www. uspto. gov/sites/default/files/documents/ipandtheuseconomysept2016. pdf.

[3] 就版权而言，世界知识产权组织（WIPO）定义版权系数在20%以上为与版权活动相关的行业（https：//www. WIPO. int/edocs/pubdocs/en/copyright/893/wipo_pub_893. pdf）。

[4] 根据年度商业调查，非金融企业经济约占英国经济的三分之二。

[5] 就版权而言，世界知识产权组织（WIPO）定义版权系数在20%以上为与版权活动相关的行业（https：//www. WIPO. int/edocs/pubdocs/en/copyright/893/wipo_pub_893. pdf）。

[6] 根据年度商业调查，非金融企业经济约占英国经济的三分之二。

2017—2019年，知识产权密集度较高[1]的行业[2]占非金融企业增加值的比重为14.9%（1855亿英镑，比2014—2016年增加了190亿英镑），占总就业人员数的比重为7.5%（230万人，增加了80万人），占商品出口额的比重为16.2%（46亿英镑，增长了4.1%）（表1）。

表1　知识产权密集型产业经济贡献及其在616个行业中的比重　单位：个

	发明专利	商标	外观设计专利	版权
拥有至少一项知识产权的行业数量及占比[3]	339 55.0%	590 95.8%	370 60.1%	— —
知识产权密集度高于平均水平的行业数量及占比	61 9.9%	123 20.0%	50 8.1%	83[4] 18.5%
被归类为“高”知识产权密集度的行业数量及占比	13 2.1%	34 5.5%	15 2.4%	49[5] 8.0%
知识产权密集度“高于平均水平”的非金融增加值产出（10亿英镑）[6]	101.9 8.2%	174.6 14.0%	70.4 5.6%	2313.6 18.7%
知识产权密集度“高于平均水平”的总就业人员数（千人）[7]	1416 4.7%	2473 8.2%	1096 3.6%	3100 10.3%
知识产权密集度“高于平均水平”的商品出口总额（10亿英镑）[8]	12.7 45.1%	6.47 22.9%	2.22 7.9%	2.80 9.9%

此外，就4种知识产权而言，英国616个行业[9]中有35.4%的行业（218个）知识产权密集度高于平均水平，15.1%的行业（93个）具有较高的知识产权密集度。仅就注册知识产权而言（即不包括版权），27.1%的行业（167个）被确定为密集型产业，8%（19个）被确定为高密集型产业。

调查发现，英国企业有2个行业涉及3项注册知识产权类型，且都属于制造业，有9个行业涉及2项注册知识产权，如表2所示。

---

[1] 在“高于平均水平”产业中，知识产权密集度高于平均水平的行业。

[2] 被世界知识产权组织（WIPO）归类为“核心版权”（https://www.WIPO.int/edocs/pubdocs/en/copyright/893/wipo_pub_893.pdf）。

[3] 在英国616个行业中。

[4] 根据WIPO制定的方法，这些行业的版权相关系数大于20%。这包括被归类为“核心版权产业”，以及一些被归类为“相互依存的版权产业”和“部分版权产业”。在第6部分可以找到相应的行业列表，所有这些行业的版权相关系数大于20%。

[5] 被WIPO列为“核心版权产业”。

[6] 高于平均水平的行业，占非金融企业增加值产出的百分比。

[7] 高于平均水平的行业，占英国总就业人员数的百分比。

[8] 高于平均水平的行业，占商品出口总值的百分比。

[9] 按标准行业分类（SIC分类）。

表 2　涉及多种知识产权的知识产权密集度较高行业

行业代码	描　述	发明专利	商标	外观设计专利
3099	其他运输设备制造	*	*	*
3299	其他制造业❶	*	*	*
1200	烟草制品制造	—	*	*
1395	除服装外的非织物和非织物制品制造	*	*	—
1411	皮衣制造	—	*	*
1414	内衣制造	—	*	*
1419	其他服饰及配饰制造	—	*	*
2110	基本医药产品制造	*	*	—
2344	基础医药产品制造	*	—	*
4799	其他非店铺、摊位或市场零售	—	*	*
6420	控股企业活动❷	*	*	—

研究表明，没有任何行业在所有 4 项知识产权中都是高度密集的，但有 2 个行业❸在所有 4 种知识产权中的知识产权密集度高于平均水平❹。

一些知识产权的管理可能是按照与“总部”活动类型相关的行业来处理，而不是按“子公司”经营的实际行业来处理。例如 6420 控股企业活动❺。因为不能确定企业的结构并且缺乏数据，所以这些知识产权并没有重新分配给其“子公司”所在的行业。

知识产权密集型产业对产出、就业和出口的贡献不应直接求和，因为一些产业在不止一项知识产权上高于平均水平。

在英国的 616 个行业中，商标是运用最广泛的知识产权，超过 95% 的行业拥有商标，商标密集型产业的数量最多。与发明专利相比，外观设计专利的运用范围更广，被确定为外观设计专利密集型产业的数量也更多。3 项注册知识产权密集型产业的研究结果一致，各项知识产权密集型产业中制造业占绝大多数。

---

❶ 其他未归类的制造业。这类产品是混合的，包括但不限于：安全防护设备制造，钢笔、铅笔、花卉物品、纽扣和紧固件制造。完整列表参见 SIC 2007 - 国家统计局解释性说明第 137 和 138 页（https：//www. ons. gov. uk/file? uri =/methodology/classificationsandstandards/ukstandardindustrialclassificationofeconomicactivities/uksic2007/uksic2007web. pdf）。

❷ 控股企业控制着其他企业的资产，形成一个企业集团。

❸ 所属行业分别为：2640 消费电子产品制造，3240 游戏和玩具制造。

❹ 附录 5 列出了在本报告中所考虑的至少涉及一种知识产权且知识产权密集度高于平均水平的行业。

❺ 6420 控股企业活动、7010 总部的活动及 8299 其他业务服务活动，都与非特定的“总部”类型的活动有关。

一、引言

知识产权（IP）是创新生态系统的重要组成部分，在使创新者实现研发回报方面发挥着至关重要的作用。2020 年英国知识产权局（IPO）的分析报告确定了英国发明专利、商标、外观设计专利和版权密集度相对较高的行业，以及 2014—2016 年这些行业在就业、产出和出口商品方面对经济的贡献❶。

本报告使用的方法与 2020 年的报告方法相同❷，该方法参考了欧盟知识产权局（EUIPO）和欧洲专利局（EPO）❸ 联合研制的报告以及美国专利商标局（USPTO）❹ 报告中使用的国际上研究行业知识产权运用情况的方法。

英国知识产权局（IPO）进一步发展了这种方法，并应用于授予英国企业的知识产权。通过确定知识产权运用高于平均水平的行业，可以获得注册知识产权的分布情况，并从知识产权角度确定感兴趣的行业。这些研究与地理范围更广的类似研究产生了不同的结果，但这有助于在国内政策制定上对知识产权运用有更深的理解。在欧盟知识产权局和欧洲专利局方法的基础上，IPO 确定了注册知识产权密集度明显较高的行业。

本报告主要关注英国国家经济措施和英国企业拥有的注册知识产权。而欧盟知识产权局和欧洲专利局研究还分析了跨境所有权和跨境运用的影响。例如，一家拥有知识产权的英国企业，其制造基地在另一个国家，这类制造业所提供的就业岗位不会被计入英国的就业统计中，在计算每千名就业人员的知识产权时不会被考虑。同样，在英国提供就业岗位的外国企业所拥有的知识产权也不在本报告的分析范围内。

本报告知识产权的参考期为 Covid19（冠状病毒）暴发之前的 2017—2019 年，并使用了同一时期的经济数据，以便于将已注册的知识产权归属在企业层面，比较英国各行业知识产权密集度的变化。

本报告包括了版权密集型产业对英国经济的贡献。由于版权是一项未注册的知识产权，因此不可能像本报告中的 3 种注册知识产权那样，对各

---

❶ https：//www. gov. uk/government/publications/use – of – intellectual – property – rights – across – uk – industries/use – of – intellectual – property – rights – across – uk – industries.

❷ https：//www. gov. uk/government/publications/use – of – intellectual – property – rights – across – uk – industries/use – of – intellectual – property – rights – across – uk – industries.

❸ https：//euipo. europa. eu/tunnel_web/secure/webdav/guest/document_library/observatory/documents/IPContributionStudy/IPR_intensive_industries_and_economicin_EU/WEB_IPR_intensive_Report_2019. pdf.

❹ https：//www. uspto. gov/sites/default/files/documents/IPandtheUSEconomySept2016. pdf.

行业版权的分布和运用进行详细分析。

二、知识产权局（IPO）方法

本节介绍了所使用的分析方法、需要注意的数据限制以及如何解释结果。

如引言所述，欧洲专利局与欧盟知识产权局以及美国专利商标局都发布了关于知识产权密集型产业的报告。虽然这两篇报告在方法论上存在一定差异，但它们对知识产权密集型产业的定义基本上是一致的。如果每千名就业人员的知识产权授权量高于所有行业的平均水平，那么该行业就属于密集型产业。这些报告考虑了发明专利、商标以及版权（仅就其对英国经济的贡献而言），欧盟知识产权局和欧洲专利局在其分析中还纳入了外观设计专利、植物新品种权和地理标志。

欧盟知识产权局和欧洲专利局的报告使用了来自整个欧盟的知识产权和经济数据，因此在其分析中纳入了英国的知识产权和行业数据。然而，它是在欧盟层面确定的行业，并假设如果一个行业在一个成员国是知识产权密集型产业，那么它在包括英国在内的所有其他成员国也是知识产权密集型产业。这种欧盟范围内的知识产权统计忽略了国家经济之间的差异，这意味着英国经济的特征可能会被其他国家的数据掩盖。英国知识产权局（IPO）参考欧盟知识产权局和欧洲专利局方法，并将其应用于向英国企业授权和注册的知识产权。这种方法提高了区分英国发明专利、商标和外观设计专利密集型产业的准确性。

鉴于英国知识产权密集型产业的分散性，IPO 引入了一个“分界点”，用于区分出现在分布最陡峭部分的行业，这些行业具有更高的知识产权密集度。

（一）数据范围

本报告分析的是 2017—2019 年英国授权和注册的发明专利、商标和外观设计专利。包括：

1. 知识产权局授权的英国发明专利。
2. 欧洲专利局授权的 EP（英国）专利❶。
3. 知识产权局注册的英国商标类别❷。

---

❶ IPO 认可欧洲专利局的数据，包括已授权的欧洲专利以及指定英国保护的 EP（UK）专利。

❷ 商标申请可以指定多种类别。注册的分类指定了商标将被使用在哪些商品和/或服务。商标类别是本报告的分析单位。

4. 欧盟知识产权局注册的欧洲商标类别[1]。

5. 知识产权局授权的英国外观设计专利。

6. 欧盟知识产权局授权的注册共同体外观设计专利[2]。

将知识产权的申请人与 Bureau van Dijk Orbis [3]数据库中的英国企业信息进行匹配，数据提取于 2019 年，并在 2022 年 4 月与知识产权数据进行了匹配。

（二）数据匹配

确定各行业知识产权的运用情况，需要在知识产权和行业之间建立联系。行业分类信息的获取是通过将知识产权信息与 ORBIS 数据库中的企业信息进行匹配。知识产权中的申请人姓名和地址已与 ORBIS 数据库中的企业名称和地址进行匹配。通过数据匹配可以确定知识产权申请人的主要标准行业分类（SIC）代码[4]（主要业务活动）。

并不是所有的知识产权申请人都能匹配到 ORBIS 数据库中的企业信息，原因有多种。首先，这项工作主要针对英国企业，仅尝试将知识产权申请人与英国地址进行匹配。ORBIS 数据库不提供有关个人或非法人企业的信息，因此如果申请人不是企业，则无法确定行业。其次，一些匹配的企业在 ORBIS 数据库中没有相关的行业信息，因此不能被纳入分析。此外，企业名称、地址的变更和使用不一致名称的知识产权申请也会使匹配过程复杂化。为了确保最佳的匹配率，对知识产权和 ORBIS 数据库的所有名称和地址信息都统一进行数据清理和手工匹配，以确保知识产权数量大的企业能够成功匹配。表 3 为各项知识产权的匹配情况汇总。

表 3　与 SIC 代码匹配的知识产权数据汇总

	发明专利（件）	商标（件）	外观设计专利（件）
英国申请人	27414	533559	69408
与有效 SIC 的数据匹配	18682	411442	50872
匹配比例	68.1%	77.1%	73.3%

应当指出的是，注册共同体外观设计专利的数据不包括个人申请。由于本报告中的分析是将知识产权申请与企业（而非个人）进行匹配，因此对结果没有影响，但是，外观设计专利的匹配率因此而提高。

---

[1] 在欧盟知识产权局注册的商标为所有成员国提供保护。

[2] 在欧盟知识产权局注册的外观设计专利为所有成员国提供保护。

[3] https：//www.bvdinfo.com/en_gb/our_products/data/international/orbis？gclid = EAIaIQobChMI29r0i7mv9wIVSNTtCh1TdQAkEAAYASAAEgLb3_D_BwE.

[4] 经济活动的标准行业分类（SIC）。向企业协会报备的主要 SIC 代码被用来将知识产权匹配到各行业。

（三）企业总部数据重新分配

大型企业的组织结构意味着，集中处理企业所有大类行业知识产权的做法较为常见。这导致知识产权被匹配到非特定的行业代码。

SIC 分类下的总部活动有 3 个行业：6420 控股企业活动、7010 总部活动和 8299 其他业务支持服务活动。

研究中尝试采用一种方法重新分配这些“总部”的知识产权，用以反映其“子公司”的工业活动。但是很少有知识产权能被成功重新分配，所以本报告最终没有使用这种方法。

（四）知识产权分数计数

每项知识产权可以有多个与之相关联的申请人。知识产权按比重被分配给各行业。一件申请的每个与之相关联的申请人被赋予相同的知识产权权重，例如，如果有 3 个申请人匹配 3 个不同的 SIC 代码行业，则每个行业分类将被分配 1/3 的知识产权[1]。

（五）数据年份

本报告分析的是 2017—2019 年提交申请，并在 2019 年 9 月底前获得授权的知识产权。

（六）经济数据

通过 SIC 分类对匹配后的知识产权数据进行汇总，并与国民经济统计数据（就业、增加值（GVA）、出口额）的 SIC 分类相对应。

出口额的数据来源于英国税务海关总署（HMRC）的贸易统计[2]，其中商品被赋予了编码。通过使用欧盟统计局表格对商品编码与 SIC 编码的 4 位码进行了匹配。本版报告中出口额的数据来源与知识产权局 2020 年 9 月发布的报告不同，因此，尽管结果在市场占有率方面具有可比性，但在价值方面不具有可比性。2020 年版的报告使用了 HMRC 的出口额与发货价值的总和，而本报告只使用了出口额。

值得注意的是，本报告的重点是英国企业在英国拥有的知识产权和国民经济措施。而欧盟知识产权局和欧洲专利局的研究分析受到跨境所有权和跨境运用的影响。例如，一家拥有知识产权的英国公司，其制造基地在另一个国家。这类制造业所创造的就业和增加值将不会被计入英国国民账户，在计算每千名就业人员的知识产权时不会被考虑。同样，在英国提供

[1] 所有知识产权与有行业数据的申请人进行匹配，不包含无法匹配的或没有行业数据的申请人。

[2] https：//www.uktradeinfo.com/trade-data/ots-custom-table/.

就业岗位的外国企业所拥有的知识产权也不在分析范围内。

在整个分析过程中使用了多个经济变量。附录 1 中给出了资料来源和注意事项。

（七）知识产权密集度：每 1000 名就业人员知识产权授权量

本报告使用欧盟知识产权局和欧洲专利局以及美国专利商标局报告中使用的方法，计算每个行业每千名就业人员的知识产权授权量。

公式 1：

密集度 ＝（行业知识产权授权量 $i_{(a)}$/ 行业就业人员数 $i_{(b)}$）×1000

其中，(a)：上文（五）节所述期间授予 4 位码行业的发明专利、商标或外观设计专利的数量❶。

通过将申请人信息与企业相匹配，并确定其向英国工商局报备的主要 SIC 代码，将授权的知识产权与行业相匹配。

(b)：每个行业的就业人员数定义为上文（五）节所述期间的平均就业人员数❷。

计算这一指标，需要就业数据。表 4 列出了缺失数据的行业数量及所占比重。排除在 2017—2019 年没有就业数据的行业，在有部分或全部数据可用的情况下，就业人员数在有就业数据的年数之间取平均值。

表 4　数据缺失问题造成的研究局限性

知识产权类型	拥有知识产权行业数量（个）	缺失就业人员数行业数量（个）	数据缺失行业占比
发明专利	339	25	7.4%
商标	590	57	9.7%
外观设计专利	370	17	4.6%

（八）高中低知识产权密集度划分

为了确定一个行业的知识产权密集度，报告中使用了 3 个主要的分类：高、中、低，同时也使用了一个高于平均水平的分类。表 5 对这些分类进行了说明。

---

❶ 员工编号取自 ONS－商业登记和就业调查（BRES）（https：//www.ons.gov.uk/employmentandlabourmarket/peopleinwork/employmentandemployeetypes/bulletins/businessregisterandemploymentsurveybresprovisionalresults/provisionalresults2017revisedresults2016）。

❷ https：//resources.companieshouse.gov.uk/sic/.

表5 知识产权密集度划分标准

知识产权密集度分类	描述
高于平均水平	在所有拥有该知识产权的行业中，该行业的知识产权密集度高于平均水平
高（H）	在“高于平均水平”的行业中，该行业的知识产权密集度高于这部分行业的平均水平
中（M）	在“高于平均水平”的行业中，该行业的知识产权密集度低于这部分行业的平均水平
低（L）	在所有拥有该知识产权的行业中，该行业的知识产权密集度低于平均水平
未分类	该行业要么没有知识产权，要么因缺乏经济数据或就业数据而无法分类

使用上述分类，可以反映知识产权运用的分布情况。本报告图2的分布曲线显示了英国所有拥有知识产权数据及就业数据的行业中每千名就业人员的专利分布情况❶，从高到低排列；实线表示平均值的位置，虚线表示密集度区域中所有行业的平均值。由于知识产权密集度的分布会随着时间的推移而变化，在高密集度组中很难将2014—2016年的分析与本次分析进行直接比较，因此报告中采取用该分类中的排名或占比进行比较。

附录3、附录4和附录5包含了所有行业的名称、每个行业的知识产权数量（按发明专利、商标和外观设计专利分列）以及每千名就业人员的知识产权授权量。

三、各行业版权的运用：方法论

版权密集型产业采用WIPO的方法确定，该方法根据行业价值中可归因于版权相关活动的百分比对行业进行分类❷。WIPO根据其活动与版权的相关度将行业分为4类：核心版权产业❸、相互依存的版权产业❹、部分版权产业❺和非专用支持产业❻。

虽然核心版权产业活动的全部产出都可归因于版权作品，但只有一部分行业活动与版权相关，因此每个行业都被分配了一个系数，代表该产业与版权相关活动的经济贡献。在相互依存的版权产业、部分版权产业和非

❶ 无就业人员数据的行业不参与排名。

❷ https://www.wipo.int/edocs/pubdocs/en/copyright/893/wipo_pub_893.pdf.

❸ 核心版权产业是指完全从事创作、生产、制造、传播、展览，或销售作品及受版权保护对象的产业。

❹ 相互依存的版权产业是指从事生产、制造和销售某种设备的产业，这种设备的全部或主要功能是促进作品和其他受保护内容的创作、生产或使用。

❺ 部分版权产业是指部分活动与作品和其他受保护的内容有关，并可能涉及创作、生产和制造、表演、广播、传播和展览或发行和销售的产业。

❻ 非专用支持产业是指部分活动与促进作品和其他受保护内容的播放、传播、发行或销售有关的产业，并且这些活动未包含在核心版权产业中。

专用支持产业分类中分配给每个行业的系数直接来自欧盟知识产权局和欧洲专利局的文件。

因为非专用支持产业的系数只有6%，所以本报告只分析了核心版权产业、相互依存的版权产业和部分版权产业（系数超过20%）。“核心版权产业”的知识产权密集度被分类为高（H）。表6列出了不同版权产业的行业数量[1]。

表6 根据WIPO确定的版权密集型产业

版权密集型产业分类	行业数量（个）
版权密集型产业	83
相互依存的版权产业	22
核心版权产业	49
部分版权产业（系数大于20%）	12

四、各行业注册知识产权的运用

表7列出了不同注册知识产权在不同分类的行业数量。在3种注册知识产权中行业数量最多的是注册商标，为590个，占行业数量（616个）的比重为95.77%，比2014—2016年的586个（95.13%）有所增加。因为商标提供品牌保护，所以大多数行业在英国拥有至少1个注册商标。与2014—2016年相比，2017—2019年拥有1年以上发明专利（从360个减少到339个，下降5.82%）和外观设计专利（从388个到370个，下降4.66%）的行业数量都有所减少。

表7 知识产权密集型产业知识产权密集度分类 单位：个

知识产权密集度分类	发明专利	商标	外观设计专利
拥有至少一项知识产权的行业数量及占比（616个行业）	339 55.0%	590 95.8%	370 60.1%
知识产权密集度高于平均水平的行业数量及占比（高或中）	61 9.9%	123 20.0%	50 8.1%
被归类为“高”知识产权密集度的行业数量及占比	13 2.1%	34 5.5%	15 2.4%
被归类为“中”知识产权密集度的行业数量及占比	48 7.8%	89 14.5%	35 5.7%
被归类为“低”知识产权密集度的行业数量及占比	253 41.1%	410 66.6%	303 49.2%
被归类为“未分类”的行业数量及占比（缺失就业人员数据）	25 4.1%	57 9.3%	17 2.8%

[1] 本报告中有关版权产业的完整列表可在以下网址查看：https：//www.wipo.int/edocs/pubdocs/en/copyright/893/wipo_pub_893.pdf。

图 1 显示了 2017—2019 年与 2014—2016 年各知识产权密集度分布比较，而附录 2 的表格比较了各知识产权密集度分类的比重。研究结果表明，除了外观设计专利，其他知识产权的分布变化不大，外观设计专利密集度被归类为“中”的行业数量从 2014—2016 年的 57 个（9.3%）减少到 35 个（5.7%）。

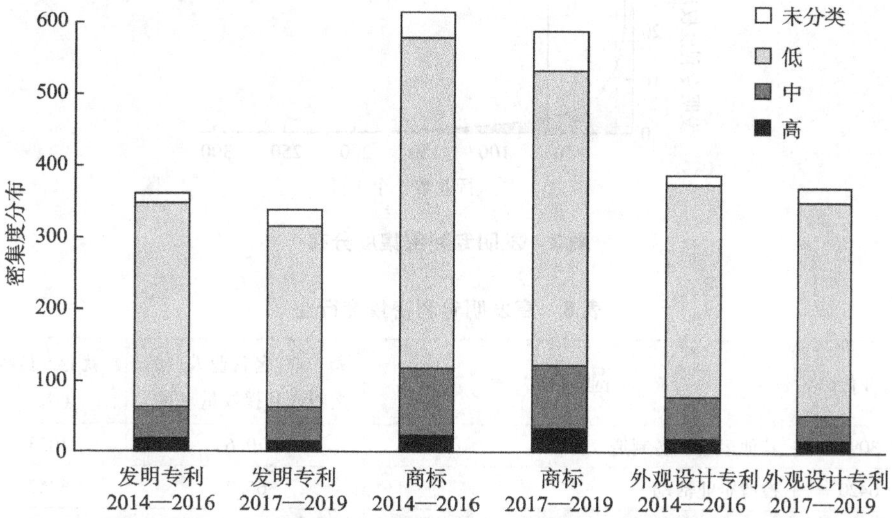

图 1 2014—2016 年与 2017—2019 年发明专利、商标和外观设计专利密集度分布比较

本章将通过分布图和表格的形式分析各项注册知识产权的研究结果。分布图可直观看出各知识产权的行业运用情况，表 8 列出了知识产权密集度分类为“高”的行业。

所有被调查行业的平均发明专利数量从每千名就业人员 3.55 件下降到 2.8 件，下降了 21.1%。图 2 显示了各行业发明专利密集度的分布情况。表 8 列出了发明专利密集度高的行业，其中，发明专利密集度高的行业中有 76.9% 属于制造业。其他运输设备制造业排名最高，每千名就业人员拥有 70.6 件发明专利，高于 2014—2016 年的 55.31 件。尽管每个行业的平均发明专利数量都有所下降，但排名前 4 的行业的发明专利密集度都有所增加。控股企业从每千名就业人员拥有 61.26 件发明专利增加到 66.7 件，除飞机、车辆和摩托车发动机外的发动机和涡轮制造从每千名就业人员拥有 48.82 件发明专利增加到 57.3 件，平板玻璃制造从每千名就业人员拥有 44.44 件发明专利增加到 52.8 件。

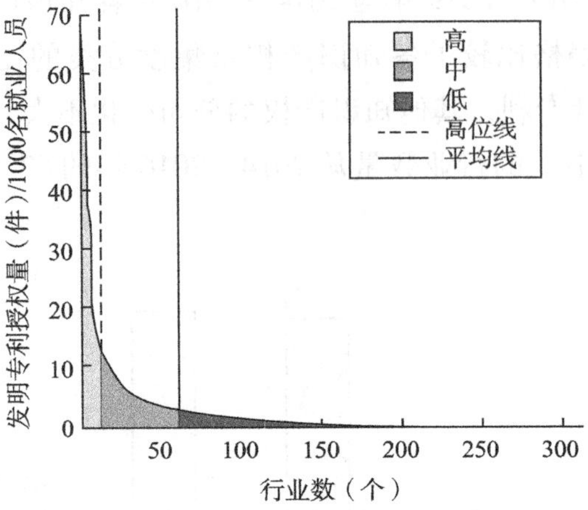

图2　发明专利密集度分布

表8　高发明专利密集度行业

行业代码	行业名称	每1000名就业人员的发明专利授权量（件）	就业人员数（人）
3099	其他运输设备制造	70.6	1033
6420	控股企业活动	66.7	3267
2811	发动机和涡轮制造（飞机、车辆和摩托车发动机除外）	57.3	16367
2311	平板玻璃制造	52.8	967
7211	生物技术研究与试验发展	35.6	11167
3299	其他制造业	34.1	20333
2899	其他专用机械制造	32.1	9467
2110	基础医药产品制造	26.1	6100
2344	其他技术陶瓷产品制造	17.6	567
1395	除服装外的非织物和非织物制品制造	16.7	900
2790	其他电气设备制造	14.1	10467
2342	陶瓷卫生洁具制造	13.5	667
7219	自然科学和工程其他研究与试验发展	12.5	122733

所有行业的平均商标数量从每千名就业人员37.3件下降到18.1件，平均下降51.5%。商标在各行业中的运用分布特点如图3所示，少数行业的密集度很高，而大量密集度低的行业逐渐减少。研究结果发现，与2014—2016年相比，许多密集度被归类为高或中的行业每千名就业人员拥有的商标较少。除了蒸馏、精馏和混合烈酒的密集度从90.55件增加到133.4件（增长47.3%），其他在2014—2016年中被归类为高密集度的行

业在本分析中的密集度都出现了下降。

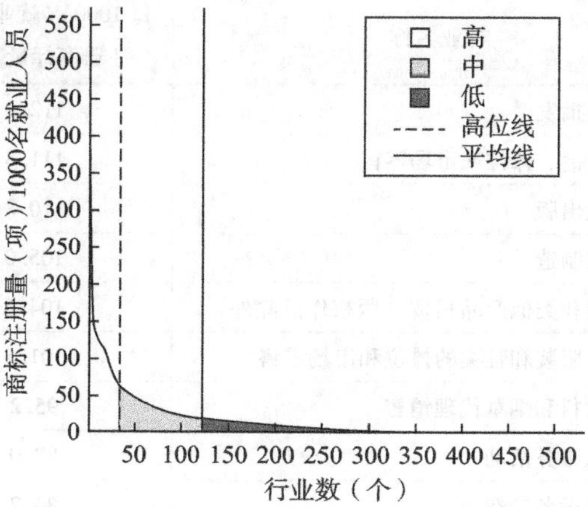

图 3 商标密集度分布

排名最高的行业是控股企业活动行业（见表 9），每千名就业人员拥有 568.8 件商标（2014—2016 年每千名就业人员拥有 840.63 件，下降了 47.8%）。在 2014—2016 年，排名最高的行业是葡萄酒酿造，每千名就业人员拥有 3330 件商标，在当时被认为是一个极端的异常值。该行业每千名就业人员商标拥有数减少为 148.6 件，部分原因是该行业的就业人员数增加（从 100 人增加到 733 人）。

表 9 高商标密集度行业

行业代码	行业名称	每 1000 名就业人员的注册商标量（件）	就业人员数（人）
6420	控股企业活动	568.8	3267
1200	烟草制品制造	385.7	233
9900	域外组织和机构活动	289.4	567
3299	其他制造业	211.9	20333
1102	葡萄酒酿造	148.6	733
4619	各类商品代理销售	141.3	4500
1101	蒸馏、精馏和混合烈酒	133.4	10500
1419	其他服装及配件制造	132.2	4833
2110	基础医药产品制造	129.7	6100
3240	游戏和玩具制造	120.2	4467
1411	皮衣制造	120.0	200
5030	内陆水上客运	118.7	1533
2652	钟表制造	117.7	433
2640	消费电子产品制造	114.7	4367

续表

行业代码	行业名称	每1000名就业人员的注册商标量（件）	就业人员数（人）
4675	化学产品批发	112.2	18233
4799	其他非店铺、摊位或市场零售	111.8	22567
5821	电脑游戏出版	110.8	2167
2060	人造纤维制造	105.0	467
7740	知识产权和类似产品租赁（版权作品除外）	104.6	3700
4782	纺织品、服装和鞋类的摊位和市场零售	101.8	933
4617	食品、饮料和烟草代理销售	95.2	4767
6399	其他信息服务活动	87.0	12633
3099	其他运输设备制造	84.2	1033
1395	非织造布和非织造布制品制造（服装除外）	80.0	900
5829	其他软件发布	79.0	12467
1399	其他纺织品制造	77.2	2267
1414	内衣制造	77.1	4500
4637	咖啡、茶、可可和香料批发	77.1	4500
4616	纺织品、服装、毛皮、鞋类和皮革制品代理销售	74.0	6433
5812	目录和邮件列表发布	72.6	1033
1105	啤酒生产	72.5	16733
3230	体育用品制造	69.2	5633
5920	录音和音乐出版活动	650.0	9433
1086	均质食品制剂和营养食品制造	61.1	933

外观设计专利的数量从每千名就业人员5.96件增加到8.1件，平均增长35.9%。图4所示的英国行业中外观设计专利密集度的分布与发明专利和商标的分布是一致的，少数行业的外观设计专利密集度高，而大量行业的外观设计专利密集度为中到低。然而，与2014—2016年的分析相比，高密集度组每千名就业人员外观设计专利数量大幅增加。表10列出了高外观设计专利密集度行业共15个，其中9个为制造业。每千名就业人员外观设计专利的平均数量从2014—2016年的62.66件增加到2017—2019年的113.8件。多个行业注册外观设计专利的增加，导致了图1中分布的显著差异。餐具制造仍然是外观设计专利密集度排名最高的行业，每千名就业人员拥有外观设计专利332.7件，低于2014—2016年的365件。与发明专利和商标一样，制造业占据了知识产权密集型产业的绝大部分。

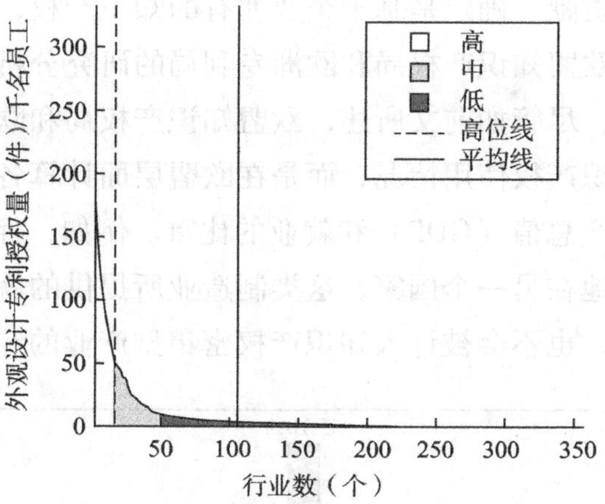

图 4　外观设计专利密集度分布

表 10　高外观设计专利密集度行业

行业代码	行业名称	每 1000 名就业人员外观设计专利授权量（件）	就业人员数（人）
2571	餐具制造	332.7	367
1411	皮衣制造	175.0	200
2344	其他技术陶瓷产品制造	160.6	567
4789	通过摊位和市场零售其他商品	160.4	3067
4799	其他非店铺、摊位或市场零售	108.8	22567
7410	专业设计活动	104.4	57833
3299	其他制造业	94.8	20333
3212	珠宝及相关物品制造	90.2	5133
1414	内衣制造	82.9	700
3099	其他运输设备制造	78.4	1033
1724	墙纸制造	77.6	967
1419	其他服装及配件制造	71.8	4833
1512	箱包、手袋、马鞍和马具制造	61.6	3733
1200	烟草制品制造	55.7	233
2443	铅、锌、锡的制造	51.6	833

五、知识产权密集型产业的经济贡献

本章概述了注册知识产权密集度分类为高或高于平均水平的行业（如图 5 所示），以及版权密集型产业❶在非金融企业增加值❷、就业和出口方

❶ 按照 WIPO 制定的方法，系数大于 20% 的行业被划分为“高于平均水平”，属于版权密集型产业。系数为 100% 的行业，被划分为“高密集度”的行业。

❷ 这些措施不应根据它们在经济中所占的比重进行比较，因为每项措施的数据可用性不同导致覆盖范围有所不同。

面对英国经济的贡献。确定是基于企业拥有的知识产权，经济贡献则根据国民账户计算。欧盟知识产权局和欧洲专利局的研究分析受到跨境所有权跨境运用的影响，尽管如前文所述，欧盟知识产权局和欧洲专利局并未探讨个别国家的知识产权使用情况，而是在欧盟层面计算各国知识产权密集型产业占国内生产总值（GDP）和就业的比重。例如，拥有知识产权的英国企业，制造基地在另一个国家，这类制造业所提供的就业和增加值不计入英国国民账户，也不会被计入知识产权密集型产业的经济贡献。

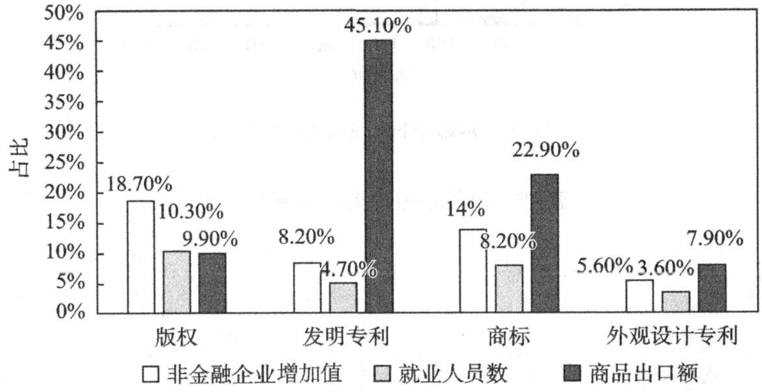

图5　知识产权密集型产业经济贡献

（一）就业

英国知识产权密集型产业提供了19.2%（580万人）的就业岗位，比2014—2016年的450万人有所增加（增长3.7%*）。由于知识产权密集型产业的规模差异很大，从100名就业人员到40.5万名就业人员不等，所以很难对这一比例进行深入分析。在2014—2016年和2017—2019年两个时期之间，总就业人员数增加了约110万人[1]。总就业人员数的7.5%（230万人）来自高密集型产业，增加了80万人（2.4%）。表11比较了2014—2016年和2017—2019年两个时期的英国各项知识产权密集型产业的就业情况，无论是密集度高于平均水平还是密集度划分为高的行业，各项知识产权密集型产业的就业情况保持基本不变或有所增长。

---

* 原文为3.7%。根据表11，此处宜表述为增长了3.7个百分点。后文多处如此，不再说明。——译者注

[1] https：//www.ons.gov.uk/employmentandlabourmarket/peopleinwork/employmentandemployeetypes/bulletins/employmentintheuk/december2019.

表 11 2014—2016 年与 2017—2019 年就业人员数占比

知识产权密集型产业就业人员数占比	高于平均水平			高		
	2014—2016 年	2017—2019 年	变化	2014—2016 年	2017—2019 年	变化
发明专利	3. 90%	4. 70%	0. 80%	0. 70%	0. 70%	0. 00%
	110 万	140 万	30 万	20 万	20 万	0 万
商标	7. 80%	8. 20%	0. 40%	0. 40%	0. 60%	0. 20%
	230 万	250 万	20 万	12 万	19 万	7 万
外观设计专利	3. 90%	3. 60%	-0. 30%	0. 40%	0. 40%	0. 00%
	110 万	110 万	0 万	11 万	12 万	1 万
版权	7. 00%	10. 30%	3. 30%	6. 30%	6. 40%	0. 10%
	200 万	310 万	110 万	180 万	190 万	10 万
知识产权	15. 50%	19. 20%	3. 70%	5. 10%	7. 50%	2. 40%
	450 万	580 万	130 万	150 万	230 万	80 万

图 6 所示为知识产权密集度高或高于平均水平（高或中）的行业的就业人员数占比❶。

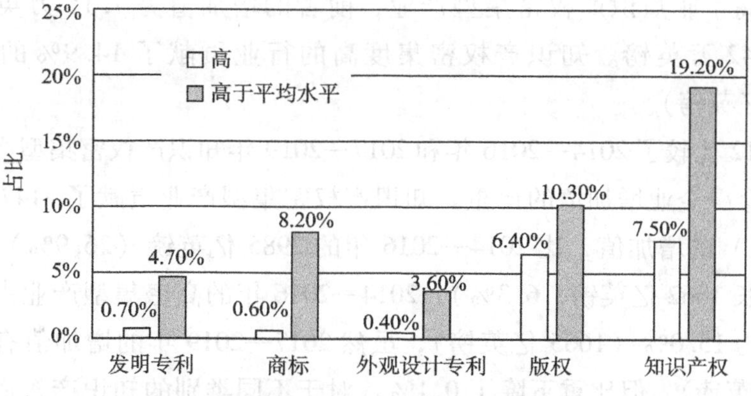

图 6 知识产权密集型产业就业人员数占比 *

版权密集型产业在 4 项知识产权中对英国的就业贡献最大，占总就业人员数的比重为 10.3%（310 万人），其中工程活动和相关技术咨询的就业人员数最多（40. 15 万人）。核心版权产业占总就业人员数的比重为 6.4%（190 万人）。

商标密集型产业占总就业人员数的比重为 8. 2%（250 万人），排在 3

❶ 单个知识产权密集型产业的估计总和超过任何知识产权密集型产业的估计总和，因为各行业重叠使用知识产权。

* 根据表 12 数据可知原图 6 错误，原图 6 与原图 7 重复，正确的应是现图 6 根据表 12 数据所画。——译者注

项注册知识产权的首位，原因是商标在整个经济活动中被大量运用（占行业的比重为95.8%）。商标密集度高的行业在2017—2019年提供了18.96万个就业岗位（0.6%）。就业人员数最多的行业是8299其他商业支持服务活动（32.81万人）。

发明专利密集型产业占总就业人员数的比重为4.7%（140万人），而高密集型产业占0.7%（20.4万人）。同商标密集型产业一样，8299其他商业支持服务活动占比重最大。在2017—2019年，外观设计专利密集型产业占总就业人员数的比重为3.6%（110万人），高密集型产业占总就业人员数的比重为0.4%（12.2万人）。

（二）非金融企业增加值

本报告仅涉及英国非金融企业增加值（GVA）（占英国所有SIC 4位码行业的比重为84%，约占英国经济的2/3），因为在这一级别的行业分类中，金融业没有足够的可用数据。

根据年度商业调查[1]，知识产权密集型产业增加值占经济产出（4147亿英镑）的比重为33.2%。知识产权密集型产业就业人员的生产力也远高于非知识产权密集型产业，前者的增加值为7.15万英镑，后者为3.42万英镑。知识产权密集度高的行业贡献了14.9%的增加值（1855亿英镑）。

表12比较了2014—2016年和2017—2019年知识产权密集型产业增加值占非金融企业增加值的比重。知识产权密集型产业贡献了4147亿英镑（33.2%）的增加值，比2014—2016年的2985亿英镑（26.9%）有所增加（增长1662亿英镑，6.3%）。2014—2016年的高密集型产业占增加值的比重为15.0%（1665亿英镑），虽然2017—2019年的增加值有所增加（190亿英镑），但比重下降了0.1%。对于不同类别的知识产权而言，商标（密集型产业增加了281亿英镑，高密集型产业增加了102亿英镑）和版权（密集型产业增加了768亿英镑，高密集型产业增加了136亿英镑）的增加值有所提升，而外观设计专利（密集型产业减少了93亿英镑，高密集型产业减少了9亿英镑*）密集型产业和高密集型产业的增加值均有所下降。发明专利密集型产业的增加值从797亿英镑增加到1019亿英镑（增长1.0%），但发明专利高密集型产业减少了6亿英镑，下降0.1%。

---

[1] https://www.ons.gov.uk/businessindustryandtrade/business/businessservices/bulletins/uknonfinancialbusinesseconomy/2017provisionalresults.

* 原文为“£ 9.3 billion decrease in above average and £ 0.9 billion decrease in high”，根据表12的数据计算可知该数据错误，应为“密集型产业减少了93亿英镑，高密集型产业减少了11亿英镑”。——译者注

表 12　2014—2016 年与 2017—2019 年非金融企业增加值比较[1]

知识产权密集型产业占非金融企业增加值的比重	高于平均值			高		
	2014—2016 年	2017—2019 年	变化	2014—2016 年	2017—2019 年	变化
发明专利	7.20%	8.20%	1.00%	0.80%	0.70%	-0.10%
	797 亿英镑	1019 亿英镑	222 亿英镑	88 亿英镑	80 亿英镑	-6 亿英镑
商标	13.20%	14.00%	0.80%	0.90%	1.60%	0.70%
	1465 亿英镑	1746 亿英镑	281 亿英镑	98 亿英镑	200 亿英镑	102 亿英镑
外观设计专利	7.20%	5.60%	-1.60%	0.70%	0.60%	-0.10%
	797 亿英镑	704 亿英镑	-93 亿英镑	81 亿英镑	70 亿英镑	-9 亿英镑 *
版权	14.10%	18.70%	4.60%	13.40%	13.00%	-0.40%
	1568 亿英镑	2336 亿英镑	768 亿英镑	1490 亿英镑	1626 亿英镑	136 亿英镑
知识产权	26.90%	33.20%	6.30%	15.00%	14.90%	-0.01%
	2985 亿英镑	4147 亿英镑	1662 亿英镑	1665 亿英镑	1855 亿英镑	190 亿英镑

图 7 显示了知识产权密集度高或高于平均水平（高或中）的行业占非金融企业增加值的比重。

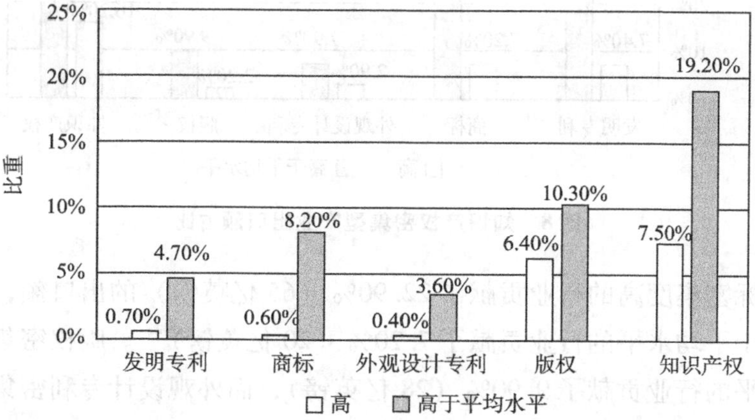

图 7　知识产权密集型产业占非金融企业增加值比重

与就业一样，版权密集型产业对非金融企业增加值的贡献最大。这些行业占非金融企业增加值的累计比重为 18.7%（2336 亿英镑）。就版权密集型产业的增加值而言，贡献最大的行业是计算机咨询活动（308 亿英镑）。2017—2019 年，商标密集型产业增加值占比重为 14.0%（1746 亿英镑），发明专利密集型产业和外观设计专利密集型产业分别占 8.2%

[1] 由于各行业对知识产权的重叠使用，单种知识产权密集型产业的合计数大于所有知识产权密集型产业的总额。

* 根据表 12 的数据计算可知该数据错误，应为 -11 亿英镑。——译者注

（1019 亿英镑）和 5.6%（704 亿英镑）。表 12 列出了各项知识产权对经济产出的绝对贡献。

（三）出口额

2017—2019 年，知识产权密集型产业贡献了 58.20% 的出口额（164 亿英镑）❶，比 2014—2016 年增长 6.10%（表 13）。知识产权密集度高的行业出口额占比重为 16.20%（47 亿英镑*，图 8），增长了 4.10%。发明专利密集型产业，如汽车制造（47 亿英镑）、航空、航天器及相关机械制造（22 亿英镑），占 45.1%（127 亿英镑）。与非金融企业增加值类似，知识产权密集型产业的人均出口额也很高，为 2800 英镑，而非知识产权密集型产业为 500 英镑。

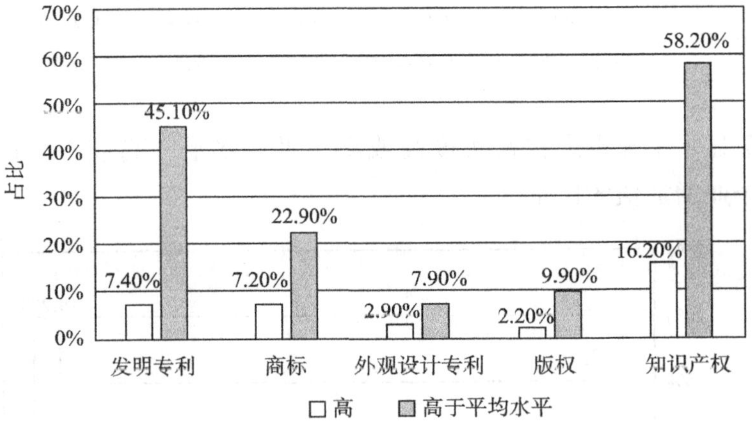

图 8 知识产权密集型产业出口额占比

商标密集度高的行业贡献了 22.90%（65 亿英镑）的出口额，商标密集度高于平均水平的行业贡献了 7.20%（20 亿英镑）**。版权密集度高于平均水平的行业贡献了 9.90%（28 亿英镑），而外观设计专利密集度高于平均水平的行业贡献了 7.90%（22 亿英镑）。总体而言，2014—2016 年和 2017—2019 年期间，知识产权出口额高于平均水平，但外观设计专利下降了 15.90%（表 13）。

---

❶ 与以往的研究一致，本报告只考虑了各行业的商品出口值。因为服务出口的 SIC 4 位码数据无法获取，所以没有包含服务出口，见《海外贸易统计》（https：//www. uktradeinfo. com/Statistics/OverseasTradeStatistics/Pages/OTS. aspx）。

* 表 13 中为 46 亿英镑。——译者注

** 原文为“High use trade mark industries contributed 22. 9%（£ 6. 5 billion）of export value，rising to 7. 2%（£ 2 billion）for above average users of trade marks”。根据表 13 的数据可知原文有误。应为“商标密集度高于平均值的行业贡献了 22. 90%（65 亿英镑）的出口值，商标密集度高的行业贡献 7. 20%（20 亿英镑）”。——译者注

表13 2014—2016年与2017—2019年出口额占比

知识产权密集型产业出口额占比	高于平均值			高		
	2014—2016年	2017—2019年	变化	2014—2016年	2017—2019年	变化
发明专利	39.30%	45.10%	5.80%	7.40%	7.40%	0.00%
	1206亿英镑	127亿英镑	—	228亿英镑	21亿英镑	—
商标	17.20%	22.90%	5.70%	34.0%	7.20%	3.80%
	529亿英镑	65亿英镑	—	105亿英镑	20亿英镑	—
外观设计专利	23.80%	7.90%	-15.90%	3.40%	2.90%	-0.50%
	729亿英镑	22亿英镑	—	105亿英镑	8亿英镑	—
版权	4.80%	9.90%	5.10%	2.50%	2.20%	-0.30%
	147亿英镑	28亿英镑	—	76亿英镑	6亿英镑	—
知识产权	52.10%	58.20%	6.10%	12.10%	16.20%	4.10%
	1597亿英镑	164亿英镑	—	371亿英镑	46亿英镑	—

本报告与2020年9月发布报告的出口额来源不同，因此，两版报告的出口额在规模上不可比，但出口额占比可以做比较。

（四）版权密集型产业的经济贡献

表14概述了版权密集型产业对英国经济的贡献，即非金融企业增加值、就业人员数和商品出口额3个指标所占比重。

表14 2014—2016年与2017—2019年版权密集型产业经济贡献比较

版权密集型产业经济贡献	核心版权产业			相互依存的版权产业		
	2014—2016年	2017—2019年	变化	2014—2016年	2017—2019年	变化
非金融企业增加值	13.30%	13.00%	-0.30%	0.60%	2.40%	1.80%
	1490亿英镑	1626亿英镑	136亿英镑	67亿英镑	295亿英镑	228亿英镑
就业人员数占比	6.30%	6.40%	1.00%	0.40%	1.40%	1.00%
	18亿英镑	19亿英镑	1亿英镑	1.2亿英镑	4.2亿英镑	3亿英镑
商品出口额	2.50%	2.20%	-0.30%	1.60%	5.60%	4.00%
	76亿英镑	6.3亿英镑	—	49亿英镑	16亿英镑	—

版权密集型产业经济贡献	部分版权产业			合计		
	2014—2016年	2017—2019年	变化	2014—2016年	2017—2019年	变化
非金融企业增加值	0.10%	3.30%	3.20%	14.00%	18.70%	4.70%
	12亿英镑	416亿英镑	404亿英镑	1568亿英镑	2336亿英镑	768亿英镑
就业人员数占比	0.20%	2.50%	2.30%	7.00%	10.30%	3.30%
	0.7亿英镑	7.6亿英镑	6.9亿英镑	20亿英镑	31亿英镑	11亿英镑
商品出口额	0.30%	2.10%	1.80%	4.30%	9.90%	5.60%
	23亿英镑	5.9亿英镑	—	147亿英镑	28亿英镑	—

图9显示，版权密集型产业提供了10.3%（310万人）的就业岗位，比2014—2016年增加了110万人（表15*）。核心版权产业占总就业人员数的比重为6.4%（190万人），相互依存的版权产业占1.4%（42万人），部分版权产业占2.5%（75.7万人）。

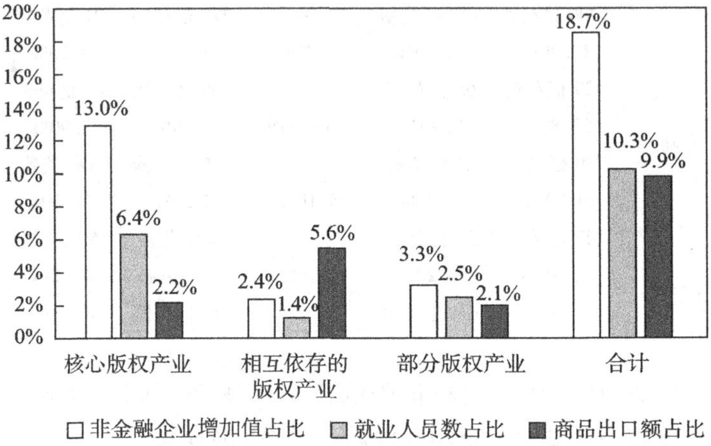

图9　2014—2016年与2017—2019年版权密集型产业的经济贡献比较

与3种注册知识产权一样，由于缺失金融行业的数据，因此本节仅涉及非金融企业增加值（GVA）。版权密集型产业增加值占比重为18.7%（2336亿英镑）。核心版权产业占13.0%（1626亿英镑，增加了136亿英镑），相互依存的版权产业占2.4%（295亿英镑，增加了228亿英镑），部分版权产业占3.3%（416亿英镑，增加了404亿英镑）。

版权密集型产业占商品出口额的比重为9.90%（28亿英镑）。核心版权产业占2.20%（6.3亿英镑），相互依存的版权产业占5.60%（16亿英镑），部分版权产业占2.10%（5.9亿英镑）。

结　论**

图9显示，2017—2019年英国10.3%（310万人）的就业岗位来自WIPO分类为版权密集型的产业，比2014—2016年增加了110万人（见表15）。其中，核心版权产业占总就业人员数的比重较大，为6.4%（190万人）。相互依存的版权产业占1.4%（42万人），部分版权产业占2.5%（75.7万人）。

与3项注册知识产权一样，金融业没有相关数据，因此本节仅指英国非金融企业的增加值。版权密集型产业增加值占比重为18.7%（2336亿

* 此处及结论部分提及的表15，原文中未见，应为表11。——译者注

** 原文结论部分与上文重复，译文依原文未删。——译者注

英镑）。核心版权产业占 13%（1626 亿英镑，增加 136 亿英镑），相互依存的版权产业占 2.4%（295 亿英镑，增加 228 亿英镑），部分版权产业占 3.3%（416 亿英镑，增加 404 亿英镑）。

版权密集型产业商品出口额占比重为 9.9%（28 亿英镑），其中 2.2%（6.3 亿英镑）来自核心版权产业，5.6%（16 亿英镑）来自相互依存的版权产业，2.1%（5.9 亿英镑）来自部分版权产业。

附　录

附录 1：数据来源

企业数据

企业层面的数据来自 FAME，这是由 Bureau Van Dijk 提供的英国企业商业数据库，包含了行业和财务信息。数据提取于 2019 年 9 月，与知识产权申请人相匹配，以确定其主营业务（SIC 4 位码）。

附表 1-1　经济数据和来源清单

变　量	来　源	限制条件
每个 SIC 4 位码的就业人员数	企业登记和就业调查（BRES）❶	5% 的行业数据缺失
非金融企业增加值	年度商业调查（ABS）	只包括非金融企业经济。缺失 16% 的行业数据
每个 SIC 4 位码的出口额	HMRC 贸易表	仅限商品

附录 2：2014—2016 年与 2017—2019 年各类知识产权密集度行业数量及占比

附表 2-1

知识产权密集度分类	发明专利		商标		外观设计专利	
	2014—2016 年	2017—2019 年	2014—2016 年	2017—2019 年	2014—2016 年	2017—2019 年
拥有至少有一个知识产权的行业数量及占比	339 55.03%	360 58.44%	590 95.77%	586 95.13%	370 60.06%	388 62.99%
知识产权密集度高于平均水平的行业数量及占比	61 9.90%	64 10.39%	123 19.97%	116 18.86%	50 8.11%	75 12.18%

❶ 企业登记和就业调查（BRES）2014—2016 年订正结果（https：//www.ons.gov.uk/employmentandlabourmarket/peopleinwork/employmentandemployeetypes/datasets/industry235digitsicbusinessregisterandemploymentsurveybrestable2）。

续表

知识产权密集度分类	发明专利		商标		外观设计专利	
	2014—2016年	2017—2019年	2014—2016年	2017—2019年	2014—2016年	2017—2019年
被归类为“高”知识产权密集度的行业数量及占比	13 2.11%	17 2.76%	34 5.52%	25 4.06%	15 2.43%	18 2.92%
被归类为“中”知识产权密集度的行业数量及占比	48 7.79%	47 7.62%	89 14.45%	91 14.77%	35 5.68%	57 25%
被归类为“低”知识产权密集度的行业数量及占比	253 41.07%	284 46.10%	410 66.56%	464 75.32%	303 49.19%	302 49.03%
被归类为“未分类”的行业数量及占比	25 4.06%	12 1.95%	57 9.25%	36 5.84%	17 2.76%	11 1.78%

附录3：发明专利密集型产业

下表为发明专利密集型产业（发明专利密集度分类为“高”和“中”）。

附表3-1

平均值	高于平均水平行业数量	第二平均值（区分“高”和“中”）
2.8	61	11.8

附表3-2

行业代码	行业名称	发明专利密集度	数值
3099	其他运输设备制造	高	70.6
6420	控股企业活动	高	66.7
2811	发动机和涡轮制造（飞机、车辆和摩托车发动机除外）	高	57.3
2311	平板玻璃制造	高	52.8
7211	生物技术研究与试验发展	高	35.6
3299	其他制造业	高	34.1
2899	其他专用机械制造	高	32.1
2110	基础医药产品制造	高	26.1
2344	其他技术陶瓷产品制造	高	17.6
1395	非织造布和非织造布制品制造（服装除外）	高	16.7
2790	其他电气设备制造	高	14.1
7219	自然科学和工程其他研究与试验发展	高	12.5
2342	陶瓷卫生洁具制造	高	13.5

续表

行业代码	行业名称	发明专利密集度	数值
2751	家用电器制造	中	11.7
2670	光学仪器和摄影设备制造	中	11.6
2611	电子元器件制造	中	11.0
2014	其他有机基本化学品制造	中	10.8
3250	医疗和牙科器械及用品制造	中	9.6
2891	冶金机械制造	中	9.2
2059	其他化学产品制造	中	9.1
7740	知识产权和类似产品租赁（版权作品除外）	中	8.9
2910	机动车制造	中	8.1
2572	锁和铰链制造	中	7.9
2651	测量、测试、导航仪器和器具制造	中	7.8
2813	其他泵和压缩机制造	中	7.5
2896	塑料和橡胶机械制造	中	6.8
3030	航空、航天器及相关机械制造	中	6.8
2640	消费电子产品制造	中	6.4
3530	蒸汽和空调供应	中	6.4
2599	其他金属制品制造	中	5.9
2013	其他无机碱性化学品制造	中	5.7
3092	自行车和残疾人座车制造	中	5.5
2630	通信设备制造	中	5.0
2892	采矿、采石和建筑机械制造	中	4.8
2740	电气照明设备制造	中	4.7
7220	社会科学和人文科学研究与试验发展	中	4.6
6120	无线电信活动	中	4.5
2016	初级塑料制造	中	4.4
2814	其他水龙头和阀门制造	中	4.4
2931	汽车用电气、电子设备制造	中	4.4
3230	体育用品制造	中	4.4
2365	纤维水泥制造	中	4.3
2229	其他塑料制品制造	中	4.2
2711	电机、发电机、变压器制造	中	4.1
2821	烘箱、熔炉和熔炉燃烧器制造	中	4.1
2893	食品、饮料和烟草加工机械制造	中	4.0
4799	其他非店铺、摊位或市场零售	中	4.0
2812	流体动力设备制造	中	3.8

续表

行业代码	行业名称	发明专利密集度	数值
2612	负载电子板制造	中	3.6
1399	其他纺织品制造	中	3.5
9900	域外组织和机构活动	中	3.5
2369	其他混凝土、灰泥和水泥制品制造	中	3.4
2660	放射性、电子医疗和电疗设备制造	中	3.4
7490	其他专业、科学和技术活动	中	3.3
1086	均质食品制剂和营养食品制造	中	3.2
8299	其他商业支持服务活动	中	3.2
2815	轴承、齿轮、传动装置和驱动元件制造	中	3.1
2620	计算机及外围设备制造	中	3.0
1414	内衣制造	中	2.9
3240	游戏和玩具制造	中	2.9
6209	其他信息技术和计算机服务活动	中	2.9

附录4：商标密集型产业

下表为商标密集型产业（商标密集度分类为“高”和“中”）。

附表4－1

平均值	高于平均水平行业数量	第二平均值（区分“高”和“中”）
18.1	123	60.6

附表4－2

行业代码	行业名称	商标密集度	数值
6420	控股企业活动	高	568.8
1200	烟草制品制造	高	385.7
9900	域外组织和机构活动	高	289.4
3299	其他制造业	高	211.9
1102	葡萄酒酿造	高	148.6
4619	各类商品代理销售	高	141.3
1101	蒸馏、精馏和混合烈酒	高	133.4
1419	其他服装及配件制造	高	132.2
2110	基础医药产品制造	高	129.7

续表

行业代码	行业名称	商标密集度	数值
3240	游戏和玩具制造	高	120.2
1411	皮衣制造	高	120.0
5030	内陆水上客运	高	118.7
2652	钟表制造	高	117.7
2640	消费电子产品制造	高	114.7
4675	化学产品批发	高	112.2
4799	其他非店铺、摊位或市场零售	高	111.8
5821	电脑游戏出版	高	110.8
2060	人造纤维制造	高	105.0
7740	除版权作品外的知识产权和类似产品租赁	高	104.6
4782	纺织品、服装和鞋类的摊位和市场零售	高	101.8
4617	食品、饮料和烟草代理销售	高	95.2
6399	其他信息服务活动	高	87.0
3099	其他运输设备制造	高	84.2
1395	非织造布和非织造布制品制造（服装除外）	高	80.0
5829	其他软件发布	高	79.0
1399	其他纺织品制造	高	77.2
1414	内衣制造	高	77.1
4637	咖啡、茶、可可和香料批发	高	77.1
4616	纺织品、服装、毛皮、鞋类和皮革制品代理销售	高	74.0
5812	目录和邮件列表发布	高	72.6
1105	啤酒生产	高	72.5
3230	体育用品制造	高	69.2
5920	录音和音乐出版活动	高	65.0
1086	均质食品制剂和营养食品制造	高	61.1
4540	摩托车及相关零配件销售和维修	中	60.2
1032	果蔬汁生产	中	59.2
2790	其他电气设备制造	中	56.8
2899	其他专用机械制造	中	56.3
4791	邮购或互联网零售	中	56.0
6203	计算机设施管理活动	中	55.3
2059	其他化学产品制造	中	55.2
1103	苹果酒和其他果酒制造	中	54.2
1512	箱包、手袋、马鞍和马具制造	中	53.6
1511	皮革鞣制和修整；毛皮梳染	中	53.2

续表

行业代码	行业名称	商标密集度	数值
1413	其他外套制造	中	50.7
4642	服装鞋类批发	中	49.6
6810	自有房地产交易	中	47.3
3212	珠宝及相关物品制造	中	46.0
4634	饮料批发	中	45.0
6209	其他信息技术和计算机服务活动	中	45.0
7211	生物技术研究与试验发展	中	44.9
9609	其他个人服务活动	中	44.3
2599	其他金属制品制造	中	43.8
4615	家具、家居用品、五金制品代理销售	中	43.7
4676	其他中间产品批发	中	42.8
1083	茶和咖啡加工	中	41.8
4789	通过摊位和市场零售其他商品	中	41.7
5819	其他出版活动	中	41.7
4618	其他特定产品代理销售	中	41.6
2670	光学仪器和摄影设备制造	中	40.7
1107	软饮料制造；矿泉水和其他瓶装水制造	中	39.5
4648	手表和珠宝批发	中	38.9
6312	门户网站	中	38.6
5811	图书出版	中	38.5
1431	针织和钩编针织品制造	中	37.5
4690	非专业批发贸易	中	37.2
4613	木材和建筑材料代理销售	中	36.6
8299	其他商业支持服务活动	中	36.3
9003	艺术创作	中	35.9
4774	专营店零售医疗及骨科产品	中	35.8
9002	表演艺术辅助活动	中	35.4
3092	自行车和残疾人座车制造	中	35.0
1092	宠物食品制造	中	34.8
1820	记录媒介复制	中	34.3
9604	健康服务	中	33.9
2311	平板玻璃制造	中	33.1
4635	烟草制品批发	中	32.9
6499	其他金融服务活动（保险和养老基金除外）	中	31.5
7490	其他专业、科学和技术活动	中	30.1

续表

行业代码	行业名称	商标密集度	数值
2571	餐具制造	中	30.0
6110	有线电信活动	中	29.8
9319	其他体育活动	中	28.7
4645	香水和化妆品批发	中	28.6
3319	其他设备维修	中	28.5
4723	鱼类、甲壳类及软体动物零售	中	28.5
1392	制成品纺织品制造（服装除外）	中	28.3
2344	其他技术陶瓷产品制造	中	28.2
1052	冰激凌生产	中	27.7
8622	专家医疗实践	中	27.2
1089	其他食品制造	中	27.1
4641	纺织品批发	中	27.1
2042	香水和盥洗用品制造	中	26.9
1041	油脂制造	中	26.8
8560	教育支持活动	中	26.4
7990	其他预订服务及相关活动	中	26.2
1061	谷物碾磨产品制造	中	25.4
4614	机械、工业设备、船舶和飞机代理销售	中	25.3
3220	乐器制造	中	25.1
3291	扫帚和刷子制造	中	24.7
6201	计算机编程活动	中	24.1
7911	旅行社活动	中	24.1
4743	专营店音像设备零售	中	23.6
1412	工作服制造	中	23.5
1082	可可、巧克力和糖类糖果制造	中	23.4
4649	其他家居用品批发	中	22.9
9411	企业和雇主会员组织活动	中	22.9
2041	肥皂和洗涤剂、清洁和抛光剂制造	中	22.8
2015	肥料和氮化合物制造	中	22.4
5911	电影、视频和电视节目制作活动	中	22.1
1106	麦芽制造	中	21.2
2349	其他陶瓷产品制造	中	20.5
2740	电气照明设备制造	中	20.4
1723	纸质文具制造	中	20.3
7312	媒介表征	中	20.2

续表

行业代码	行业名称	商标密集度	数值
1622	装配式实木地板制造	中	20.0
2620	计算机及外围设备制造	中	20.0
8552	文化教育	中	19.7
1520	鞋类制造	中	19.6
2651	测量、测试、导航仪器和器具制造	中	19.6
7410	专业设计活动	中	19.5
5814	期刊出版	中	18.4
7021	公关及传播活动	中	18.2
8553	驾校活动	中	18.2

附录5：外观设计专利密集型产业

附表 5－1

平均值	高于平均水平行业数量	第二平均值（区分“高”和“中”）
8.1	50	49.4

附表 5－2

行业代码	行业名称	外观设计专利密集度	数值
2571	餐具制造	高	332.7
1411	皮衣制造	高	175.0
2344	其他技术陶瓷产品制造	高	160.6
4789	通过摊位和市场零售其他商品	高	160.4
4799	其他非店铺、摊位或市场零售	高	108.8
7410	专业设计活动	高	104.4
3299	其他制造业	高	94.8
3212	珠宝及相关物品制造	高	90.2
1414	内衣制造	高	82.9
3099	其他运输设备制造	高	78.4
1724	墙纸制造	高	77.6
1419	其他服装及配件制造	高	71.8
1512	箱包、手袋、马鞍和马具制造	高	61.6
1200	烟草制品制造	高	55.7

续表

行业代码	行业名称	外观设计专利密集度	数值
2443	铅、锌、锡的制造	高	51.6
9900	域外组织和机构活动	中	47.6
3240	游戏和玩具制造	中	45.0
6420	控股企业活动	中	44.7
4616	纺织品、服装、毛皮、鞋类和皮革制品代理销售	中	44.0
3230	体育用品制造	中	42.6
4647	家具、地毯和照明设备批发	中	37.1
7740	除版权作品外的知识产权和类似产品租赁	中	35.7
2331	瓷砖和陶瓷贴面砖制造	中	35.0
4791	邮购或互联网零售	中	32.2
4619	各类商品代理销售	中	27.3
4649	其他家居用品批发	中	24.7
6910	法律服务	中	22.7
4615	家具、家居用品、五金制品代理销售	中	22.4
1399	其他纺织品制造	中	22.1
4642	服装鞋类批发	中	21.7
4690	非专业批发贸易	中	20.5
4532	汽车零配件零售贸易	中	20.2
3109	其他家具制造	中	17.3
4641	纺织品批发	中	16.9
2640	消费电子产品制造	中	15.1
2444	铜制品制造	中	15.0
4782	纺织品、服装和鞋类摊位和市场零售	中	15.0
2751	家用电器制造	中	14.8
5819	其他出版活动	中	14.1
2313	中空玻璃制造	中	12.8
2229	其他塑料制品制造	中	11.2
2740	电气照明设备制造	中	10.7
2599	其他金属制品制造	中	10.4
2790	其他电气设备制造	中	9.6
4613	木材和建筑材料代理销售	中	9.6
4648	手表和珠宝批发	中	9.5
2899	其他专用机械制造	中	9.4
4644	瓷器、玻璃器皿及清洁材料批发	中	8.8
4665	办公家具批发	中	8.3
2521	集中供暖散热器和锅炉制造	中	8.1

附录 6：涉及多种知识产权的知识产权密集型产业

下表列出了涉及多种知识产权的知识产权密集型产业。

附表 6－1

行业代码	行业名称	发明专利	商标	外观设计专利	版权
1032	果蔬汁生产		*		
1041	油脂制造		*		
1052	冰激凌生产		*		
1061	谷物碾磨产品制造		*		
1082	可可、巧克力和糖类糖果制造		*		
1083	茶叶和咖啡加工		*		
1086	均质食品制剂和营养食品制造	*	*		
1089	其他食品制造		*		
1092	宠物食品制造		*		
1101	蒸馏、精馏和混合烈酒		*		
1102	葡萄酒酿造		*		
1103	苹果酒和其他果酒制造		*		
1105	啤酒生产		*		
1106	麦芽制造		*		
1107	软饮料制造；矿泉水和其他瓶装水制造		*		
1200	烟草制品制造		*	*	
1392	制成品纺织品制造（服装除外）		*		
1395	非织造布和非织造布制品制造（服装除外）	*	*		
1399	其他纺织品制造	*	*	*	
1411	皮衣制造		*	*	
1412	工作服制造		*		
1413	其他外套制造		*		
1414	内衣制造	*	*	*	
1419	其他服装及配件制造		*	*	
1431	针织和钩编制造		*		
1511	皮革鞣制和修整；毛皮梳染		*		
1512	箱包、手袋、马鞍和马具制造		*	*	
1520	鞋类制造		*		
1622	装配式实木地板制造		*		
1711	纸浆制造				*

续表

行业代码	行业名称	发明专利	商标	外观设计专利	版权
1712	纸和纸板制造				*
1723	纸质文具制造		*		
1724	墙纸制造			*	
1811	报纸印刷				*
1812	其他印刷				*
1813	新闻媒体发布服务				*
1814	装订及相关服务				*
1820	记录媒介复制		*		*
2013	其他无机碱性化学品制造	*			
2014	其他有机基本化学品制造	*			
2015	肥料和氮化合物制造		*		
2016	初级塑料制造	*			
2041	肥皂和洗涤剂、清洁剂和抛光剂制造		*		
2042	香水和盥洗用品制造		*		
2059	其他化学产品制造	*	*		*
2060	人造纤维制造		*		
2110	基础医药产品制造	*	*		
2229	其他塑料制品制造	*		*	
2311	平板玻璃制造	*	*		
2313	中空玻璃制造			*	
2331	瓷砖和陶瓷贴面砖制造			*	
2342	陶瓷卫生洁具制造	*			
2344	其他技术陶瓷产品制造	*	*	*	
2349	其他陶瓷产品制造		*		
2365	纤维水泥制造	*			
2369	其他混凝土、灰泥和水泥制品制造	*			
2443	铅、锌、锡的制造			*	
2444	铜制品制造			*	
2521	集中供暖散热器和锅炉制造			*	
2571	餐具制造		*	*	
2572	锁和铰链制造	*			
2599	其他金属制品制造	*	*	*	
2611	电子元器件制造	*			
2612	负载电子板制造	*			
2620	计算机及外围设备制造	*	*		*

续表

行业代码	行业名称	发明专利	商标	外观设计专利	版权
2630	通信设备制造	*			*
2640	消费电子产品制造	*	*	*	*
2651	测量、测试、导航仪器和器具制造	*	*		
2652	钟表制造		*		
2660	放射性、电子医疗和电疗设备制造	*			
2670	光学仪器和摄影设备制造	*	*		*
2711	电机、发电机、变压器制造	*			
2731	光纤电缆制造				*
2740	电气照明设备制造	*	*	*	
2751	家用电器制造	*		*	
2790	其他电气设备制造	*	*	*	
2811	发动机和涡轮制造（飞机、车辆和摩托车发动机除外）	*			
2812	流体动力设备制造	*			
2813	其他泵和压缩机制造	*			
2814	其他水龙头和阀门制造	*			
2815	轴承、齿轮、传动装置和驱动元件制造	*			
2821	烘箱、熔炉和熔炉燃烧器制造	*			
2823	办公室机械设备制造（计算机及外围设备除外）				*
2849	其他机床制造	*			
2891	冶金机械制造	*			
2892	采矿、采石和建筑机械制造	*			
2893	食品、饮料和烟草加工机械制造	*			
2896	塑料和橡胶机械制造	*			
2899	其他专用机械制造	*	*	*	
2910	机动车制造	*			
2931	汽车用电气、电子设备制造	*			
3030	航空、航天器及相关机械制造	*			
3092	自行车和残疾人座车制造	*	*		
3099	其他运输设备制造	*	*	*	
3101	办公室和商店家具制造				*
3102	厨房家具制造				*
3103	床垫制造				*
3109	其他家具制造			*	*
3211	硬币铸造				*

续表

行业代码	行业名称	发明专利	商标	外观设计专利	版权
3212	珠宝及相关物品制造		*	*	*
3220	乐器制造		*		*
3230	体育用品制造	*	*	*	
3240	游戏和玩具制造	*	*	*	*
3250	医疗和牙科器械及用品制造	*			
3291	扫帚和刷子制造		*		
3299	其他制造业	*	*	*	
3319	其他设备维修		*		
3530	蒸汽和空调供应	*			
4532	汽车零配件零售贸易			*	
4540	摩托车及相关零配件销售和维修		*		
4613	木材和建筑材料代理销售		*	*	
4614	机械、工业设备、船舶和飞机代理销售		*		
4615	家具、家居用品、五金制品代理销售		*	*	
4616	纺织品、服装、毛皮、鞋类和皮革制品代理销售		*	*	
4617	食品、饮料和烟草代理销售		*		
4618	其他特定产品代理销售		*		
4619	各类商品代理销售		*	*	
4634	饮料批发		*		
4635	烟草制品批发		*		
4637	咖啡、茶、可可和香料批发		*		
4641	纺织品批发		*	*	
4642	服装鞋类批发		*	*	
4643	家电批发				*
4644	瓷器、玻璃器皿及清洁材料批发			*	
4645	香水和化妆品批发		*		
4647	家具、地毯和照明设备批发			*	
4648	手表和珠宝批发		*	*	
4649	其他家居用品批发		*	*	
4651	计算机、计算机周边设备及软件批发				*
4652	电子及通信设备及零件批发				*
4665	办公家具批发			*	
4666	其他办公机械设备批发				*

续表

行业代码	行业名称	发明专利	商标	外观设计专利	版权
4675	化学产品批发		*		
4676	其他中间产品批发		*		*
4690	非专业批发贸易		*	*	
4723	鱼类、甲壳类及软体动物零售		*		
4741	专营店电脑、外围设备和软件零售				*
4743	专营店音像设备零售		*		*
4761	专营店书籍零售				*
4762	专营店报纸和文具零售				*
4763	专营店音乐及录影带零售				*
4774	专营店医疗及骨科产品零售		*		
4778	专营店其他新产品零售				
4782	纺织品、服装和鞋类摊位和市场零售		*	*	
4789	通过摊位和市场零售其他商品		*	*	
4791	邮购或互联网零售	*	*		
4799	其他非店铺、摊位或市场零售		*	*	
5530	内陆水上客运		*		
5811	图书出版		*		*
5812	目录和邮件列表发布		*		
5813	报纸出版				*
5814	期刊出版		*		*
5819	其他出版活动		*	*	*
5821	电脑游戏出版		*		*
5829	其他软件发布		*		*
5911	电影、视频和电视节目制作活动		*		*
5912	影视节目后期制作活动				*
5913	电影、录影带及电视节目发行活动				*
5914	电影放映活动				*
5920	录音和音乐出版活动		*		*
6010	无线电广播				*
6020	电视节目和广播活动				*
6110	有线电信活动		*		*
6120	无线电信活动	*			*
6130	卫星通信活动				*
6190	其他电信活动				*
6201	计算机编程活动		*		*

续表

行业代码	行业名称	发明专利	商标	外观设计专利	版权
6202	计算机咨询活动				*
6203	计算机设施管理活动		*		*
6209	其他信息技术和计算机服务活动	*	*		*
6311	数据处理、托管和相关活动				*
6312	门户网站		*		*
6391	通讯社活动				*
6399	其他信息服务活动		*		*
6420	控股企业活动	*	*	*	
6499	其他金融服务活动（保险和养老基金除外）		*		
6810	自有房地产交易		*		
6910	合法活动			*	
7021	公关及传播活动		*		
7111	建筑活动				*
7112	工程活动及相关技术咨询				*
7211	生物技术研究与试验发展	*	*		
7219	自然科学和工程其他研究与试验发展	*			
7220	社会科学和人文科学研究与试验发展	*			
7311	广告业				*
7312	媒介表征		*		*
7410	专业设计活动		*	*	*
7420	摄影活动				*
7430	笔译和口译活动				*
7490	其他专业、科学和技术活动	*	*		
7722	录像带和光盘租赁				*
7729	其他私人和家庭用品租赁和出租				*
7733	办公机械设备（含计算机）租赁				*
7739	其他机械、设备和有形动产租赁				*
7740	除版权作品外的知识产权和类似产品租赁	*	*	*	
7911	旅行社活动		*		
7990	其他预订服务及相关活动		*		*
8219	复印、文件编制和其他专业办公辅助活动				*
8299	其他商业支持服务活动	*	*		
8552	文化教育		*		*
8553	驾校活动		*		
8560	教育支持活动		*		

续表

行业代码	行业名称	发明专利	商标	外观设计专利	版权
8622	专家医疗实践		*		
9001	表演艺术				*
9002	表演艺术辅助活动		*		*
9003	艺术创作		*		*
9004	艺术设施运营				*
9101	图书馆和档案馆活动				*
9102	博物馆活动				*
9103	历史遗迹、建筑和类似旅游景点运营				*
9319	其他体育活动		*		
9321	游乐园和主题公园活动				*
9329	其他娱乐和文娱活动				*
9411	企业和雇主会员组织活动		*		
9412	专业会员组织活动				*
9499	其他会员组织活动				*
9604	健康服务		*		
9609	其他个人服务活动		*		
9900	域外组织和机构活动	*	*	*	

附录 7：版权密集型产业

下表列出了本报告确定的版权密集型产业。以 WIPO 确定的版权密集型产业为基础，只考虑系数在 20% 及以上的与版权相关的活动。

根据 WIPO 的说法，这些行业“如果没有作品或其他内容的版权，就不会存在也不会有很大的不同”。本报告计算了它们在非金融企业的增加值、就业和出口方面的经济贡献。

相互依存的版权产业是指从事生产、制造和销售某种设备的产业，这种设备的全部或主要功能是促进作品和其他受保护内容的创造、生产或运用。

附表 7－1　核心版权产业

行业代码	行业名称	系数
5811	图书出版	100%
5813	报纸出版	100%
5814	期刊出版	100%

续表

行业代码	行业名称	系数
5819	其他出版活动	100%
5821	电脑游戏出版	100%
5829	其他软件出版	100%
5911	电影、录像和电视节目制作活动	100%
5912	电影、录像和电视节目后期制作活动	100%
5913	电影、录像和电视节目发行活动	100%
5914	电影放映活动	100%
5920	录音和音乐出版活动	100%
6010	无线电广播	100%
6020	电视节目和广播活动	100%
6120	无线电信活动	100%
6201	计算机编程活动	100%
6202	计算机咨询活动	100%
6203	计算机设施管理活动	100%
6209	其他信息技术和计算机服务活动	100%
6312	门户网站	100%
6391	通讯社活动	100%
6399	其他资讯服务活动	100%
7311	广告业	100%
7312	媒介表征	100%
7410	专业设计活动	100%
7420	摄影活动	100%
7430	笔译和口译活动	100%
9001	表演艺术	100%
9002	表演艺术辅助活动	100%
9003	艺术创作	100%
9101	图书馆和档案馆活动	100%
9329	其他娱乐和文娱活动	100%
1811	报纸印刷	100%
1812	其他印刷	100%
1813	新闻媒体发布服务	100%
1814	装订及相关服务	100%
1820	记录媒介复制	100%
4761	专营店图书零售	100%
4762	专营店报纸和文具零售	100%
4763	专营店音乐及录影带零售	100%

续表

行业代码	行业名称	系数
6110	有线电信活动	100%
6130	卫星电信活动	100%
6190	其他电信活动	100%
6311	数据处理、托管和相关活动	100%
7990	其他预订服务及相关活动	100%
8219	复印、文件编制和其他专业办公辅助活动	100%
8552	文化教育	100%
9004	艺术设施运营	100%
9321	游乐园和主题公园活动	100%
9412	专业会员组织活动	100%

在计算版权密集型产业对英国经济的贡献时，所有相互依存的版权产业都被包括在内。尽管 SIC 4643 家用电器批发的系数低于 20%，但由于欧盟知识产权局和欧洲专利局不考虑它们的系数，包括了所有相互依存的版权产业，因此它也被纳入分析。

部分版权产业是指某些活动与作品和其他受保护内容有关，并可能涉及创作、生产和制造、表演、广播、传播、展览或发行和销售的产业。

附表 7－2　相互依存的版权产业

行业代码	行业名称	系数
1711	纸浆制造	25%
1712	纸和纸板制造	25%
2059	其他化学产品制造	25%
2620	计算机及外围设备制造	30%
2630	通信设备制造	30%
2640	消费电子产品制造	30%
2670	光学仪器和摄影设备制造	30%
2731	光缆制造	30%
2823	办公室机械及设备制造（计算机及周边设备除外）	30%
3220	乐器制造	35%
4643	家用电器批发	19%
4651	计算机、计算机外围设备及软件批发	30%
4652	电子及通信设备及零件批发	25%
4666	其他办公机械设备批发	30%
4676	其他中间产品批发	25%
4741	专营店电脑、外围设备及软件零售	33%

续表

行业代码	行业名称	系数
4743	专营店音像设备零售	33%
4778	专营店其他新商品零售	33%
7722	录像带和磁盘租赁	20%
7729	其他私人和家庭用品租赁和出租	20%
7733	办公机器设备（包括电脑）出租和租赁	35%
7739	其他机器、设备和有形动产租赁	20%

附表 7－3　部分版权产业

行业代码	行业名称	系数
9102	博物馆活动	50.00%
9103	历史遗迹、建筑和类似旅游景点运营	50.00%
3240	游戏和玩具制造	46.00%
9499	其他会员组织活动	41.00%
3211	硬币铸造	33.50%
3212	珠宝及相关物品制造	33.50%
7111	建筑活动	9.00%
7112	工程活动及相关技术咨询	9.00%
3101	办公室和商店家具制造	6.70%
3102	厨房家具制造	6.70%
3103	床垫制造	6.70%
3109	其他家具制造	6.70%